パパッと作る！ バッチリ通す！

A4一枚 企画書・報告書 テンプレート2000

30 min

GOをもらえる一枚を30分で!!

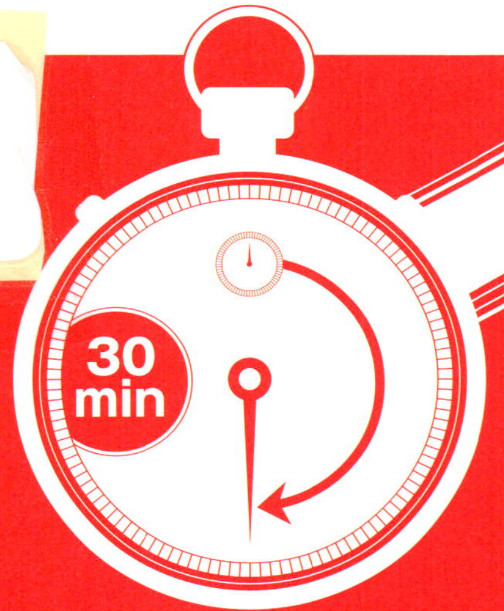

SE SHOEISHA

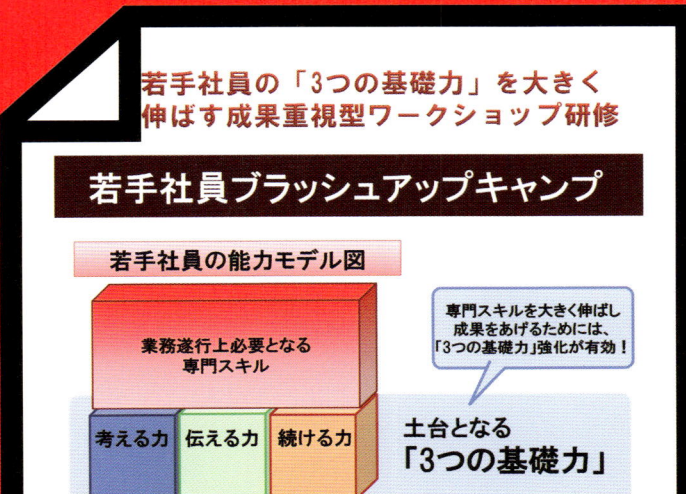

CONTENTS

4	「通る」企画書の思考法と表現法	
13	「通す」A4一枚**企画書**	
61	「簡潔な」A4一枚**報告書**	
89	図解の「ソツない」**配布資料**	
107	数字が「見える」**グラフ**	
115	イメージを「あおる」**イラスト・写真**	

115 — ビジネス…116 ／キャラクター…120 ／シンボルマーク…125 ／テクスチャー…126 ／ファミリー…128 ／プレゼンパーツ…131 ／年間行事…135 ／四季折々…141 ／地域の特産・観光…143

147 — **Officeの基本操作**
ファイルの操作と保存…148 ／文字や文章の編集…149 ／表の挿入とアレンジ…150 ／グラフの挿入とアレンジ…151 ／画像の挿入とアレンジ…153 ／スライドとマスターの編集…155 ／書類の印刷…158

[動作環境]
- Microsoft Officeがインストールされていること（Microsoft Office 2013/2010/2007/2003/対応）
- Microsoft Word/Excel/PowerPointのいずれかがインストールされていること

[Windows]
OS：Windows8/7/Vista/XP　※Mac OSでの利用は動作保障環境外となりますのでご注意ください。

[テンプレートについて]
- テンプレートはOffice 2010にて作成しました。
- フォントはMS ゴシック／MS 明朝を基準にテンプレートによって変更されています。
- テンプレートに使用されている画像の一部は本書付属CD-ROMには収録されていません。各自でご用意した画像をご利用ください。

※フォントがインストールされていない環境ではレイアウトが崩れることがあります。
※収録しているテンプレートはA4一枚にレイアウトを合わせていますが、2ページにまたぐ文書になってしまった場合は、印刷設定やフォントサイズを変更して調整してください。

目次・本書の使い方

本書の使い方

ご利用になるときは、CD-ROMから使いたいファイルをハードディスクにコピーしてお使いください。

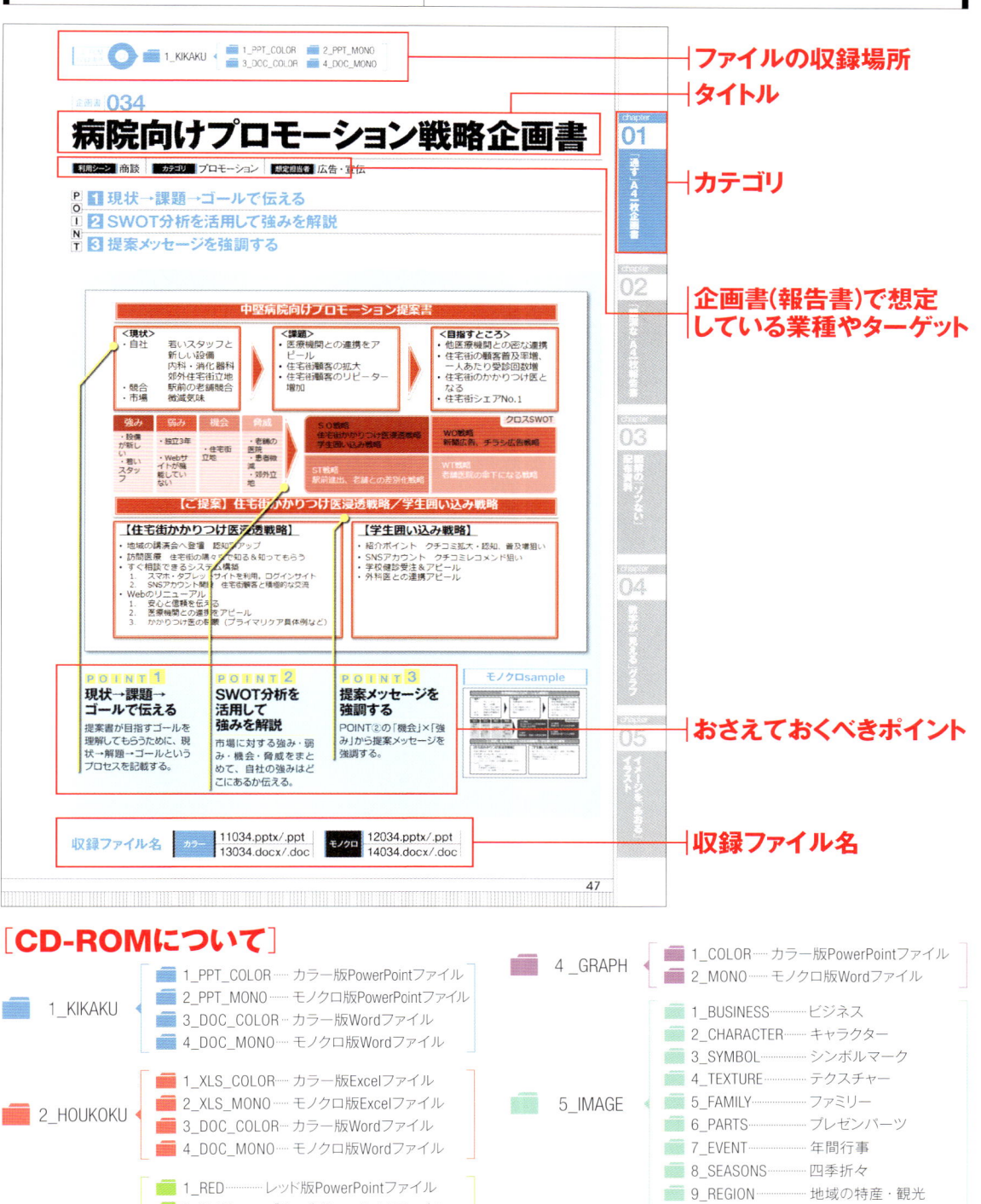

［CD-ROMについて］

1_KIKAKU
- 1_PPT_COLOR……カラー版PowerPointファイル
- 2_PPT_MONO……モノクロ版PowerPointファイル
- 3_DOC_COLOR……カラー版Wordファイル
- 4_DOC_MONO……モノクロ版Wordファイル

2_HOUKOKU
- 1_XLS_COLOR……カラー版Excelファイル
- 2_XLS_MONO……モノクロ版Excelファイル
- 3_DOC_COLOR……カラー版Wordファイル
- 4_DOC_MONO……モノクロ版Wordファイル

3_ZUKAI
- 1_RED……レッド版PowerPointファイル
- 2_BLUE……ブルー版PowerPointファイル
- 3_NAVY……ネイビー版PowerPointファイル
- 4_GRAY……グレー版PowerPointファイル

4_GRAPH
- 1_COLOR……カラー版PowerPointファイル
- 2_MONO……モノクロ版Wordファイル

5_IMAGE
- 1_BUSINESS……ビジネス
- 2_CHARACTER……キャラクター
- 3_SYMBOL……シンボルマーク
- 4_TEXTURE……テクスチャー
- 5_FAMILY……ファミリー
- 6_PARTS……プレゼンパーツ
- 7_EVENT……年間行事
- 8_SEASONS……四季折々
- 9_REGION……地域の特産・観光

※各フォルダにはそれぞれ「XLSX」「XLS」のように2つのフォルダがあり、Office 2003以前用と、2007以降用で分けられています。Office 2007以降用のフォルダには末尾「X」が付いています。

「通る」企画書の思考法と表現法

> 本書のテンプレートを使用すれば、企画書を作りながら考えをまとめたり、レイアウトを調整することができます。ですが、より確実に通る企画書を作成するために「思考法」と「表現法」を知っておきましょう。

一枚企画書を活かすには

「エレベータプレゼンテーション」という言葉があります。シリコンバレーの起業家が、投資家と同じエレベータに偶然乗り合わせたフリをして、目的階に着くまでの短時間にプレゼンをして資金を獲得した、という話に由来しています。重要なポイントが絞られ、意思決定のための情報が必要十分に、要領良くまとまっているA4一枚企画書は「エレベータプレゼンテーション」の企画書版といえます。

つまり、一枚にまとめることで、相手は「読みやすそう」「分かりやすそう」「素早く判断できそう」という感触を持ってくれます。ここに紙一枚でまとめる大きなメリットがあります。

とはいえ、企画書の見栄えは良くても中身はスカスカだった、という状態では目も当てられません。そこで、この企画書を作るための「思考法」と「表現法」をきちんとマスターしておきましょう。

企画書作成に必要な「事前」準備

1 報告書との違いを知る

企画書と報告書の違いを知っておきましょう。報告書は「起こったことを正確に伝達する」ものです。一方、企画書は「将来起こしたい事柄を確からしく述べ説得する」ものです。

そのため、企画書では「提案」がカギを握ります。起こったことばかりを述べ、肝心の提案が伝わってこない"企画書もどき"に陥らないようにしましょう。

「企画書」は報告書とは違う

報告書	企画書
伝達するための資料	説得するための資料
"起こったこと"を正確に述べる	"起こしたいこと"を確からしく述べる
得られた"結論"がメイン	述べたい提案がメイン

基本の構成とボリューム感

① 目的	① 報告(現状分析)
② 報告	② 結論(課題指摘)
③ 結論	③ 提案(課題解決)

2 目標を明確にする

「とにかく企画書を通してほしい」「何としてもこれをやりたい・やるべきだ」だけでは内容が不足です。説得するべき相手から何を得たいのか具体的に考えましょう。もしかすると「全面的な賛成は得られなくても、とにかく反対だけはしないでほしい」というのが正直なところかもしれませんね。少なくとも、右の4点についてはじっくり考えてみましょう。

- 相手に説明することで、自分は具体的に何を得たいか
- 企画書を渡す相手はどのような立場で、何を考えるか
- 相手から望ましい反応を引き出すために、障害になりそうなことは何か
- 最低限これだけは得たい、「譲れない一線」は何か

3 提案の結果を左右する人物を見極める

企画書はターゲットを明確にし、本当の意思決定者に向けて作ることで大きな効果を発揮します。「誰に向けて企画書を作るのか」「誰が本当の意思決定者なのか」を的確に見極めましょう。

企画書を社内で用いるなら、相手は上司の場合が多いでしょう。しかし、その案件に関しては、説得するべきはさらに上の役職者、もしくは他部門の上位権限者かもしれません。

社外で用いる場合、状況はより複雑です。例えば顧客企業を説得する場合、誰がキーパーソンか分からないまま提案をしても、受け入れられる確率は低いでしょう。また、社外でも、顧客企業に取引を増やしてもらいたいのか、提携候補にパートナーとなってもらいたいのか、地域住民の理解を得たいのか、相手によって説得の方法は様々です。相手によって企画書の内容や強調すべきポイントも大きく変わってくるはずです。

加えて、意思決定者の状況や権限、判断基準や、さらには思考や行動の傾向、好みなども分かっていると鬼に金棒です。「X社のA部長は緑色が好き」という情報を得て企画書を緑色系統でまとめただけでも、効果がある場合も多いのです。

「誰」に向かって書くのか決める

（図：作り手を中心に、取引先・パートナー・公的機関・自社・顧客・銀行・株主の六角形。自社の下にトップマネジメント―自部門役員／自部門部長／自部門課長、他部門役員／他部門役職者・社員…の組織図）

4 どのような状況で提案するのか考える

企画書を作る前に必ず「どのような状況で企画書を使うのか」を考えましょう。例えば、あなた一人で提案するのでしょうか、それともチームで行うのでしょうか？ 状況によって、企画書の作成や説明の作業分担も異なってきますし、分担しやすい工夫が必要です。企画書を作ってからプレゼンの仕方を考えるのでは遅いのです。

また、社外への提案を行う場合、いつ、どこで行われるのでしょうか？ 相手の会社で行うならば、機材などもいつもとは勝手が違うかもしれません。お金がかかることもあるかもしれません。いくらかけられるのか考えておく必要があります（これを6W2Hと言います）。

社内で企画書を使うにしても、どの会議室で行うのか、時間はどのくらいか、など考えるべきことは山ほどあります。得るべき成果は、「企画書を作った」ということではなく、「起こしたいことを実現することができた」です。そのためのイメージトレーニングは何度でも繰り返して行いましょう。

どのような状況でプレゼンするのか先に考える

- 何がやりたいのか？（What）
- いつやるのか？（When）
- なぜやるのか？（Why）
- どのようにやるのか？（How）
- どこでやるのか？（Where）
- 誰とやるのか？（Who）
- 誰に向けてやるのか？（Whom）
- 幾らかけられるのか？（How much）

5 批判精神を持ったストーリーテラーとなる

何の準備もなく企画書を書き始めないでください。重要なのは「全体として整合性のある魅力的なストーリーになっているか」をはじめに考えておくことです。人は誰でも、納得できる面白い物語にはつい引き込まれます。数字の羅列だけを見せられたり、矛盾だらけの説明を聞かされたりしてもなかなか納得はできません。

「こういう問題があって、この数字はその深刻さを確かに示しており、解決するためにはこうした意外な手があったのか、これはいいぞ！」といったように、きちんと筋が通っていれば前向きに受け取られます。この状態を作り上げるためには、「訳」や「筋」が必要です。これがストーリーです。

ただし、ストーリーを作ったあとは、他人が見るような気持ちでストーリーを検証しましょう。論理の飛躍や説明不足は多いものです。批判的に見てゆけば、ストーリーの欠点や不足などが際立ってきます。これを修正し、批判に耐えうるストーリーを練り上げれば、企画書を作るための準備は万全です。

企画書作成の「思考」ステップ

いよいよ実際に企画書を書いていきます。企画書を書くには、思考ステップを用いて企画内容を検討し、その内容を適切にレイアウトする必要があります。まずは思考ステップについて解説します。

1 課題発見

まずは現状を分析し、解決すべき課題を指摘することに主眼を置きます。企画提案の「背景」を語る場です。現状に問題があり、それは解決するに値するということを明確に主張しましょう。とはいっても、現状を羅列して問題を強調するだけでは、分かりにくくなるだけです。課題発見のステップは以下の5つを順番に考えてまとめていきましょう。

- マクロ環境(政治・経済・社会・技術)動向は?
- 市場や顧客の状況は?
- 競合の状況は?
- 上記を踏まえて、自社や提案先の状況は?
- 現状、どのような問題点や課題がある?

課題発見のための情報はなるべく多く収集し、企画書に載せる情報は絞ることが必要です。情報の中で「全体に大きな影響を与える本質的な要素」を探しましょう。例えば「業界のXXという変化を放置すると、当社の利益は将来的に3割程度の打撃を受ける可能性がある」といったような問題提起は取りあげやすいです。

また、問題提起はなるべく1つに絞り、企画内容に直結する問題点や課題を簡潔かつ明瞭に指摘しましょう。要は、「どうしてこの企画を考えたのか、この企画をなぜやるべきなのか」という背景を分かってもらえれば良いということです。

課題発見のステップ

マクロ動向
- 世の中の大きな流れ
  - 政治・経済・社会・技術の動向に分けると考えやすい
  - 企画書で扱っているビジネスに直接影響を与えるような動きに絞る

業界動向
- 市場の状況と今後の変化の方向性
  - 今後の成長性や収益性、商品動向や流通動向など
- 顧客の状況と今後の変化の方向性
  - 商品やサービスへの選好、ブランド評価など

競合動向
- 競合企業の動向と今後予測される動き
  - 競合のメカニズムや競合企業の特徴など
  - 直接の競合だけではなく、将来代替品を提供しそうな間接競合や新規参入の可能性などについても考える

自社(提案先)の状況
- 自社(提案先)の状況を把握
  - 左のような外部の環境変化にどのように対応できているのか(いないのか)

問題点・課題
- 現状のままだと何が問題なのか
  - 外部の環境変化に自社(提案先)が適当な手を打てていない
  - それによるコストやリスクの増大が想定される
  - 数多くの問題点を列挙せず、なるべく1つの重要な問題に絞る

2 基本方針

課題に対してどう対応すべきか、基本方針を明示しましょう。ここが「起こしたいこと」の中核です。提案の基本となる狙いや目的を明確にします。ここで再び「6W2H」が活躍します。特に、「誰に対して、何を行うか」に注力しましょう。

説明はなるべく簡潔に、力強く分かりやすい言葉で具体的に書くことが重要です。基本方針が回りくどかったり、抽象的だったりすると、企画書の効果はほとんどなくなってしまいます。

例えば「商品の認知度を上げたい」ならば、「XXアンケートによるYY商品の認知度を10%から30%にアップする」と具体的に書きましょう。また、「年収700万円以上の都市居住者に」といった形で具体的な対象を明確にするのも重要なポイントです。また、提案を「一言で表現すると何なのか」が分かるタイトルを付けましょう。

さらに提案される相手側のメリットについてきちんと言及しましょう。相手側にとってどのような「良いこと」があるのか、しっかりと考えて、相手の心に届くような文章を考えます。基本は「この企画を実施すれば、あなたにこのようなメリットがあります」と伝えることです。リスクは少なく、コストパフォーマンスは高く、明らかに成果が上がってハッピーになれそう、こんなイメージを持ってもらうことが、企画書が採用されるための重要な要素になります。場合によっては、デメリットを誠実に説明したほうが却って相手の心に響く場合もあります。そうした場合には、デメリットに対する解決策も合わせて提示すると良いでしょう。

「通る」企画書の思考法と表現法

基本方針のステップ

誰に向けて

具体的なターゲットをイメージさせる
属性、生活レベル、趣味・嗜好、ライフスタイル、商品やサービスとの関わり、購入の意思、具体的な広告対象など

すべてを詳述するのではなく、イメージを具体的に喚起できるような簡潔な表現で記載する

何をするのか

何をするのか分かりやすい言葉で表現する
箇条書きや数値などを多用し、極力分かりやすい表現を心がける
「課題発見」のステップで指摘した問題点や課題に対する答えになっているかを意識する

実施した際のメリット

相手側のメリットを列挙する
企画を実施すれば、こうしたメリットがあるということを明記する
「売上・収益が上がる」「コストが下がる」「リスクが減る」「評価が上がる」など、なるべく具体的に書く
できないことや大げさなことはいわず、誠実に書く
デメリットについて言及しても良い。ただしその場合は解決策も合わせて提示する

具体的提案内容

この提案は一言でいうとなんなのか
提案にふさわしいタイトルを付ける
誰が見ても分かる簡潔で明瞭なものにする
魅力的で印象に残る言葉を使う。ただし、誰に提案するのか、意思決定者は誰なのかに留意してマッチした言葉を探す

3 実行方針

　ここでは、基本方針を実行に移すために何が必要なのかを具体的に列挙します。6W2Hでいえば、「いつ、どこで、どのように、幾らかけて」あたりが中心です。つまり、「この企画を、このくらいのスケジュールと予算でやります」は外せないポイントです。

　スケジュールは、最初の企画書段階では大まかな日程だけで十分です。費用も概算表示だけで事足ります。ただし、詳細情報を求められた時のために、ある程度の詳細費用の見積もりは行っておいたほうが良いでしょう。また、費用をかけてどの程度の効果があるのかという具体的な情報があれば、相手の意思決定に役立ちます。経済的な効果だけではなく、心理的な効果なども含めて分かりやすくまとめておくと良いでしょう。ただし、あくまでも現時点の予想であることについては明記しておくことが必要です。

　「どのようにやるか」については簡潔に、箇条書きなどで相手側が理解しやすいよう工夫します。具体的なアクションが上手に説明されていると、イメージがわきやすく、提案を受け入れる素地も広がります。

　なお、基本的な情報を落とさないようにしましょう。誰がいつ提案したか、などです。連絡先なども入れておくと相手側に役に立つことも多いものです。

　これら3ステップを経て検討した内容のすべてを、必ずしも企画書に盛り込む必要はありません。ステップの順番で記載しなければならないということでもありません。これらの要素をきちんと検討して、重要だと思われる要素をメリハリを付けて企画書に取り込みます。相手側から見て最も魅力的に映るように、企画書の中での配置に工夫しましょう。次からはこうした表現について紹介します。

Column 演繹法と帰納法

　ストーリーを考える上では、論理的な思考法が役に立ちます。その中でも有名なものに、演繹法と帰納法があります。難しく感じられることが多いですが、どちらも何らかの推測を行う際に用いている思考法です。

　演繹法は、物事を考える際に、最初の前提から次の前提を導き、それを繰り返して、最終的に必然的な結論を導く方法です。一方、帰納法とは、観察されるいくつかの事象の共通点に着目して結論を導き出す方法です。

　例えば、「料理A、B、Cのすべてに素材Xが使われている」とします。「料理Aは素材Xが入っていて美味しかった→料理Bも同様→料理Cも同様→では、素材Xを入れた料理Dも美味しいはずだ」というのが演繹法です。いわゆる三段論法も演繹法の仲間ですね。一方、「料理Aは素材Xが入っていて美味しかった、料理Bも同様、料理Cも同様、という観察から、素材Xは旨味のもとである」という結論を導き出すのが帰納法です。

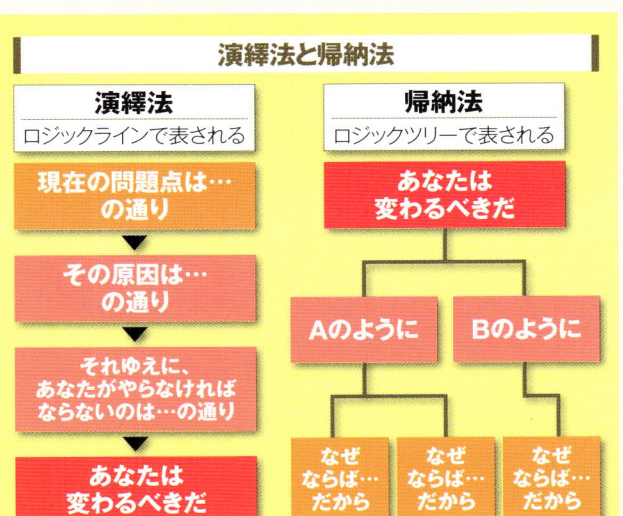

7

企画書作成に役立つ「表現」方法

読む気にさせることが重要

　十分に内容を練り上げて、あとはA4一枚に落とすだけとなっても、安心は禁物です。いくら内容が良くても表現方法が適切ではないために、読まれもしなかった企画書は数多くあります。まず「読む気にさせる」ビジュアルであることが必要です。そして、企画書に目を通したら内容が「素早く分かる」工夫も盛り込みましょう。そのためには、要約力と図解力が不可欠です。

伝わりやすいポイントを守る

　限られた時間で、どこまでも長く続く文章を読み込んで理解するのは至難の業です。次の「伝わりやすいポイント」を守るようにしましょう。

- なるべく簡単明瞭に、一言でいい切る
- 難しい言葉や曖昧な表現は避ける
- 箇条書きをうまく使う
- 重要な順に説明する

　箇条書きは良く使われる手法ですが、多くのことを列挙すると重要さが伝わりません。伝えたいポイントは3つまでに絞りましょう。3つにまとめると信憑性が増すといわれています。マジックナンバー「3」とも呼ばれます。効果的に活用しましょう。

　相手に素早く理解してもらうためには、提案している内容の構造とストーリーを分かりやすく見せることが効果的です。特に、資料一枚の中で上から下にきちんと論理的な構造が成り立っているかは、必ず確認しましょう。ストーリーがどのように流れているか、論理が通っているかを、常にチェックしながら資料を作成しましょう。

図を活用する

　分かりやすく要約するためには、文章だけではなく視覚に訴えることも効果が大きいです。例えばピラミッドなどを使って構造そのものを視覚化したり、物事を二軸で考えて整理したり、時間軸を明らかにしたりすることで、要約力は飛躍的に高まります。

フレームワークの例 ❶

二軸で考える

	AAA	BBB
CCC	XXX YYY	XXX YYY
	XXX YYY	XXX YYY

DDD

構造を視覚化する

- A — XXX
- B — YYY
- C — ZZZ
- D — OOO / PPP / QQQ

フレームワークの例 ❷
時間軸で考える

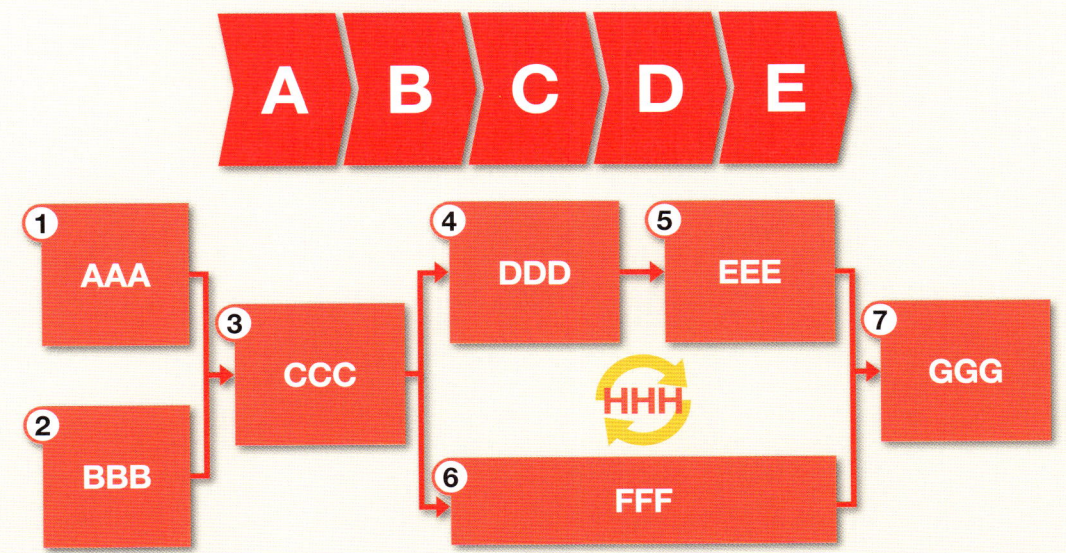

視線の動きを意識する

　人の視線の動かし方にも気を付けましょう。人の視線は「Z（ゼット）」の形に動きます。一番上の左端から読み始め、右に視線が動き、右まで移動したら下がっていき、最後にその書類の一番右下で終わります。したがって、この順に重要な内容を置いていくと読まれやすいといわれます。ただし、あまりに横長の場合には視線の移動距離が長くなるので、途中で区切るなどの工夫が必要です。

人の視線はZ型に移動する
A4縦の場合　　A4横の場合

文章も表現の1つ

　いろいろと工夫しても、肝心の文章が的確でなくては企画書に説得力は生まれません。文章自体の品質を高めることは一朝一夕にはできませんが、少なくとも以下の点について十分にチェックをするだけでも、相当の改善が図れます。

- 表記を統一する
- 字間・字送り、行間・行送りの調整
- フォントやフォントサイズの調整
- 誤字脱字のチェック

　表記の統一には、「です・ます」か「である」かといった文体、「百万円」か「100万円」かといった金額、「午後4時」か「16時」かといった時間、英数字の半角・全角、「サーバー」か「サーバ」かといった用語の統一が含まれます。これらがばらばらだと、非常に読みにくく感じるので注意しましょう。

　また、字間や行間が詰まりすぎていたり、言葉の途中で改行が入ったりすると読みにくいものです。英語のハイフネーションなども気を付ける必要があります。

　フォントやフォントサイズについては、あらかじめ「見出しにはこれ、本文にはこれ」と決めておくと統一感が出て読みやすくなります。あまり凝ったフォントを使う必要はありません。太字や斜体も目を引く材料になりますが、多用するとうるさく感じられます。ピンポイントで使いましょう。また、企画内容にもよりますが、あまりにポップすぎるフォントは内容自体を軽く見られる恐れがあります。さらに、字の大きさにも気を付けましょう。もし、読み手が比較的年齢の高い層である場合、細かな文字は読むのがつらいということもあります。

　最後に、誤字脱字については繰り返しチェックしましょう。特に、氏名や金額、商品名など絶対に間違えてはいけないところは入念に。ほかの人にも確かめてもらうなどダブルチェックも有効です。

色使いの注意点

色の使い方には十分注意をしてください。目立つことが大事だと、原色をこれでもかと満載した企画書をよく見かけます。しかし、結果的にはケバケバしくなるばかりで、強調したい点がよく分からなくなることのほうが多いです。色を使えば良いというものではないのです。次の鉄則を意識しましょう。

基本的には同系統三色まで
白黒印刷でも分かりやすくする
アニメーションはなるべく控える

最終的には個人のセンスですが、自信のない人はまずは色を三色までに抑えましょう。その際に原色は避けてください（後述するアクセントカラーは例外です）。また、同系統の色を使うとまとまりが良くなります。例えば同じ色目の濃淡などです。青系統の色は使いやすく、実際によく使われています。濃い青、普通の青、薄い青、だけでも相当のバリエーションが出せますし、ポイントに赤系統の色を使えば相当目立たせることができます。

社外に出す場合には相手先のコーポレートカラーに配慮したり、意思決定者の好みも考えます。商品のイメージカラーなどがある場合にはその点も考慮します。青系統ではちょっとさびしいというかたは、ほかの色を使っても構いませんが、色相には留意しましょう。赤や緑といっても、様々なグループがあります。違うグループから選ぶとまとまりのない配色になります。

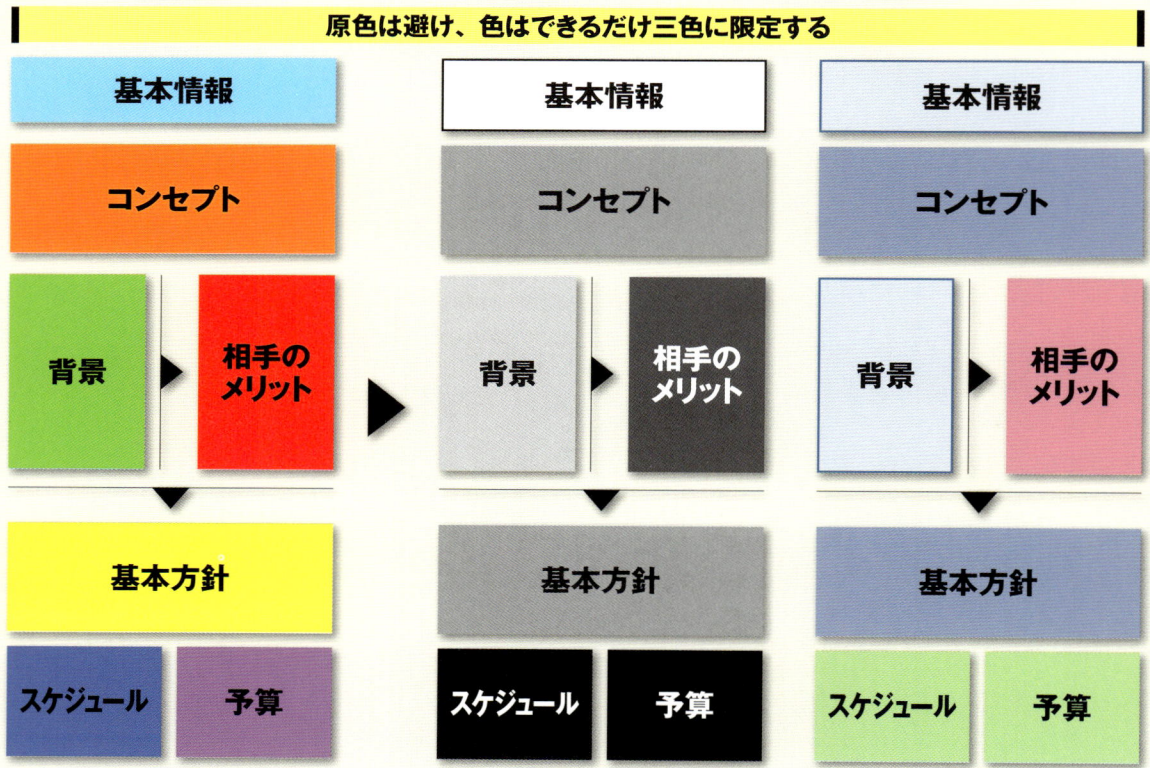

原色は避け、色はできるだけ三色に限定する

Column 色相と補色、明度と彩度

「色相」とは、赤、黄、緑、青といった色味の違いです。PowerPointやExcelで「色の設定」を選ぶと六角形で表される様々な色合いが出てきます。こうした色の総称を色相といいます。このなかから、人は「赤っぽい色」とか「ちょっと紫がかった青色」といったように色を選んでいるわけです。

似たような色相でも、「明度」と「彩度」によって色は異なってきます。明度とは明るさを、彩度とは鮮やかさを示します。先ほどの「色の設定」では六角形は明るいものから暗いものへ並んでいますし、隣り合っている似たような色は彩度が違います。一方、似たような色の正反対に属するのが「補色」という概念です。これは、六角形の逆側にある反対色のことです。赤に対する緑、黄色に対する紫、などですね。これを効果的に使うと人目を惹き付けることができます。

色の使い分け

　色を使う際には、ベースカラー、メインカラー、アクセントカラーといった使い分けにも留意しましょう。ベースカラーは背景となる色です。通常は白ですが、プレゼンテーションの場合には青などが使用されることもあります。メインカラーは、見出しや主張したい内容など、資料の要所に使用する色です。アクセントカラーは読み手に特に注目させたい内容や、注意書きなどに使用する色です。少ない面積でも、しっかり主張できる色を選びましょう。

　代表的な例は先ほどもあげた、青系統のメインカラーに赤系統のアクセントカラーです。この場合、補色を使うと人目をうまく引くことができます。ただし使いすぎないでください。アクセントカラーは全体のせいぜい5%程度にします。それ以上増えると、目立たなくなり無駄にチカチカした印象になってしまいます。

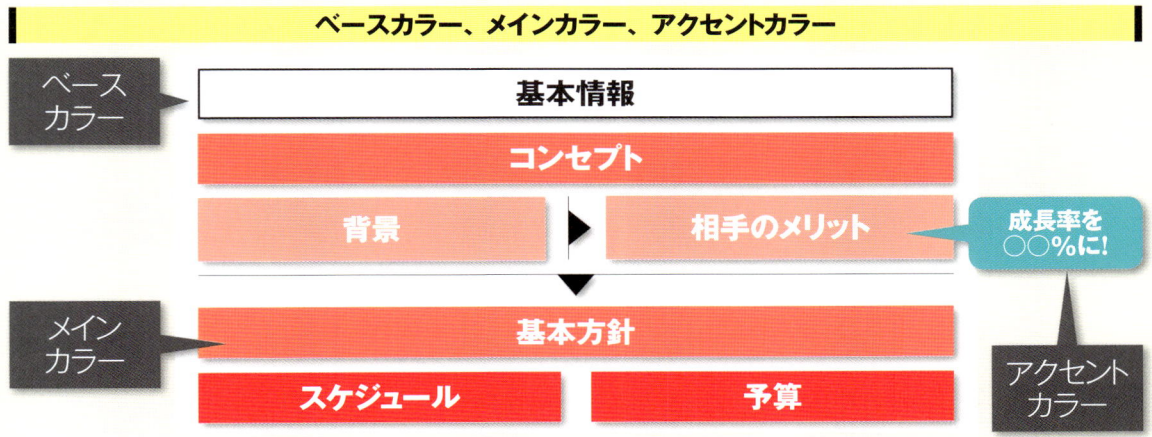

ベースカラー、メインカラー、アクセントカラー

　また、色のコントラストは明度と彩度によって生まれます。これに加えて補色の効果が入り、きつすぎると「見ていて疲れる」企画書になります。一方、コントラストが曖昧すぎると「読みにくい」感じがします。また、明度と彩度が似た色を多用すると、白黒印刷をした時に違いが分からなくなります。白黒印刷をしても違いが分かるかどうか確かめましょう。もし不安な場合には地の模様を変えておくなどの配慮が必要です。ここでは、先ほど述べたフォントの使い方なども考える必要があります。

コントラストに留意する

色は同系統三色まで フォントの使い分け コントラストに注意	色は同系統三色まで フォントの使い分け コントラストに注意
色は同系統三色まで フォントの使い分け コントラストに注意	色は同系統三色まで フォントの使い分け コントラストに注意

　色については、図表やグラフを作る際にも留意が必要です。グラフは自動的に配色してくれますが、この時も見やすさやコントラスト、どこを強調するのかなどを考えて作りましょう。グラフの一部が見えない色合いや、色が多すぎてどこを見て良いか分からないグラフでは説得力は出ません。

図表やグラフの色にも注意

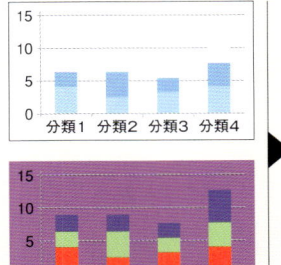
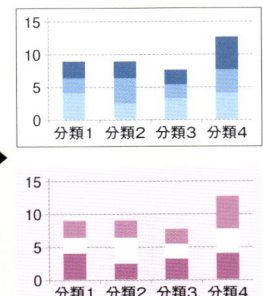

装飾の濫用は避ける

色やフォントなどを考えていくと、使いたくなるのがワードアートや様々な修飾、あるいはアニメーションです。これらは、うまく使えば効果を発揮しますが、使いすぎて却ってメッセージを伝えにくくすることもあります。十分注意して使いましょう。特に、アニメーションを多用すると、単にうるさいだけで結論がぼやけることも多いです。印刷物にすると意味が通じなくなることもあります。無意味な飾り文字や強調の濫用も同様です。

さらに、一般的にシニア層は修飾やアニメーションにはネガティブですし、使いすぎると遊んでいるようにも見えて、ビジネスのプレゼンテーションには適しません。デザインやイメージが重要な場合であれば、高度なセンスに基づいて効果的に使うこともできるでしょう。トライして頂いて結構ですが、一般的なビジネスの現場では、却ってプロフェッショナルとして見られなくなる可能性が高いことも覚えておいてください。こうした修飾は単なる自己満足に陥ることが多いのです。あくまでも「相手からどう見えるか」を考えて使ってください。

装飾の濫用は避ける

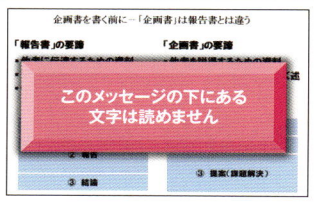  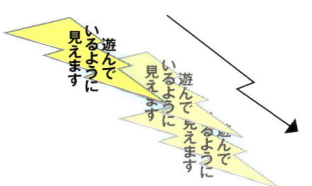

プレゼンテーションのコツ

ここまで頑張って企画書を作ったら、「起こしたいこと」をぜひ実現したいでしょう。その際の最後の難関がプレゼンテーションです。素晴らしい企画書を作っても、プレゼンテーションで失敗すると獲得したい成果は得られません。プレゼンテーションについて詳しく述べることは本書の趣旨ではありませんが、せっかく作った企画書を生かすためにもいくつかポイントを列挙しておきましょう。

- 準備は怠らない
- 資料を棒読みしない
- 伝えたいメッセージを最優先
- 時間厳守
- 相手を見る
- 自信を持つ

当然のことですが、準備万端で挑みます。改めて事前準備の項を確認してください。そして、練習は何度でもしましょう。前述したように、どのような状況でプレゼンするのかを改めて確認し、シチュエーションを念頭に置いて実際に口に出して練習をします。その際に、企画書を棒読みしてはいけません。企画書に書いてある内容はメッセージとして相手の手元にあるはずです。それを補完し、さらに説得力を増すような「書いていない材料」を積極的に付け加えましょう。ストーリーを面白く語れるかどうか、その中で伝えたいメッセージを的確に優先して伝えられるかどうか、が巧拙を分けます。

本番で資料に目を落としてぼそぼそと読み上げている姿は最悪の印象を与えます。練習の時から相手役を用意して、ぜひ相手を見て話してください。相手の目を見ると、みなさんの話にどのような反応を示しているかがよく分かります。反応に合わせて柔軟に調子を変えて、相手を引き込むようにしましょう。なお、日本では目を見つめられ続けることが嫌な人も多いです。相手の鼻と口の間くらいを見る感じが良いかもしれません。また、複数の相手に対して説明をする時には、なるべく均等に目配りできるようにすると、すべての聴き手に配慮しているのだという好印象を持たれやすいです。

姿勢や発声、表情にも気を付けます。まっすぐに立ち（あるいは良い姿勢で座り）、適度な音量の声で話し、自然な笑顔を忘れないようにしてください。ただし、無理して普通と違う声を出したり、張り付いたようなスマイルで通したりすると却って人工的な感じがするのでご注意を。

ここまで準備してきた内容ですから、最後は自信を持って話してください。プレゼンテーションのスキルやノウハウは枚挙に暇がありませんが、実は、最も嫌われるプレゼンテーションは、「自分のいっていることに自信がなさそうに見える」ものです。自信がないのに空元気だけ出したり、準備も下調べもしていないのに根拠もなく自信満々だったりというのは論外ですが、しっかり企画書を作り、その過程で十分に考え、準備万端で挑めば、たとえ訥々とした口調でも、相手はあなたが積み上げてきた蓄積をきちんと感じるものです。この本を活用して、ぜひあなたの「起こしたいこと」を世に問い、実現させてください！

chapter 01

「通す」
A4一枚企画書

企画書テンプレートを提案先や利用シーン別にまとめました。書き換えるだけで簡単に企画書を作ることができます。様々なビジネスシーンにご活用ください。

日本酒ブランドの認知向上企画書

利用シーン 社内会議　**カテゴリ** 新規事業　**想定担当者** 企画・調査・マーケティング

POINT
1. 論旨を図解化する
2. 箇条書きはキャッチーに
3. 結論を明確にする

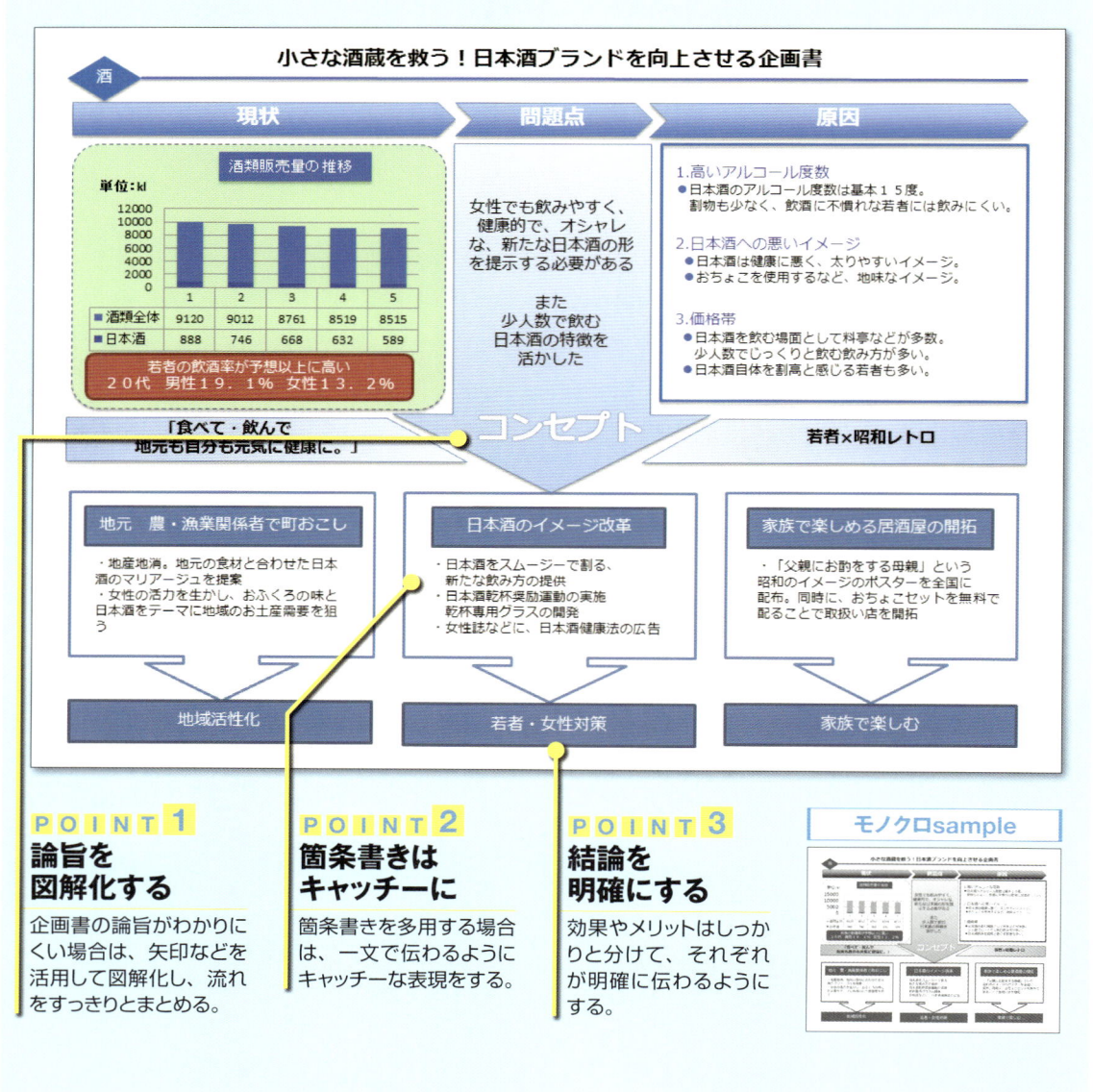

POINT 1 論旨を図解化する
企画書の論旨がわかりにくい場合は、矢印などを活用して図解化し、流れをすっきりとまとめる。

POINT 2 箇条書きはキャッチーに
箇条書きを多用する場合は、一文で伝わるようにキャッチーな表現をする。

POINT 3 結論を明確にする
効果やメリットはしっかりと分けて、それぞれが明確に伝わるようにする。

収録ファイル名　カラー 11001.pptx/.ppt　13001.docx/.doc　モノクロ 12001.pptx/.ppt　14001.docx/.doc

企画書|002

海外拠点の設立サポート企画書

利用シーン 社内会議　**カテゴリ** 新規事業　**想定担当者** 経営企画

POINT
1. 名称を付ける
2. 表題を強調する
3. 役割を明確にする

海外拠点向け "ソリューション・ワン" プロジェクトの提案

【海外拠点におけるサポートニーズ】

- ◆ 事業投資の実行や設立実務作業、立上後の運営面など専門的なフォローが必要
  - ✓ 経営の観点から事業投資案件をどのように進めれば良いか分からない
  - ✓ 設立実務のポイント、相談先が良く分からない
  - ✓ 業務の習熟度が低い人間を、現場に派遣せざるを得ない

- ◆ 事業投資の推進には、ITの側面だけでは結論がでない問題が多い
  - ✓ 支援のバランスが重要であり、トータルコーディネートしないと効果が薄い
  - ✓ 周辺の環境、地域性、文化
  - ✓ 就業スタッフのレベル
  - ✓ 業務フローの深度・責任重点箇所

【対応方針】

⇒海外での拠点展開において、以下の本社支援を実現する
① 個々の事業部戦略を尊重しつつ
② 迅速に、かつ先を見据えて効果的に展開していくための
③ ワン・ストップサポート

＜施策の方向性＞
1. 横断的に相談に乗り、設立環境にフィットした支援を行う
   - システム ⇔ 人事 ⇔ 業務フロー ⇔ 法務 ⇔ 経理・管理（連結経営）は、全て連動
   - 個々の事業投資先環境に応じた、トータルサポートが必要
2. 事業投資の成功例・失敗経験を集約し、今後の支援に活用
   - 事業投資案件経験者の実務経験に基づいた支援
   - 専門性の高い人材の登用
   - 共通の課題・対応策を蓄積し、よりスピード感のあるサポートへ
3. 事業投資先の立ち上げ、運営に適う資質を定義し、ノウハウを可視化することで、"次世代の経営者層"を育成

【支援体制案（実現イメージ図）】

現場へ入って、ともに汗をかく支援
計画段階から手厚い支援

事業投資先 ⇔ 海外拠点

ワン・ストップ・サポート

- 営業戦略部
  - ・全社戦略
  - ・地域戦略
- 経営企画部
  - ・事業計画
  - ・経営内容
- 経営管理部
  - ・連結経営
  - ・経理（業務プロセス）
  - ・法務・財務・人事
- IT企画推進部
  - ・ITインフラ
  - ・業務BPI

POINT 1　名称を付ける
プロジェクトに名称を付け、親しみを持ってもらい社内での浸透を図る。

POINT 2　表題を強調する
表題部分のデザインを共通化し、企画書の構成と各パートの説明内容を分かりやすく示す。

POINT 3　役割を明確にする
サービス実施時の体制図を作成し、各組織の役割を明確にするとともに、関係者間の一体感を醸成する。

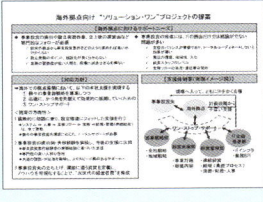

モノクロsample

収録ファイル名
カラー：11002.pptx/.ppt　13002.docx/.doc
モノクロ：12002.pptx/.ppt　14002.docx/.doc

企画書|003

海外不動産ポータルサイトの開設企画書

| 利用シーン | 社内会議 | カテゴリ | 新規事業 | 想定担当者 | 経営企画 |

POINT
1. 課題を4Cでまとめる
2. 下線を引いて強調する
3. 事業をスキーム図に表す

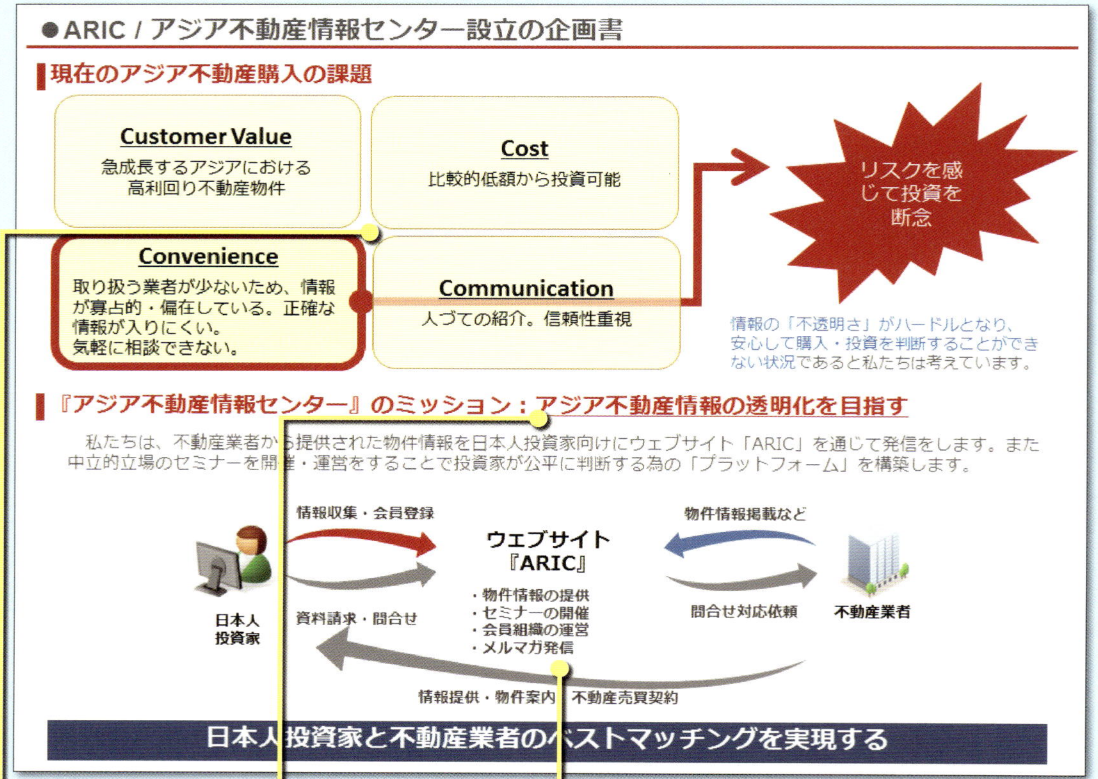

●ARIC／アジア不動産情報センター設立の企画書

現在のアジア不動産購入の課題

Customer Value
急成長するアジアにおける高利回り不動産物件

Cost
比較的低額から投資可能

Convenience
取り扱う業者が少ないため、情報が寡占的・偏在している。正確な情報が入りにくい。気軽に相談できない。

Communication
人づての紹介。信頼性重視

リスクを感じて投資を断念

情報の「不透明さ」がハードルとなり、安心して購入・投資を判断することができない状況であると私たちは考えています。

『アジア不動産情報センター』のミッション：アジア不動産情報の透明化を目指す

私たちは、不動産業者から提供された物件情報を日本人投資家向けにウェブサイト「ARIC」を通じて発信をします。また中立的立場のセミナーを開催・運営をすることで投資家が公平に判断する為の「プラットフォーム」を構築します。

日本人投資家 → 情報収集・会員登録 → ウェブサイト『ARIC』
・物件情報の提供
・セミナーの開催
・会員組織の運営
・メルマガ発信
← 資料請求・問合せ
不動産業者 → 物件情報掲載など
← 問合せ対応依頼
情報提供・物件案内　不動産売買契約

日本人投資家と不動産業者のベストマッチングを実現する

POINT 1 課題を4Cでまとめる
4C(Customer Value, Cost, Convenience, Communication)の4つの顧客視点から、課題を発見、説明する。

POINT 2 下線を引いて強調する
下線を引いて伝えたいメッセージを強調する。

POINT 3 事業をスキーム図に表す
事業を「プレイヤー（会社や人）」と「その間をつなぐ商流」の2つの要素で示し、事業を直感的に理解させる。

モノクロsample

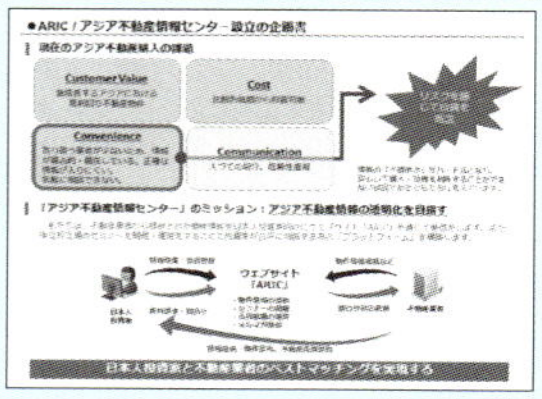

収録ファイル名　カラー：11003.pptx/.ppt　13003.docx/.doc　モノクロ：12003.pptx/.ppt　14003.docx/.doc

CD-ROM 収録場所 → 1_KIKAKU → 1_PPT_COLOR / 2_PPT_MONO / 3_DOC_COLOR / 4_DOC_MONO

企画書 **004**

子育てコミュニティ教育事業の企画書

| 利用シーン | 社内会議 | カテゴリ | 新規事業 | 想定担当者 | 企画・調査・マーケティング |

POINT
1. 見出しは強弱を付ける
2. 箇条書きを効果的に使う
3. キャッチコピーで目を引く

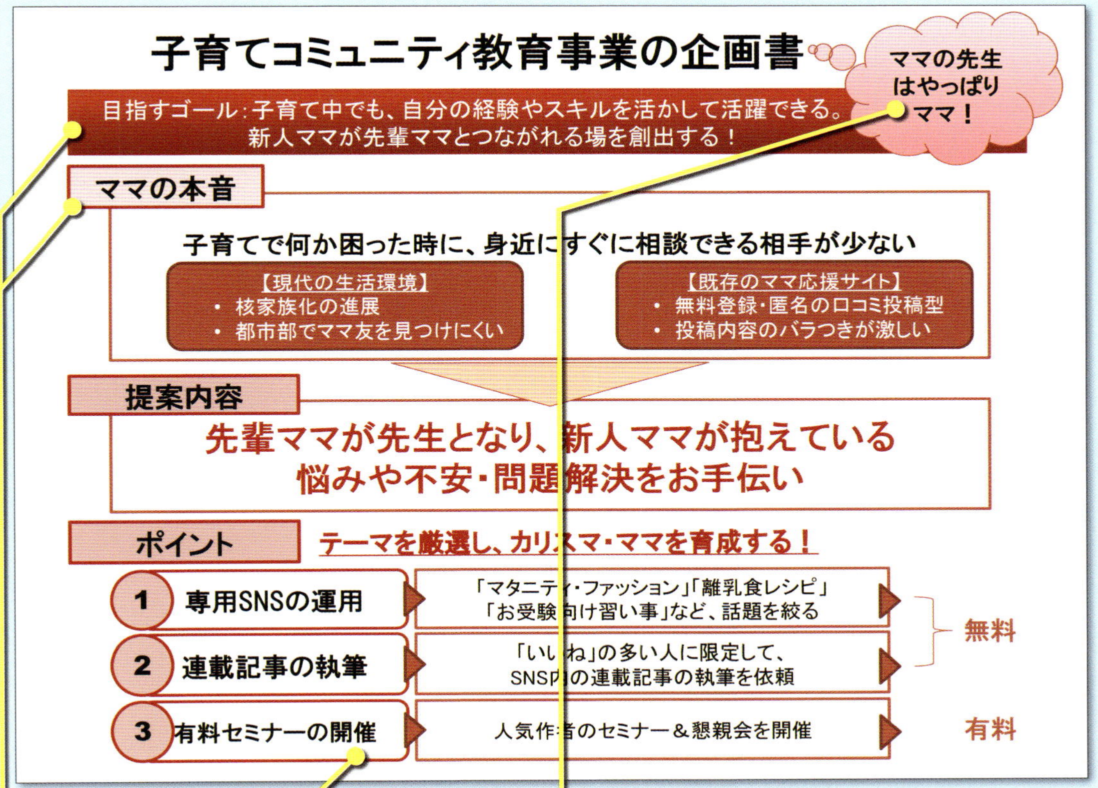

子育てコミュニティ教育事業の企画書

💭 ママの先生はやっぱりママ！

目指すゴール：子育て中でも、自分の経験やスキルを活かして活躍できる。新人ママが先輩ママとつながれる場を創出する！

ママの本音

子育てで何か困った時に、身近にすぐに相談できる相手が少ない

- 【現代の生活環境】
  - 核家族化の進展
  - 都市部でママ友を見つけにくい
- 【既存のママ応援サイト】
  - 無料登録・匿名の口コミ投稿型
  - 投稿内容のバラつきが激しい

提案内容

先輩ママが先生となり、新人ママが抱えている悩みや不安・問題解決をお手伝い

ポイント テーマを厳選し、カリスマ・ママを育成する！

1. 専用SNSの運用 ▶ 「マタニティ・ファッション」「離乳食レシピ」「お受験向け習い事」など、話題を絞る — 無料
2. 連載記事の執筆 ▶ 「いいね」の多い人に限定して、SNS内の連載記事の執筆を依頼 — 無料
3. 有料セミナーの開催 ▶ 人気作者のセミナー＆懇親会を開催 — 有料

POINT 1 見出しは強弱を付ける
企画の肝になるゴールを濃い色に、ほかの見出しは淡い色にして強弱を付ける。

POINT 2 同系色でまとめる
企画書全体に統一感を持たせるため、色は同系色でまとめる。

POINT 3 キャッチコピーで目を引く
企画の内容を簡潔かつ、印象付けるためにキャッチコピーを付ける。

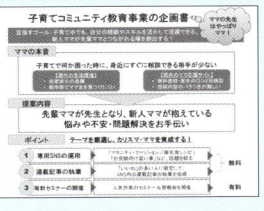

モノクロsample

収録ファイル名　カラー 11004.pptx/.ppt　13004.docx/.doc　モノクロ 12004.pptx/.ppt　14004.docx/.doc

CD-ROM 収録場所 → 1_KIKAKU → 1_PPT_COLOR / 2_PPT_MONO / 3_DOC_COLOR / 4_DOC_MONO

企画書 | 005

フリーペーパー事業の企画書

利用シーン 社内会議　**カテゴリ** 新規事業　**想定担当者** 企画・調査・マーケティング

POINT
1. 最初に目的を示す
2. 次にメリットを示す
3. 最後に現実的な話を示す

小学生が発行するフリーペーパーの企画書
～学習塾との協業モデルの提案～

企画の目的：大人も子供も読んで発見がある地域情報の発信

子供のメリット
・活字への抵抗感の払拭
・モノ作りの大変さの理解
・情報発信の手法／理解の深堀

学習塾のメリット
・認知拡大と入塾への誘導強化
・地域住民との繋がりの向上
・売上増加

自らで考え情報発信を行う子供の育成と創出

WHAT？ ○○学習塾と協業し、全国1万6,600の教室で読める無料の地域新聞。
全国の教室にて配布することで、固定費の削減が可能。

HOW？ 地域に根差した情報を各年代で収集した後、編集し記事化。
その記事を元にどれを誌面に載せるかを講師を交え会議。

記事執筆コストの大幅ダウン。広告収入にてマネタイズが可能。

POINT 1 最初に目的を示す
目的を最初に書くことで、企画の意図を明確に伝える。

POINT 2 次にメリットを示す
顧客と事業者の視点からメリットを挙げ、企画に説得力を与える。

POINT 3 最後に現実的な話を示す
どうやって？なにをやるの？を明確に伝え、企画の現実性を伝える。

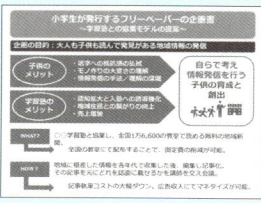
モノクロsample

収録ファイル名　カラー 11005.pptx/.ppt　13005.docx/.doc　モノクロ 12005.pptx/.ppt　14005.docx/.doc

企画書 006
新規SNS立ち上げ企画書

| 利用シーン | 社内会議 | カテゴリ | 新規事業 | 想定担当者 | 企画・調査・マーケティング |

POINT
1. 自分の経験として語る
2. サービスのイメージ化
3. サービス全体の流れを解説

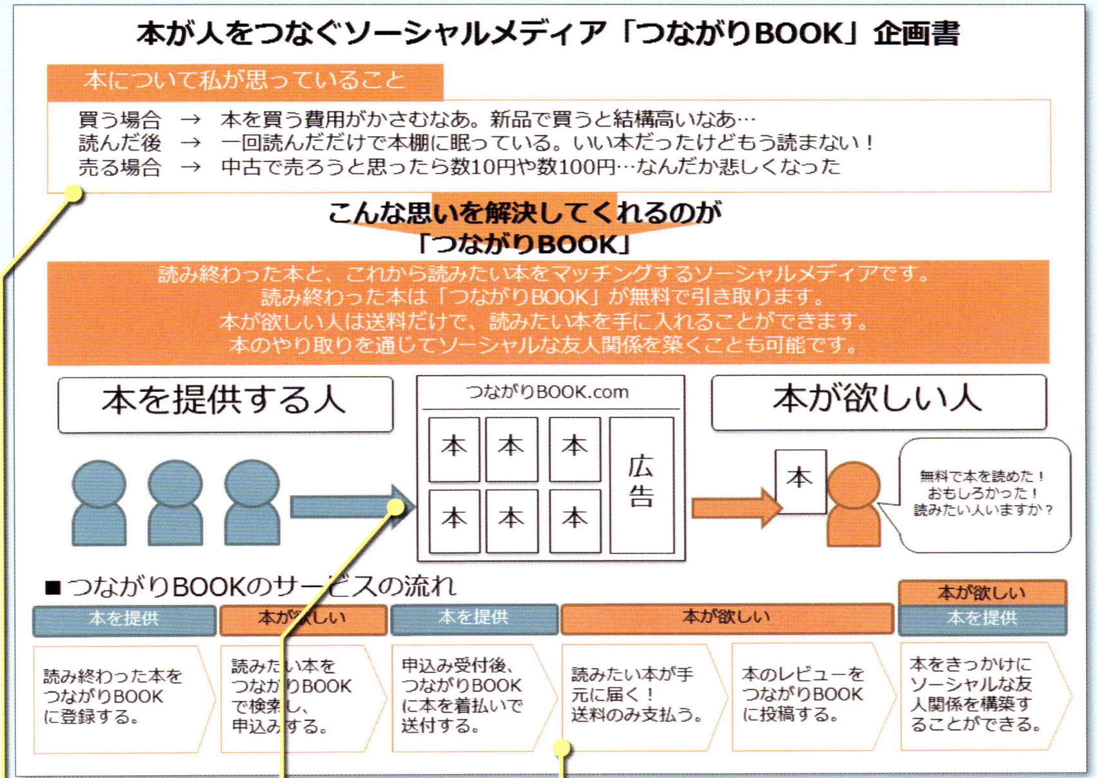

本が人をつなぐソーシャルメディア「つながりBOOK」企画書

本について私が思っていること
- 買う場合 → 本を買う費用がかさむなあ。新品で買うと結構高いなあ…
- 読んだ後 → 一回読んだだけで本棚に眠っている。いい本だったけどもう読まない！
- 売る場合 → 中古で売ろうと思ったら数10円や数100円…なんだか悲しくなった

こんな思いを解決してくれるのが「つながりBOOK」

読み終わった本と、これから読みたい本をマッチングするソーシャルメディアです。読み終わった本は「つながりBOOK」が無料で引き取ります。本が欲しい人は送料だけで、読みたい本を手に入れることができます。本のやり取りを通じてソーシャルな友人関係を築くことも可能です。

本を提供する人 → つながりBOOK.com（本／広告）→ 本が欲しい人
「無料で本を読めた！おもしろかった！読みたい人いますか？」

■つながりBOOKのサービスの流れ

本を提供	本が欲しい	本を提供	本が欲しい	本が欲しい／本を提供
読み終わった本をつながりBOOKに登録する。	読みたい本をつながりBOOKで検索し、申込みする。	申込み受付後、つながりBOOKに本を着払いで送付する。	読みたい本が手元に届く！送料のみ支払う。	本のレビューをつながりBOOKに投稿する。／本をきっかけにソーシャルな友人関係を構築することができる。

POINT 1 自分の経験として語る
ストーリー性のあるアイデアを語ることで、共感を呼ぶ。

POINT 2 サービスのイメージ化
簡潔なイメージ図を入れて、相手にサービス内容をわかりやすく伝える。

POINT 3 サービス全体の流れを解説
具体的な流れを解説して、サービスを使っている様子を相手に想像させる。

モノクロsample

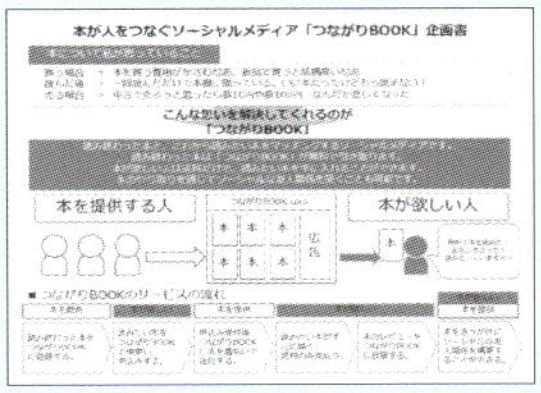

収録ファイル名
- カラー: 11006.pptx/.ppt / 13006.docx/.doc
- モノクロ: 12006.pptx/.ppt / 14006.docx/.doc

企画書 007
農家のSPA(製造小売)化企画書

利用シーン 社内会議　**カテゴリ** 新規事業　**想定担当者** 企画・調査・マーケティング

POINT
1. 具体的なタイトルを入れる
2. 概念は可視化する
3. 期待値を数字で表す

POINT 1 具体的なタイトルを入れる
何がしたいか分かるタイトルを付ける。

POINT 2 概念は可視化する
言葉で説明しにくい概念や仕組みは、シンプルな図にして伝える。

POINT 3 期待値を数字で表す
予算や投資を引き出す際は、具体的な数字を入れて結論付ける。

モノクロsample

石垣牛、生産農家のSPA化の企画書
〜農業生産法人の六次産業化により、こだわりの食材を低価格で〜

石垣牛とは
- 石垣は子牛の肥育には欠かせない栄養価高い牧草が年に三回収穫できる恵まれた立地。
- 国内ブランド牛の多くは、子牛の頃に石垣島より生産地に輸送される。
- **石垣牛は「ブランド牛の本家本元」**
- 沖縄サミット以降、海外でも高い評価をうけている。

SPA：六次産業化とは？

六次産業化とは、生産（一次産業）、製品加工（二次産業）、流通・販売（三次産業）を別々の業者が行うのではなく、1つの会社（もしくはグループ）で行うことです。これによって、販売数に適した生産・加工ができるため、過剰な売れ残りを防げます。高品質で安価な商品を提供することが可能となります。

六次産業化により、生産者の経営が安定し、石垣牛をお手頃価格でより美味しくお届けできます！

提案内容

★次の3社で資本提携し、「まるまるグループ」を結成する。
① まるまる牧場　　　　（一次産業）
② 西垣島ハム工場　　　（二次産業）
③ 沖縄土産流通センター（三次産業）

上記事業を展開することにより
利益率が○%アップし!
資金回収速度が○回転アップ!

収録ファイル名
カラー　11007.pptx/.ppt　13007.docx/.doc
モノクロ　12007.pptx/.ppt　14007.docx/.doc

CD-ROM収録場所  1_KIKAKU ◀ 1_PPT_COLOR　2_PPT_MONO　3_DOC_COLOR　4_DOC_MONO

企画書 | 008
シェアオフィス事業企画書

| 利用シーン | 社内会議 | カテゴリ | 新規事業 | 想定担当者 | 企画・調査・マーケティング |

POINT
1. ターゲットの位置や数を視覚化
2. グラフで説得力を持たせる
3. プランはわかりやすく

POINT 1
ターゲットの位置や数を視覚化
ターゲットの規模や広がりをピラミッド図にするとわかりやすい。

POINT 2
ポジションを二軸でわかりやすく
競合との違いを二軸でマッピングして、視覚的に伝える。

POINT 3
プランはわかりやすく
アクションプランは、大分類で3つに絞ると分かりやすい。

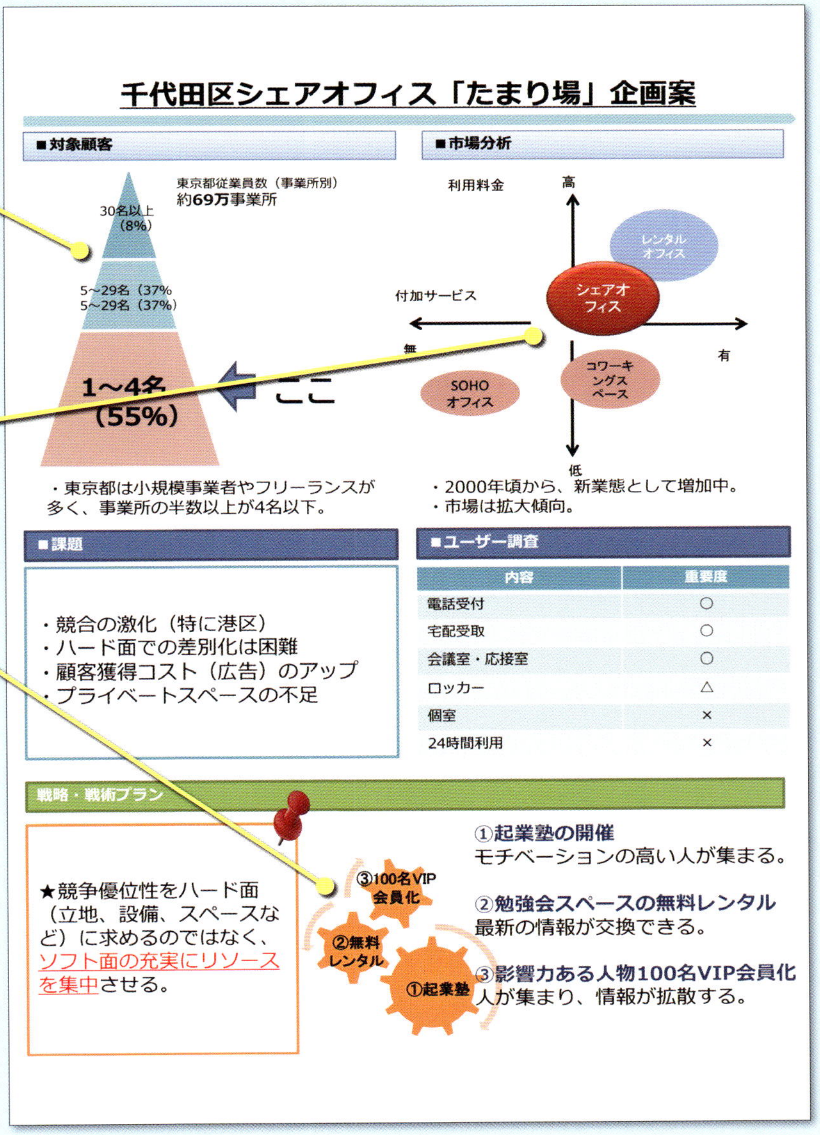

モノクロsample
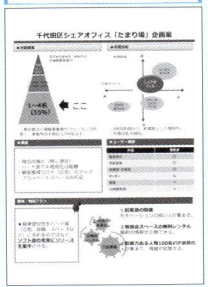

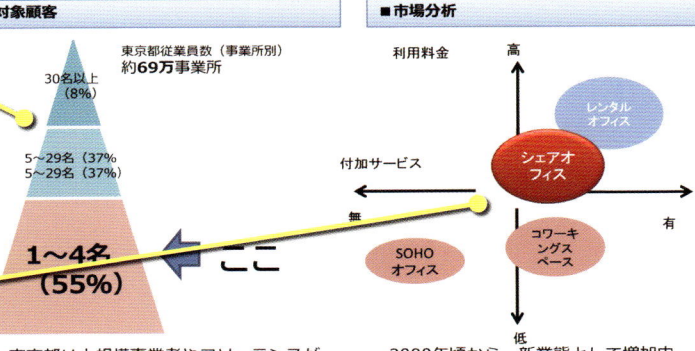

収録ファイル名
| カラー | 11008.pptx/.ppt
13008.docx/.doc | モノクロ | 12008.pptx/.ppt
14008.docx/.doc |

chapter 01 「通す」A4一枚企画書
chapter 02 「簡潔な」A4一枚報告書
chapter 03 図解の「ソツない」配布資料
chapter 04 数字が「見える」グラフ
chapter 05 イメージを「あおる」イラスト

CD-ROM 収録場所 　1_KIKAKU　1_PPT_COLOR　2_PPT_MONO　3_DOC_COLOR　4_DOC_MONO

企画書 009

子連れ専門美容院の企画書

| 利用シーン | 社内会議 | カテゴリ | 新規事業 | 想定担当者 | 企画・調査・マーケティング |

POINT
1. 背景色で動線を作る
2. 数字＋矢印で上昇率を伝える
3. イラスト＋文章で対象を明確にする

母娘できれいになる子連れ専門美容院の企画書

現状の分析
ローティーン向け雑誌Nの販売部数

少子化にも関わらず子供向けファッション雑誌の売上は好調。読者モデルの人気も高まっている。

サービス概要
- 母と娘で綺麗になれる美容院
- フォトスタジオで写真撮影
- 撮影した写真を雑誌のオーディションに自動応募

「母と娘」「美容院」「雑誌社」の3者にメリット

- お洒落という共通の興味のある時間を共有
- 雑誌に応募する手間が省ける

- 母と娘の両方を同時に顧客にできる
- フォトスタジオでの副収入
- 雑誌掲載されればプロモーションにもなる

- 読者モデル応募数の増加により、読者モデルの質向上が期待できる
- 全国の美容院に雑誌が置いてもらえるきっかけになる

POINT 1　背景色で動線を作る
背景色を分けることで、目線を上段から下段へと自然に誘導する。

POINT 2　数字＋矢印で上昇率を伝える
グラフに矢印を加えて、数字的に上昇していると伝える。

POINT 3　イラスト＋文章で対象を明確にする
イラストと文章をセットにして、反復利用することで、何に紐付く説明なのか理解しやすくする。

モノクロsample

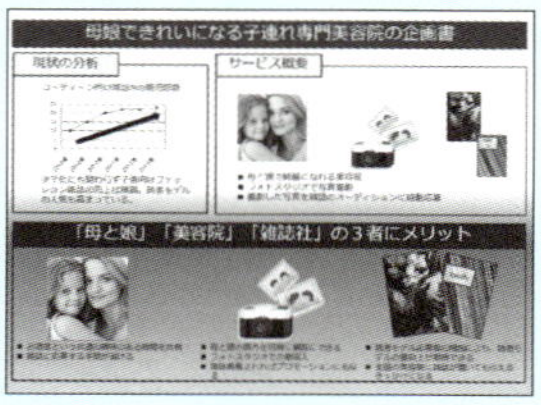

収録ファイル名　カラー　11009.pptx/.ppt　13009.docx/.doc　モノクロ　12009.pptx/.ppt　14009.docx/.doc

パパッと作る！バッチリ通す！A4一枚企画書・報告書テンプレート2000

CD-ROM 収録場所　1_KIKAKU　1_PPT_COLOR　2_PPT_MONO　3_DOC_COLOR　4_DOC_MONO

企画書 010
新規店舗の出店企画書

利用シーン 社内会議　**カテゴリ** 新規事業　**想定担当者** 経営企画

POINT
1. アクション計画を明確に
2. 数字の増減はグラフで表す
3. アクション計画を深堀り

POINT 1
アクション計画を明確に
次に誰が何をどうするかを意識して明確に伝えることが説得の鍵。

POINT 2
数字の増減はグラフで表す
数字の増減はグラフで伝えて、比較をしやすくする。

POINT 3
アクション計画を深堀り
いつまでに何をすべきかを一覧表にして、信頼感を出す。

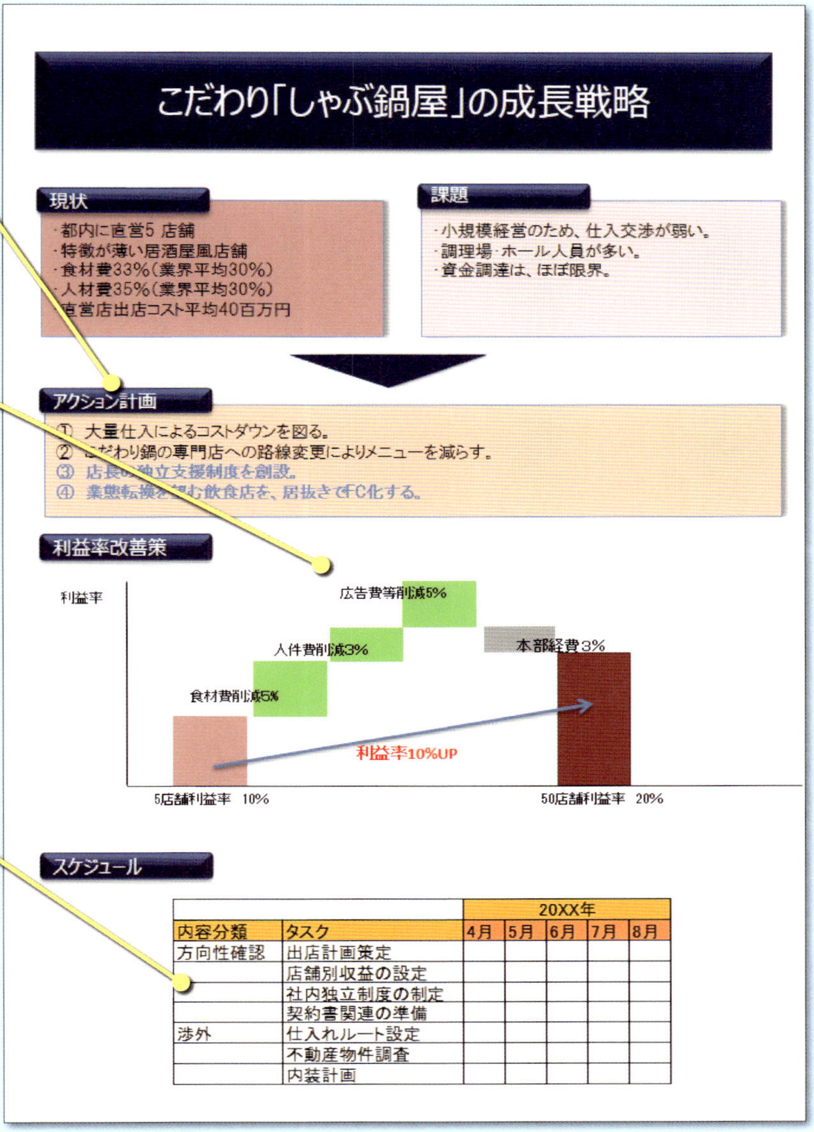

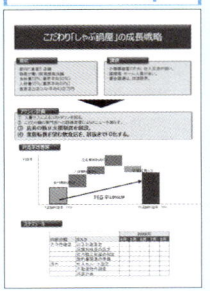
モノクロsample

こだわり「しゃぶ鍋屋」の成長戦略

現状
- 都内に直営5店舗
- 特徴が薄い居酒屋風店舗
- 食材費33%（業界平均30%）
- 人材費35%（業界平均30%）
- 直営店出店コスト平均40百万円

課題
- 小規模経営のため、仕入交渉が弱い。
- 調理場・ホール人員が多い。
- 資金調達は、ほぼ限界。

アクション計画
① 大量仕入によるコストダウンを図る。
② こだわり鍋の専門店への路線変更によりメニューを減らす。
③ 店長の独立支援制度を創設。
④ 業態転換を望む飲食店を、居抜きでFC化する。

利益率改善策

食材費削減5%　人件費削減3%　広告費等削減5%　本部経費3%
利益率10%UP
5店舗利益率 10%　　50店舗利益率 20%

スケジュール

内容分類	タスク	20XX年				
		4月	5月	6月	7月	8月
方向性確認	出店計画策定					
	店舗別収益の設定					
	社内独立制度の制定					
	契約書関連の準備					
渉外	仕入れルート設定					
	不動産物件調査					
	内装計画					

収録ファイル名
カラー：11010.pptx/.ppt　13010.docx/.doc
モノクロ：12010.pptx/.ppt　14010.docx/.doc

CD-ROM収録場所 → 1_KIKAKU → 1_PPT_COLOR / 2_PPT_MONO / 3_DOC_COLOR / 4_DOC_MONO

企画書 011

地域活性化のためのツアーの企画書

利用シーン 社内会議　**カテゴリ** 新規事業　**想定担当者** 企画・調査・マーケティング

POINT
1. 視線の移動を踏まえたレイアウト
2. ロジックツリーを活用

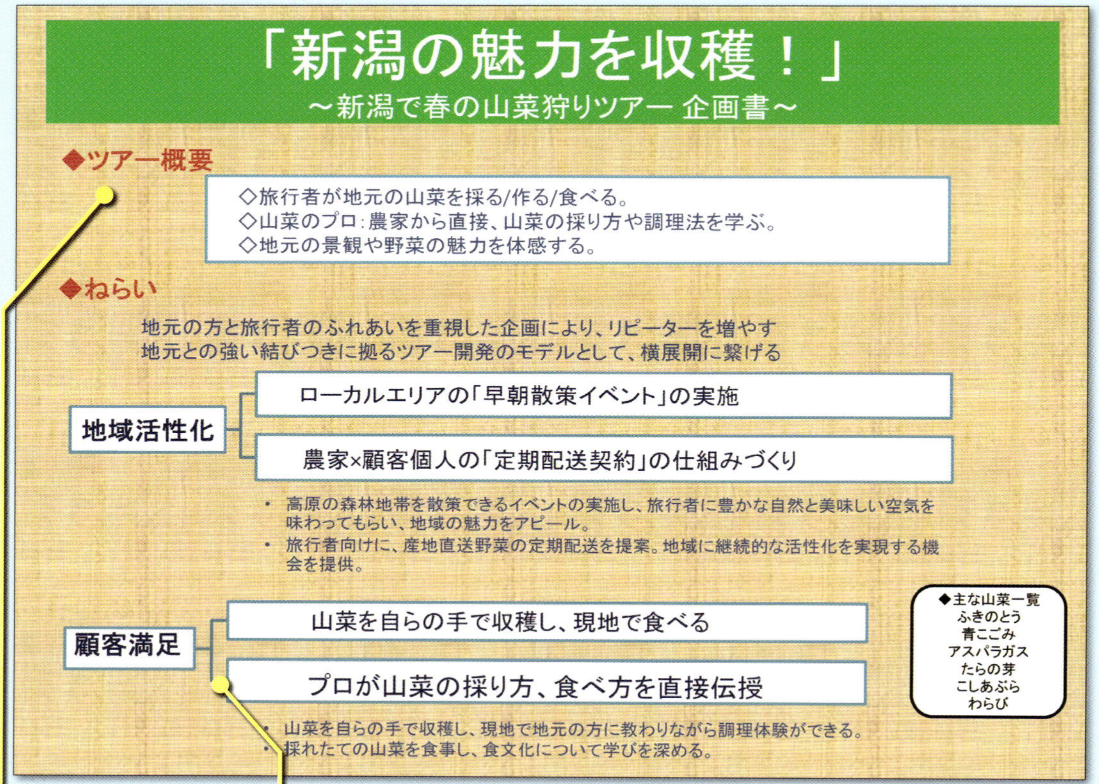

「新潟の魅力を収穫！」
～新潟で春の山菜狩りツアー 企画書～

◆ツアー概要
◇旅行者が地元の山菜を採る/作る/食べる。
◇山菜のプロ：農家から直接、山菜の採り方や調理法を学ぶ。
◇地元の景観や野菜の魅力を体感する。

◆ねらい
地元の方と旅行者のふれあいを重視した企画により、リピーターを増やす
地元との強い結びつきに拠るツアー開発のモデルとして、横展開に繋げる

地域活性化
- ローカルエリアの「早朝散策イベント」の実施
- 農家×顧客個人の「定期配送契約」の仕組みづくり

・高原の森林地帯を散策できるイベントの実施し、旅行者に豊かな自然と美味しい空気を味わってもらい、地域の魅力をアピール。
・旅行者向けに、産地直送野菜の定期配送を提案。地域に継続的な活性化を実現する機会を提供。

顧客満足
- 山菜を自らの手で収穫し、現地で食べる
- プロが山菜の採り方、食べ方を直接伝授

・山菜を自らの手で収穫し、現地で地元の方に教わりながら調理体験ができる。
・採れたての山菜を食事し、食文化について学びを深める。

◆主な山菜一覧
ふきのとう
青こごみ
アスパラガス
たらの芽
こしあぶら
わらび

POINT 1 視線の移動を踏まえたレイアウト
目の動きに合わせて、概要→ねらいと展開する。

POINT 2 ロジックツリーを活用
目標と具体的な施策はツリー図で紐付けしてわかりやすくする。

モノクロsample

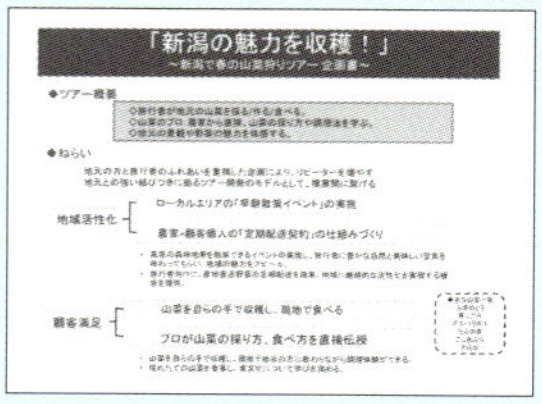

収録ファイル名　カラー 11011.pptx/.ppt　13011.docx/.doc　モノクロ 12011.pptx/.ppt　14011.docx/.doc

企画書 012

ビジコンによる商店街活性化提案書

利用シーン 商談 | カテゴリ 新規事業 | 想定担当者 営業・販売

POINT
1 公的データによる裏付け
2 結論を強調する
3 狙いと計画をツリー図で示す

POINT 1 公的データによる裏付け

公的データのグラフを引用することで、仮説の信ぴょう性を高める。

POINT 2 結論を強調する

「だから何?」と思わせないように、結論となる具体施策を強調する。

POINT 3 狙いと計画をツリー図で示す

施策によって期待される効果と、実行に至るまでの計画概要をツリー構造で分かりやすく提示する。

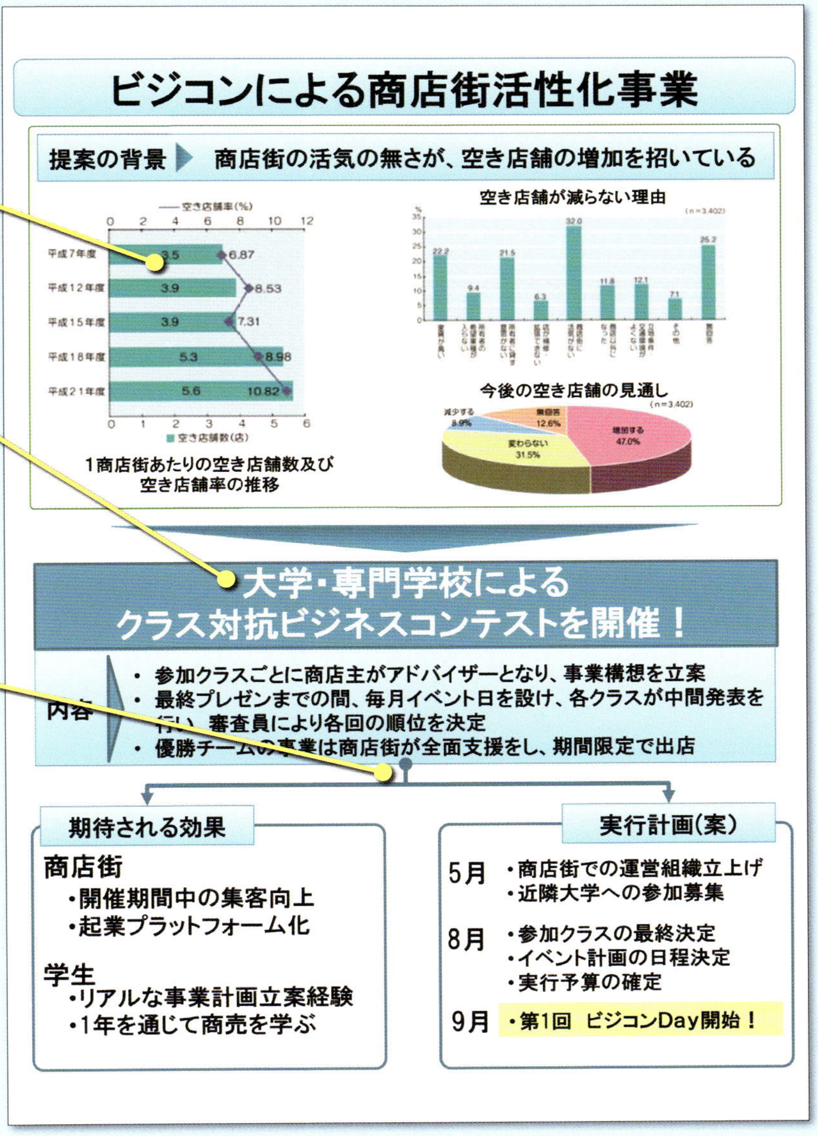

ビジコンによる商店街活性化事業
提案の背景 商店街の活気の無さが、空き店舗の増加を招いている
空き店舗率(%)
平成7年度 3.5 6.87
平成12年度 3.9 8.53
平成15年度 3.9 7.31
平成18年度 5.3 8.98
平成21年度 5.6 10.82
空き店舗数(店)
1商店街あたりの空き店舗数及び空き店舗率の推移
空き店舗が減らない理由
今後の空き店舗の見通し
減少する 8.9%
無回答 12.6%
変わらない 31.5%
増加する 47.0%
大学・専門学校による
クラス対抗ビジネスコンテストを開催!
内容
・参加クラスごとに商店主がアドバイザーとなり、事業構想を立案
・最終プレゼンまでの間、毎月イベント日を設け、各クラスが中間発表を行い、審査員により各回の順位を決定
・優勝チームの事業は商店街が全面支援をし、期間限定で出店
期待される効果
商店街
・開催期間中の集客向上
・起業プラットフォーム化
学生
・リアルな事業計画立案経験
・1年を通じて商売を学ぶ
実行計画(案)
5月 ・商店街での運営組織立上げ
・近隣大学への参加募集
8月 ・参加クラスの最終決定
・イベント計画の日程決定
・実行予算の確定
9月 ・第1回 ビジコンDay開始!

モノクロsample

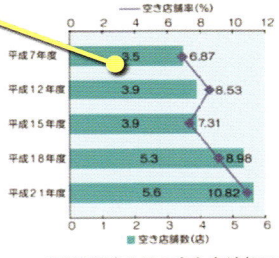

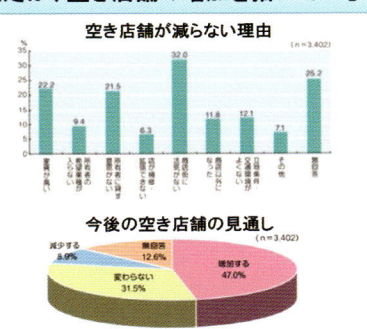

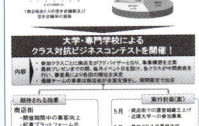

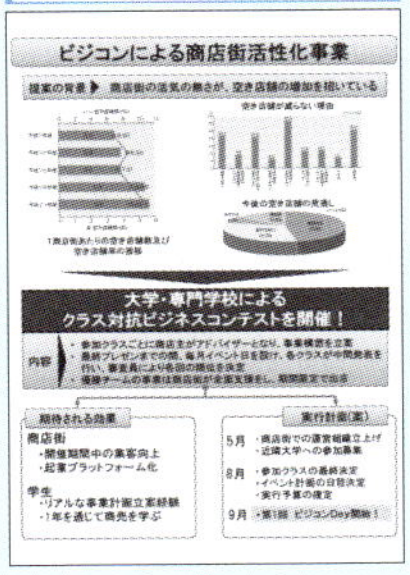

収録ファイル名
カラー 11012.pptx/.ppt 13012.docx/.doc
モノクロ 12012.pptx/.ppt 14012.docx/.doc

CD-ROM 収録場所 / 1_KIKAKU / 1_PPT_COLOR / 2_PPT_MONO / 3_DOC_COLOR / 4_DOC_MONO

企画書 013

美容・健康器具の設置提案書

| 利用シーン | 商談 | カテゴリ | 新規事業 | 想定担当者 | 事業企画 |

POINT
1. 新商品はシンプルな図で説明
2. ビジネスの基本は足し算引き算
3. 箇条書きを効果的に使う

POINT 1 新商品はシンプルな図で説明
物を言葉で説明するより図で説明した方が、伝達スピードがはるかに早い。

POINT 2 ビジネスの基本は足し算引き算
収支計画は、売上－経費というシンプルな説明で分かりやすい。

POINT 3 次に何をすべきか明確に
何となくの合意では進まない。何を／いつまでに／誰が／まで決められるようにする。

モノクロsample

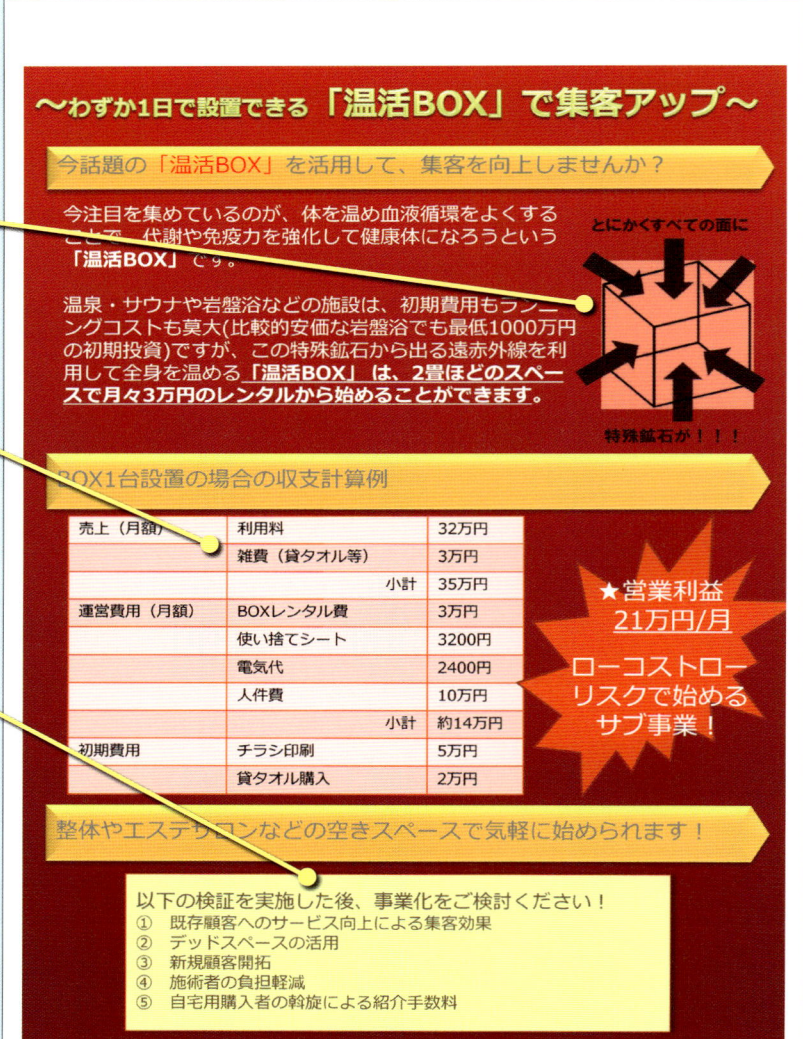

収録ファイル名　カラー 11013.pptx/.ppt　13013.docx/.doc　モノクロ 12013.pptx/.ppt　14013.docx/.doc

CD-ROM 収録場所 → 1_KIKAKU → 1_PPT_COLOR / 2_PPT_MONO / 3_DOC_COLOR / 4_DOC_MONO

企画書 014

介護業界への参入企画書

| 利用シーン | 商談 | カテゴリ | 新規事業 | 想定担当者 | 事業企画 |

POINT
1. 企画背景をきちんと説明
2. グラフで説得力を持たせる
3. 箇条書きを効果的に使う

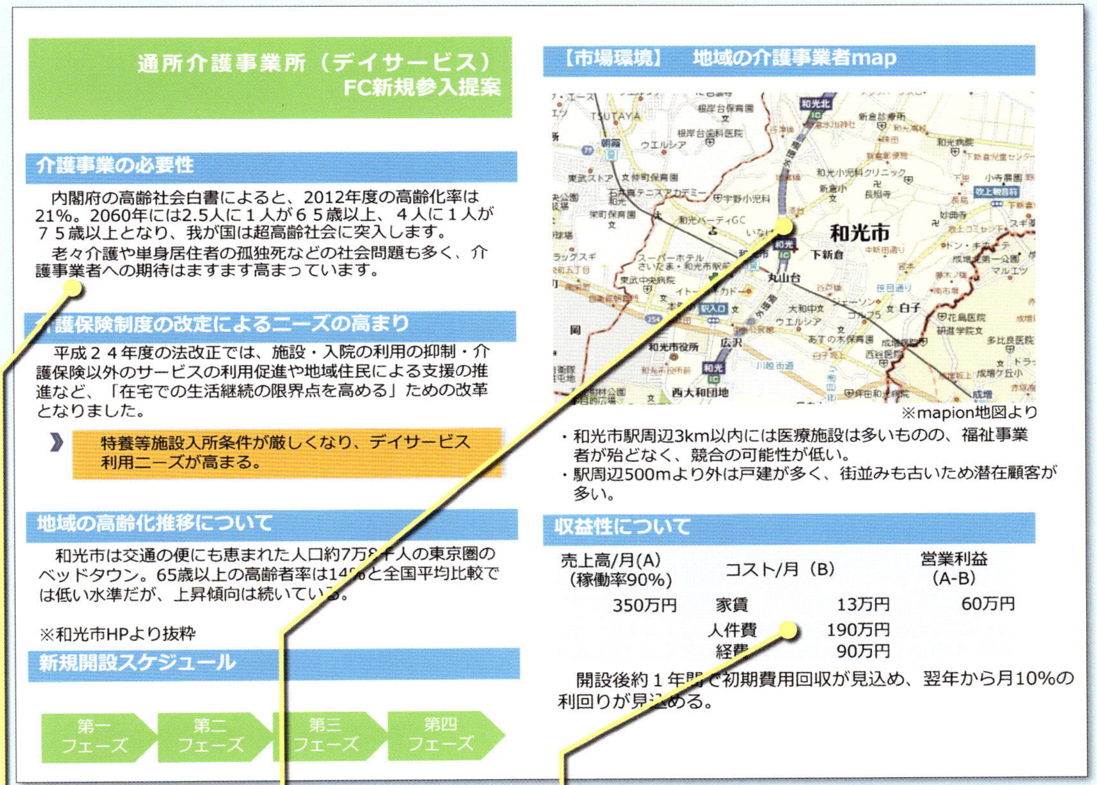

通所介護事業所（デイサービス） FC新規参入提案

介護事業の必要性
内閣府の高齢社会白書によると、2012年度の高齢化率は21％。2060年には2.5人に1人が65歳以上、4人に1人が75歳以上となり、我が国は超高齢社会に突入します。
老々介護や単身居住者の孤独死などの社会問題も多く、介護事業者への期待はますます高まっています。

介護保険制度の改定によるニーズの高まり
平成24年度の法改正では、施設・入院の利用の抑制・介護保険以外のサービスの利用促進や地域住民による支援の推進など、「在宅での生活継続の限界点を高める」ための改革となりました。

> 特養等施設入所条件が厳しくなり、デイサービス利用ニーズが高まる。

地域の高齢化推移について
和光市は交通の便にも恵まれた人口約7万8千人の東京圏のベッドタウン。65歳以上の高齢者率は14％と全国平均比較では低い水準だが、上昇傾向は続いている。
※和光市HPより抜粋

新規開設スケジュール
第一フェーズ → 第二フェーズ → 第三フェーズ → 第四フェーズ

【市場環境】 地域の介護事業者map

和光市

※mapion地図より

・和光市駅周辺3km以内には医療施設は多いものの、福祉事業者が殆どなく、競合の可能性が低い。
・駅周辺500mより外は戸建が多く、街並みも古いため潜在顧客が多い。

収益性について

売上高/月(A)(稼働率90％)	コスト/月(B)		営業利益(A-B)
350万円	家賃	13万円	60万円
	人件費	190万円	
	経費	90万円	

開設後約1年間で初期費用回収が見込め、翌年から月10％の利回りが見込める。

POINT 1 企画背景をきちんと説明
新規事業の場合「なぜそれを選ぶのか」を全体感を持って説明する。

POINT 2 地図を活用する
商圏調査などは地図を使って、具体的に示す。

POINT 3 コスト試算は簡易に
判断をしやすいように、損益イメージは見やすくする。

モノクロsample

収録ファイル名
カラー: 11014.pptx/.ppt / 13014.docx/.doc
モノクロ: 12014.pptx/.ppt / 14014.docx/.doc

企画書 015

認定資格制度の立上提案書

利用シーン 商談 | カテゴリ 新規事業 | 想定担当者 事業企画

POINT
1 組織は階層で見える化
2 比較することで目的を見える化
3 タスクと期日を見える化

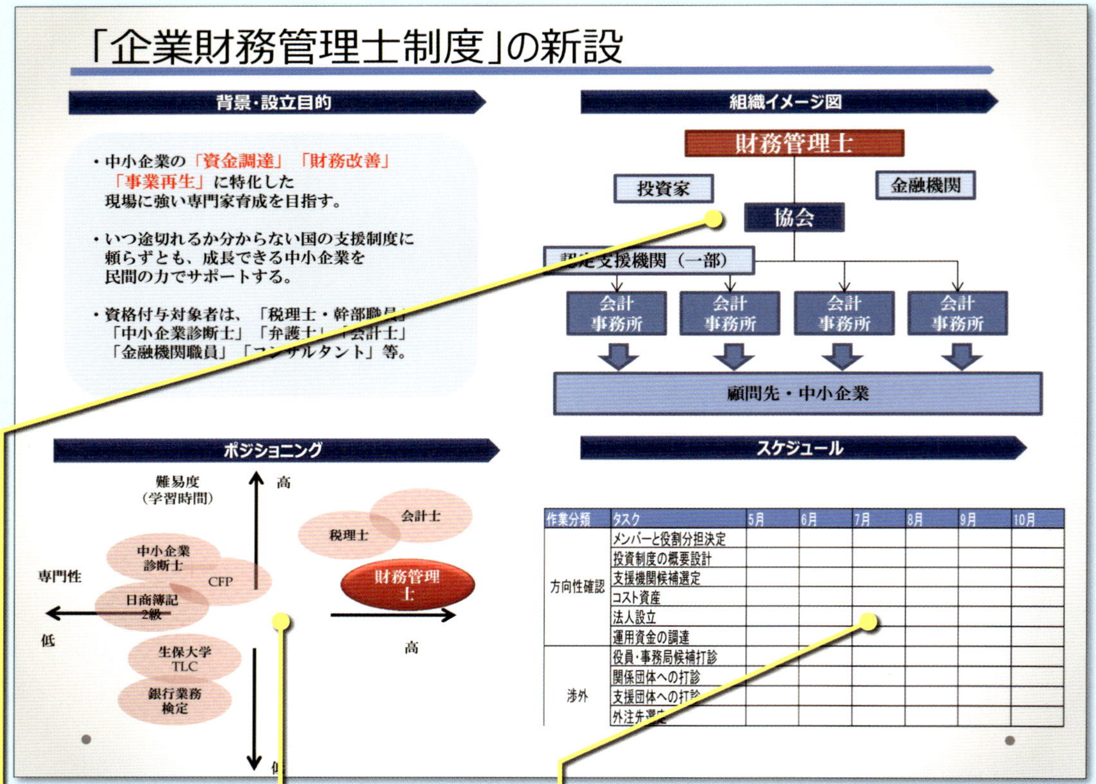

POINT 1 組織は階層で見える化

誰がどの役割を担うかを説明するには、階層別の組織図を使用する。

POINT 2 比較することで目的を見える化

マトリクス図を使って類似比較をすることで、企画の位置を伝える。

POINT 3 タスクと期日を見える化

ゴールを明確にして、計画の現実性を伝える。

モノクロsample

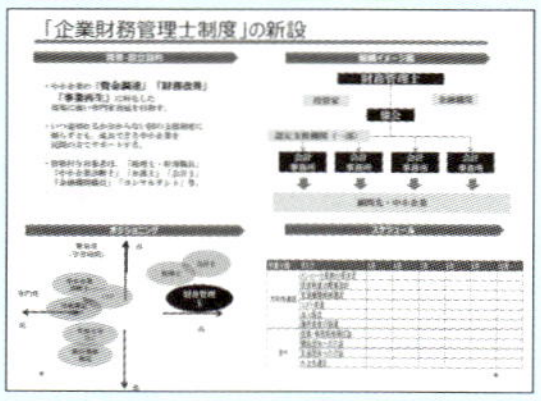

収録ファイル名

カラー	11015.pptx/.ppt 13015.docx/.doc
モノクロ	12015.pptx/.ppt 14015.docx/.doc

CD-ROM 収録場所 → 1_KIKAKU → 1_PPT_COLOR / 2_PPT_MONO / 3_DOC_COLOR / 4_DOC_MONO

企画書 016

バーチャル店舗による売上向上企画書

利用シーン 社内会議　**カテゴリ** 製品・サービス　**想定担当者** 企画・調査・マーケティング

POINT
1. 目的をはっきりさせる
2. bofore,afterを効果的に
3. ステップチャートを使う

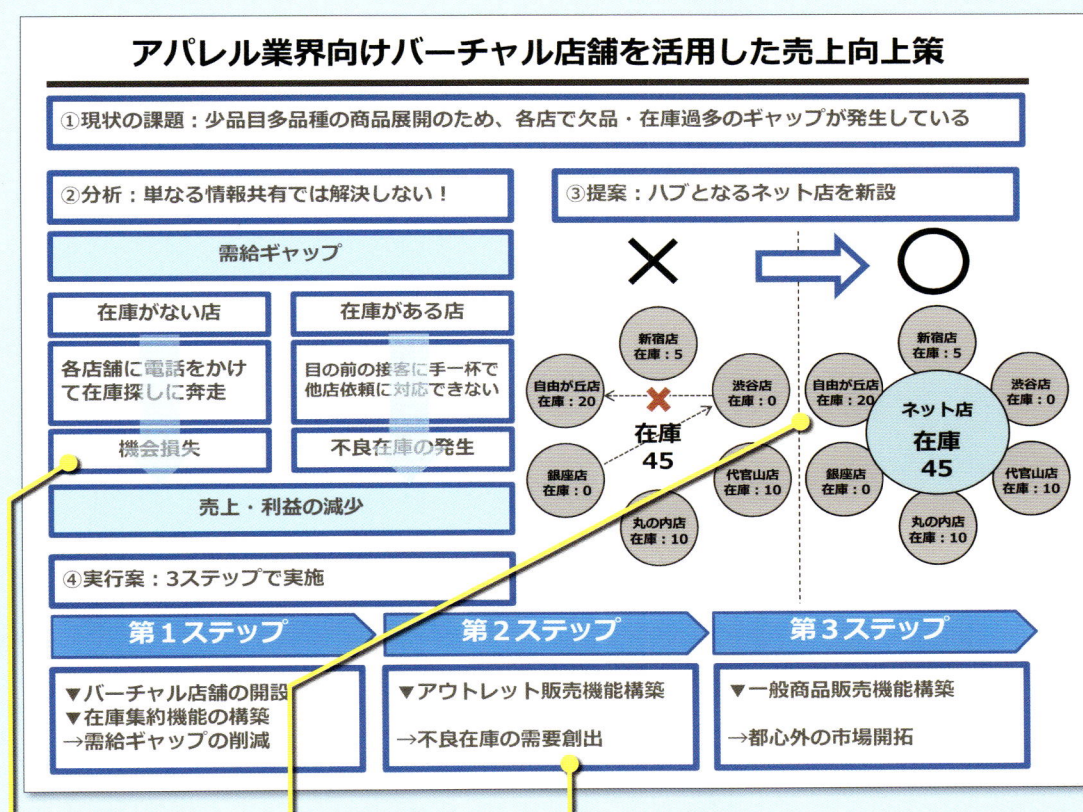

POINT 1
目的をはっきりさせる

課題を簡潔に伝えることで、企画書の目的を明確化する。さらに、その課題を分解し、本質をあぶりだすことで説得力を向上させる。

POINT 2
bofore,afterを効果的に

一目でわかる図解を活用する。口頭や文章で説明するよりも、既存と新規との違いが一目瞭然となる。

POINT 3
ステップチャートを使う

いきなり課題が解決できることはまれなので、何を実施していくか、ステップチャートで段階的に説明する。

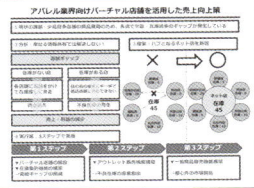
モノクロsample

収録ファイル名　カラー 11016.pptx/.ppt　13016.docx/.doc　モノクロ 12016.pptx/.ppt　14016.docx/.doc

CD-ROM収録場所 → 1_KIKAKU → 1_PPT_COLOR / 2_PPT_MONO / 3_DOC_COLOR / 4_DOC_MONO

企画書 017

高価格帯デリバリー弁当の企画書

利用シーン 社内会議　**カテゴリ** 製品・サービス　**想定担当者** 企画・調査・マーケティング

POINT
1. 数字を対比させ、印象付ける
2. マトリックスでスキマを見せる
3. 箇条書きはシンプルに

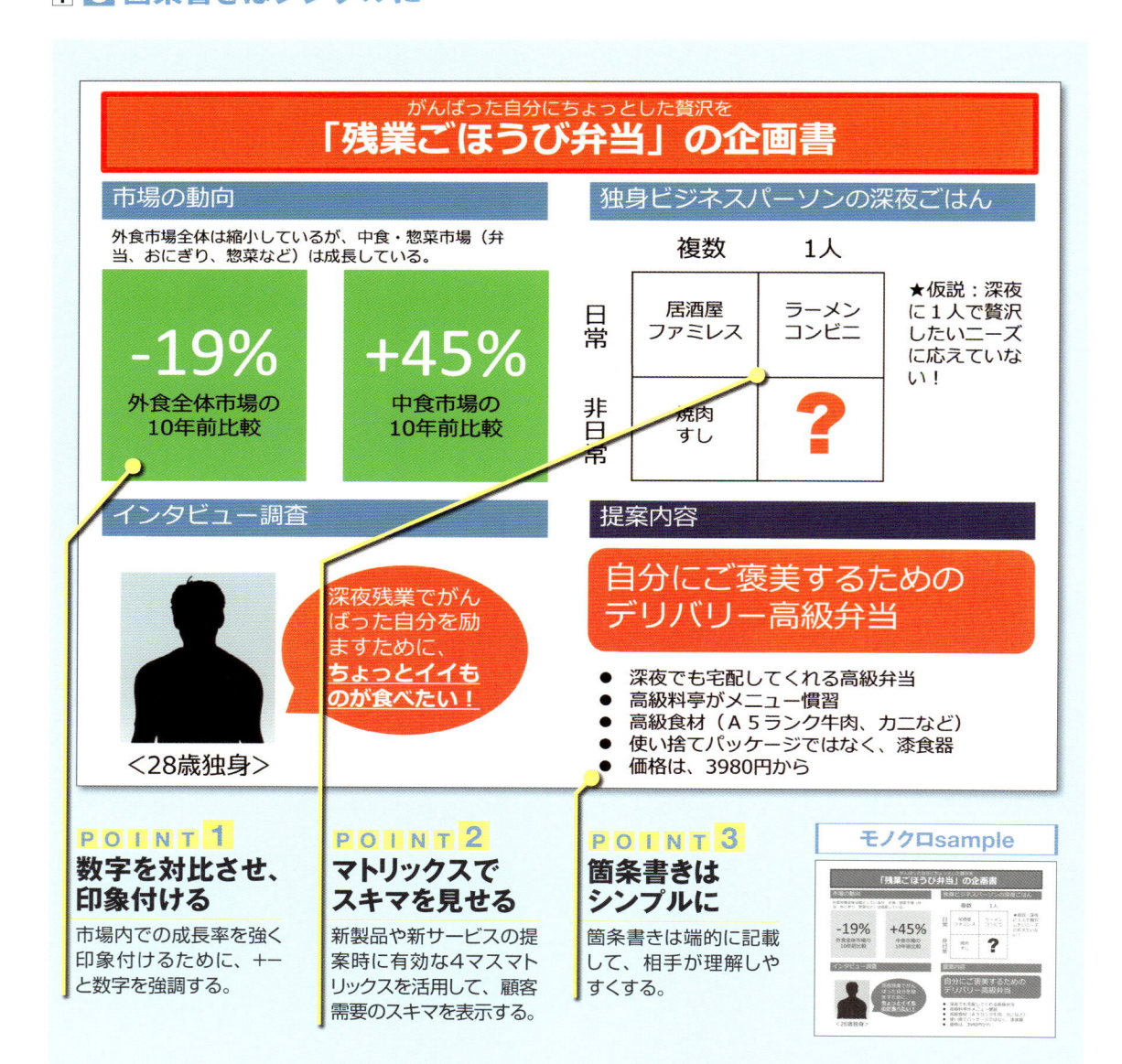

「残業ごほうび弁当」の企画書
がんばった自分にちょっとした贅沢を

市場の動向
外食市場全体は縮小しているが、中食・惣菜市場（弁当、おにぎり、惣菜など）は成長している。

-19% 外食全体市場の10年前比較
+45% 中食市場の10年前比較

独身ビジネスパーソンの深夜ごはん

	複数	1人
日常	居酒屋 ファミレス	ラーメン コンビニ
非日常	焼肉 すし	?

★仮説：深夜に1人で贅沢したいニーズに応えていない！

インタビュー調査
＜28歳独身＞

「深夜残業でがんばった自分を励ますために、**ちょっとイイものが食べたい！**」

提案内容
自分にご褒美するためのデリバリー高級弁当

- 深夜でも宅配してくれる高級弁当
- 高級料亭がメニュー慣習
- 高級食材（Ａ５ランク牛肉、カニなど）
- 使い捨てパッケージではなく、漆食器
- 価格は、3980円から

POINT 1　数字を対比させ、印象付ける
市場内での成長率を強く印象付けるために、＋－と数字を強調する。

POINT 2　マトリックスでスキマを見せる
新製品や新サービスの提案時に有効な4マスマトリックスを活用して、顧客需要のスキマを表示する。

POINT 3　箇条書きはシンプルに
箇条書きは端的に記載して、相手が理解しやすくする。

モノクロsample

収録ファイル名
カラー：11017.pptx/.ppt　13017.docx/.doc
モノクロ：12017.pptx/.ppt　14017.docx/.doc

CD-ROM 収録場所 → 1_KIKAKU → 1_PPT_COLOR / 2_PPT_MONO / 3_DOC_COLOR / 4_DOC_MONO

企画書 018

子供向け運動器具の企画書

利用シーン 社内会議　**カテゴリ** 製品・サービス　**想定担当者** 企画・調査・マーケティング

POINT
1. 6ステップで発想をする
2. ターゲットの明確化と4P

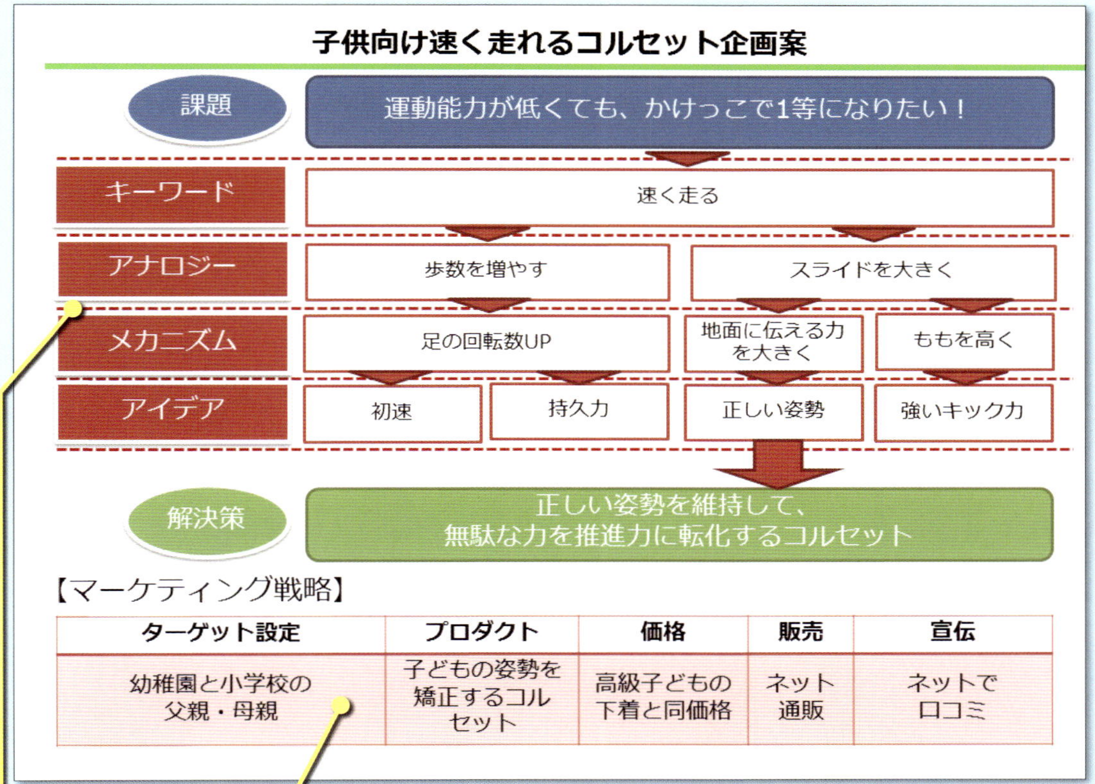

子供向け速く走れるコルセット企画案

| 課題 | 運動能力が低くても、かけっこで1等になりたい！ |

| キーワード | 速く走る |

アナロジー	歩数を増やす	スライドを大きく
メカニズム	足の回転数UP	地面に伝える力を大きく	ももを高く
アイデア	初速	持久力	正しい姿勢	強いキック力

解決策：正しい姿勢を維持して、無駄な力を推進力に転化するコルセット

【マーケティング戦略】

ターゲット設定	プロダクト	価格	販売	宣伝
幼稚園と小学校の父親・母親	子どもの姿勢を矯正するコルセット	高級子どもの下着と同価格	ネット通販	ネットで口コミ

POINT 1　6ステップで発想をする

①課題の設定→②課題をキーワード化→③キーワードを実現している例→④背景のメカニズム→⑤転用するアイデア→⑥解決策で伝える。

POINT 2　ターゲットの明確化と4P

解決策を最も必要とするターゲットを設定し、商品を4P（プロダクト、価格、流通・販売、プロモーション）で定義する。

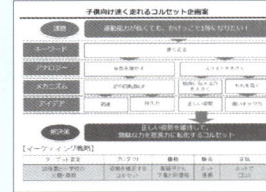
モノクロsample

収録ファイル名　 カラー 11018.pptx/.ppt　13018.docx/.doc　モノクロ 12018.pptx/.ppt　14018.docx/.doc

CD-ROM 収録場所 → 1_KIKAKU → 1_PPT_COLOR / 2_PPT_MONO / 3_DOC_COLOR / 4_DOC_MONO

企画書 019

結婚式ムービー作成サービスの企画書

利用シーン 社内会議　**カテゴリ** 製品・サービス　**想定担当者** 企画・調査・マーケティング

POINT

1. 心理価値を満たす提案に
2. 提案内容を印象付けるイメージを挿入
3. サービス内容を具体的に

POINT 1　心理価値を満たす提案に
価値観を三層構造にして他社との違いをアピールする。

POINT 2　提案内容を印象付けるイメージを挿入
提案内容を直感的にイメージできる画像を効果的に活用する。

POINT 3　サービス内容を具体的に
サービスの内容は具体的・詳細に記載する。

親への感謝を永遠に！
結婚式ムービー作成サービスの企画書

企画趣旨

差別化（大⇔小）

- ■心理価値 [Mind]：親への感謝を忘れずに豊かな人間関係を築く機会を提供
- ■付加価値 [Creative]：新郎新婦の両親の名前が印刷された特別包装
- ■機能価値 [Basic]：両親へのプレゼントを前提とした感謝インタビュー入りの結婚式ムービー

結婚は2人だけのものではない！
感謝の心を永遠の記録として残すサービスに！

サービス概要

両親へのプレゼントを前提とした結婚式のムービー作成サービス。新郎新婦のこれまでの人生をドキュメンタリー番組として制作。クライマックスを新郎新婦の感謝インタビューとする。結婚式で投影したのちに両親へ思い出の品として届ける。

サービスの内容

製品サービス	結婚式の思い出は、自分たちだけのものではない。親への感謝の気持ちを込めた特別デザインのプレゼントDVD。
販売	結婚式場にバックマージンを支払うことで、結婚式のオプションサービスとして提供する。
価格	撮影内容をテンプレート化してコストと販売価格を抑える。ただし、2枚目以降のダビング代を高額に設定する。
プロモーション	ビデオの最後にテロップで当社名が流れるよう演出。ショートムービーを無料で提供し、メールでみんなに配布可能にする。

モノクロsample

収録ファイル名

カラー： 11019.pptx/.ppt　13019.docx/.doc
モノクロ： 12019.pptx/.ppt　14019.docx/.doc

企画書 020

高齢者向け新商品の企画書

利用シーン 社内会議 | カテゴリ 製品・サービス | 想定担当者 企画・調査・マーケティング

POINT
1 重要点は同じ色で強調
2 両面分析でニーズを浮き彫り
3 商品のイメージ図を提示

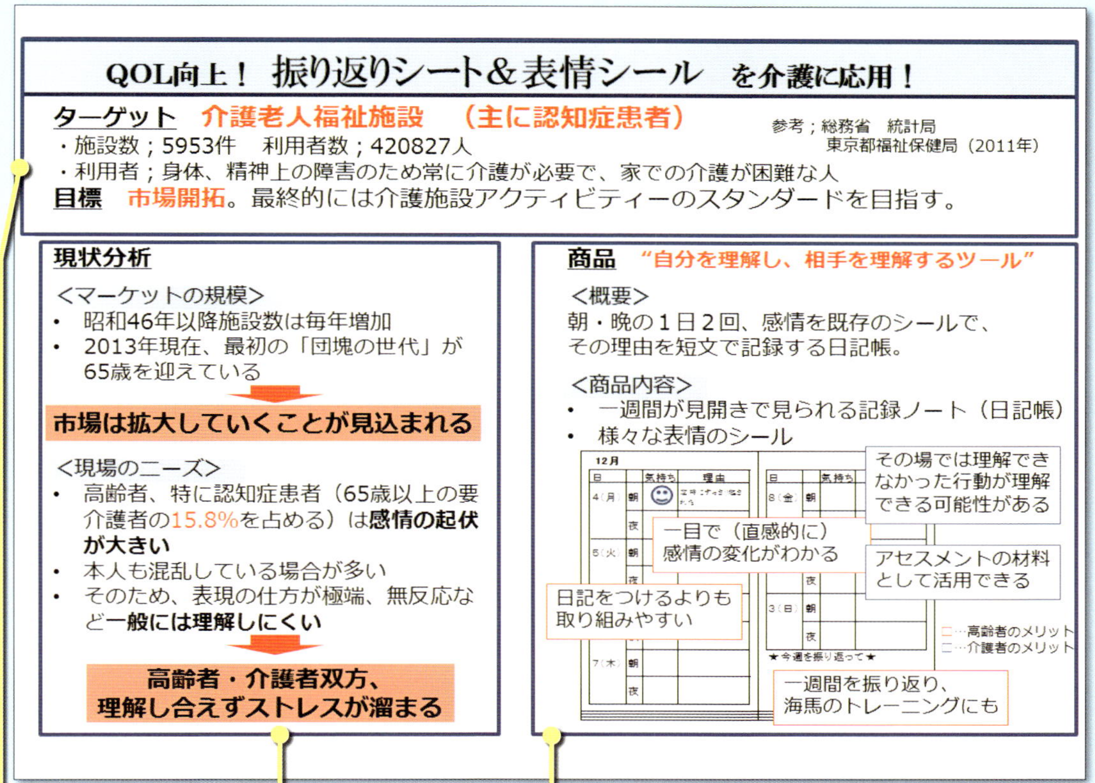

QOL向上！ 振り返りシート&表情シール を介護に応用！

ターゲット 介護老人福祉施設 （主に認知症患者）　参考；総務省 統計局 東京都福祉保健局（2011年）
・施設数；5953件　利用者数；420827人
・利用者；身体、精神上の障害のため常に介護が必要で、家での介護が困難な人
目標 市場開拓。最終的には介護施設アクティビティーのスタンダードを目指す。

現状分析
<マーケットの規模>
・昭和46年以降施設数は毎年増加
・2013年現在、最初の「団塊の世代」が65歳を迎えている
市場は拡大していくことが見込まれる
<現場のニーズ>
・高齢者、特に認知症患者（65歳以上の要介護者の15.8%を占める）は感情の起伏が大きい
・本人も混乱している場合が多い
・そのため、表現の仕方が極端、無反応など一般には理解しにくい
高齢者・介護者双方、理解し合えずストレスが溜まる

商品 "自分を理解し、相手を理解するツール"
<概要>
朝・晩の1日2回、感情を既存のシールで、その理由を短文で記録する日記帳。
<商品内容>
・一週間が見開きで見られる記録ノート（日記帳）
・様々な表情のシール

12月
日
気持ち
理由
4（月）
朝
夜
5（火）
7（木）
8（金）
3（日）
★今週を振り返って★
その場では理解できなかった行動が理解できる可能性がある
一目で（直感的に）感情の変化がわかる
アセスメントの材料として活用できる
日記をつけるよりも取り組みやすい
…高齢者のメリット
…介護者のメリット
一週間を振り返り、海馬のトレーニングにも

POINT 1
重要点は同じ色で強調
相手に必ず伝えたいポイントは、一目でわかるように太字やキャッチカラーを活用して目立たせる。

POINT 2
両面分析でニーズを浮き彫り
市場というマクロ視点と、現場のニーズというミクロ視点の両面から分析を行うことで説得力を持たせる。

POINT 3
商品のイメージ図を提示
商品のイメージが具体的に決定していることをアピールし、同時に商品の強みを分かりやすく伝える。

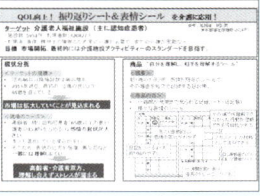

モノクロsample

収録ファイル名 カラー 11020.pptx/.ppt 13020.docx/.doc　モノクロ 12020.pptx/.ppt 14020.docx/.doc

企画書 021

介護見守りサービスの企画書

利用シーン：社内会議 ｜ カテゴリ：製品・サービス ｜ 想定担当者：企画・調査・マーケティング

POINT
1. 暖色でまとめる
2. 4Pでまとめる
3. 囲みと色で強調させる

新聞配達店の介護見守りサービス企画書

新聞配達店の介護見守りサービスとは
新聞配達員が夕刊配達時に一人暮らしの高齢者宅を訪問し、家族にその様子を定期的に連絡するサービス

具体的な実行施策

毎夕刊配達時に直接本人に手渡しで新聞を届けるようにし、様子をうかがう
家族には定期的に（週1回）、手渡し状況を報告。緊急時には即連絡

新聞配達員が配達業務時に見守り
通常の配達業務時に行えるため、配達員の時間的負担は少なく、配達業務への支障は最小限

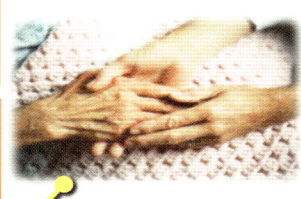

家族は月1000円の負担
既存の配達サービスを利用することで、他会社の見守りサービス利用よりも低価格に抑えられる

既存顧客の中から40～60代を中心に新聞の折り込みチラシで宣伝
高齢の親を持つ世代に、新聞配達店の利便性の良さを印象付け、顧客獲得

期待される効果

一人暮らし高齢者の介護予防と孤独死防止

- 健康状態等の変化に早期段階で気づくことができるため、各種症状の重度化を防ぎ、介護負担の軽減や介護予防に繋がる
- 安否確認が定期的に行われることで、孤独死の防止に繋がる
- 孤立化しやすい高齢者に地域との関わりあいが生まれる

POINT 1 暖色でまとめる
暖色系でまとめることで、サービス内容の「見守り」という温かい雰囲気も伝える。

POINT 2 4Pでまとめる
実行施策のポイントを4P「製品（Product）」、「価格（Price）」、「流通（Place）」、「プロモーション（Promotion）」の観点で分かりやすく打ち出す。

POINT 3 囲みと色で強調させる
最も強調して伝えたい部分を色や囲みで際立たせる。

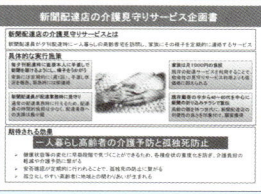
モノクロsample

収録ファイル名
カラー：11021.pptx/.ppt　13021.docx/.doc
モノクロ：12021.pptx/.ppt　14021.docx/.doc

CD-ROM収録場所 / 1_KIKAKU / 1_PPT_COLOR / 2_PPT_MONO / 3_DOC_COLOR / 4_DOC_MONO

企画書 022

女性向け健康情報サイトの企画書

| 利用シーン | 社内会議 | カテゴリ | 製品・サービス | 想定担当者 | 企画・調査・マーケティング |

POINT
1. ステークホルダーを明記する
2. ビジネスの全体像をピクト図解で
3. 収益構造を説明

女性の健康向上に貢献する情報サイトの企画書

本サイトの運営の鍵となるプレイヤー

ターゲット層の女性
健康に対する関心度調査

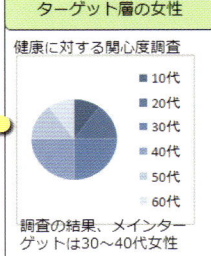

■ 10代
■ 20代
■ 30代
■ 40代
■ 50代
■ 60代

調査の結果、メインターゲットは30〜40代女性

情報提供者
専門家、有名ブロガー、モデル、芸能人、編集部

情報提供者のメリット
↓
情報提供者は、執筆した記事から得た収益をレベニューシェアで得られる。

クライアント企業
本サイトのターゲット層と適合する商品サービスを取り扱う企業

収益を確保するために
↓
企業に広告、タイアップ等を提案する。

サイトイメージ

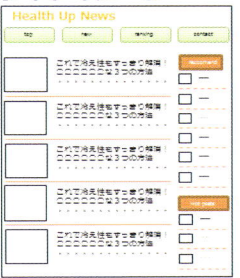

本ビジネスモデルのピクト図解

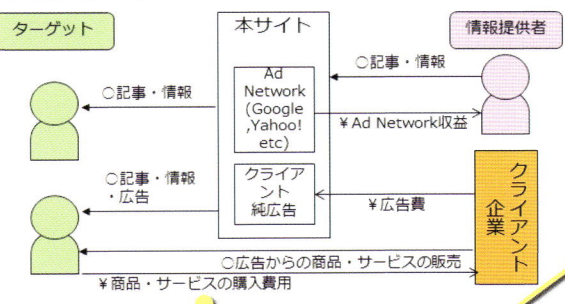

本ビジネスモデルの収益構造

◆ **Ad Networkからの広告収入**
・Google, Yahoo!などの広告をサイト上に掲載し、広告のクリック数に応じて収入を得る。
・一般的に広告のクリック率は1%程度、1クリック30円〜50円が相場であるため、100万PVのアクセス数で月間30万円〜50万円の収益が見込める。
・尚、上記収益の数10%は情報提供者への報酬として支払う予定である。

◆ **クライアント企業からの純広告収入**
・サイトが成長し、ターゲットのトラフィックを集めることができれば、同様のターゲットを持つクライアント企業の純広告で収益を上げることができる。

POINT 1
ステークホルダーを明記する
企画に関わるヒトを定義して、関係や様子を明記することで企画の必要性を伝える。

POINT 2
ビジネスの全体像をピクト図解で
ピクト図解を使い、個人、法人、サービス、お金の流れをわかりやすく示す。

POINT 3
収益構造を説明
どうやって収益を得るかというキャッシュポイントを明確に伝える。

モノクロsample
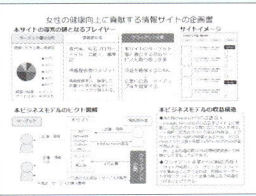

収録ファイル名
カラー 11022.pptx/.ppt / 13022.docx/.doc
モノクロ 12022.pptx/.ppt / 14022.docx/.doc

CD-ROM 収録場所	1_KIKAKU	1_PPT_COLOR	2_PPT_MONO
		3_DOC_COLOR	4_DOC_MONO

企画書 023

コミュニティサービスの企画書

| 利用シーン | 社内会議 | カテゴリ | 製品・サービス | 想定担当者 | 企画・調査・マーケティング |

POINT
1. 企画内容をタイトルで伝える
2. 特徴を図にして中心に配置
3. 最後に企画意図を示す

高齢者一人暮らしマンションの学校化
〜高齢者の孤独死を防ぐコミュニティサービス〜

具体的な方策 〜なぜ学校か？〜

◇**安否の確認**
・毎朝集会室に集合し、ホームルームを実施することで、お年寄りのひきこもりを無理なく回避。

◇**関わり合いを無理なく高める**
・平日のクラブ活動、休日のリクリエーション大会など、趣味の時間を周囲の人と一緒に楽しめる場を作る。

◇**地域社会との関わりを促進**
・地域での奉仕活動（清掃活動、交通安全活動）、ボランティアやイベントの裏方はもちろん、行事への参加を早めに周知。イベント関係者が事前訪問することで、参加率を高める。

サービスの特徴

◇**管理人＆スタッフ**
・社会福祉士取得者の管理人が24時間常駐
・ヘルパー資格保有者が常時3名勤務

◇**地元のサークル団体と連携**
・地域囲碁クラブや将棋クラブの"出張クラブ"や大会運営
・音楽大生による歌や楽器を楽しむプログラム
・整骨院によるストレッチ体操プログラム
・地域の小学生が訪問し、昔の遊びや地域の歴史を学ぶ課外授業に組み込む

中心図: お互いの顔が見え無理なく触れあえる生活
- 平日のクラブ活動
- 毎朝のホームルーム
- 週末イベントの企画
- 地域活動に参加
- 互いに安否を確認

高齢者間のコミュニティを活性化し、地域と一体化できる生活基盤を用意し、適度に人と触れ合い孤独が防げるしくみ！

POINT 1 企画内容をタイトルで伝える
企画の特徴や競合との差別化ポイントをタイトルに入れて、直感的にする。

POINT 2 特徴を図にして中心に配置
サービスの全体像に目が行くように、サービス内容を1フレーズごとにまとめて中心に置く。

POINT 3 最後に企画意図を示す
サービスの具体例のあとに、提供したい付加価値を示すことで、企画のねらいを強く印象付ける。

モノクロsample

収録ファイル名	カラー	11023.pptx/.ppt	モノクロ	12023.pptx/.ppt
		13023.docx/.doc		14023.docx/.doc

CD-ROM収録場所　1_KIKAKU　1_PPT_COLOR　2_PPT_MONO　3_DOC_COLOR　4_DOC_MONO

企画書 024

MBA講座の企画書

| 利用シーン | 社内会議 | カテゴリ | 製品・サービス | 想定担当者 | 企画・調査・マーケティング |

POINT
1. テーマを説明
2. 差別ポイントをまとめる
3. 現状の悩みから解決策を

若手ビジネスパーソン向けMBA講座の企画書

■MBAとは？
MBA（経営学修士）
= Master of Business Administration

- 経営学を修めたものに対して授与される修士学位の一つ。
- 米国において企業経営を科学的アプローチによって捉え、経営の近代化を進めるとの考え方のもとに、19世紀末に登場した高等教育コースである。
- 日本でも海外でも取得することができる。

■海外・国内MBA市場
（MBAを取るべきか？とるなら国内・海外？）

	海外MBA	国内MBA
費用	卒業するまでに生活費含み最低でも1500万円	卒業までに150万～500万程度
時間	1年～2年	1年～2年
仕事	物理的に仕事との両立は不可	仕事との両立は可能だが、負担は大きい
投資対象	以前に比べ、海外MBAの投資リターンは低下	国内MBAは現在黎明期にあり不透明な投資

■廉価で実を取れるMBA講座の発案
- MBAを学ぶことは非常に有益なことだと思う
- 海外、国内MBAを取得するのは敷居が高い
- 正直あまりお金をかけることができない

↓

MBAを短期的に少しずつ学習できる講座
- MBAのエッセンスを少しずつ学習できる
- MBAを取得しなくても、内容を理解できる
- 実際のMBAより大幅に廉価な価格

■具体的企画とアクションプラン

現役ビジネスリーダーによるMBA基礎講座
- 2か月間4回の短期コース開催
- 基礎から学べる入門の講座

■差別化のポイント
- MBAホルダー×少人数×人脈形成

■貴社と弊社での協業
貴社：主催、貴社サイトでの集客、会場手配
弊社：共催、講師担当、集客、運営全般

POINT 1 テーマを説明
企画のテーマが一般的ではない場合、まずテーマを分かりやすく解説することが重要。

POINT 2 差別ポイントをまとめる
競合比較するときはマトリックス図を使用して、違いを明確にする。

POINT 3 現状の悩みから解決策を
現状の悩みを整理して、悩みに対応した解決策を提示します。

モノクロsample

収録ファイル名
カラー：11024.pptx/.ppt　13024.docx/.doc
モノクロ：12024.pptx/.ppt　14024.docx/.doc

CD-ROM 収録場所 　1_KIKAKU 　1_PPT_COLOR　2_PPT_MONO　3_DOC_COLOR　4_DOC_MONO

企画書 | 025
おもてなし講座の企画書

| 利用シーン | 社内会議 | カテゴリ | 製品・サービス | 想定担当者 | 企画・調査・マーケティング |

POINT
1. 全体のテイストを統一する
2. 見出しに意外性を出す
3. 6W2Hを明確にする

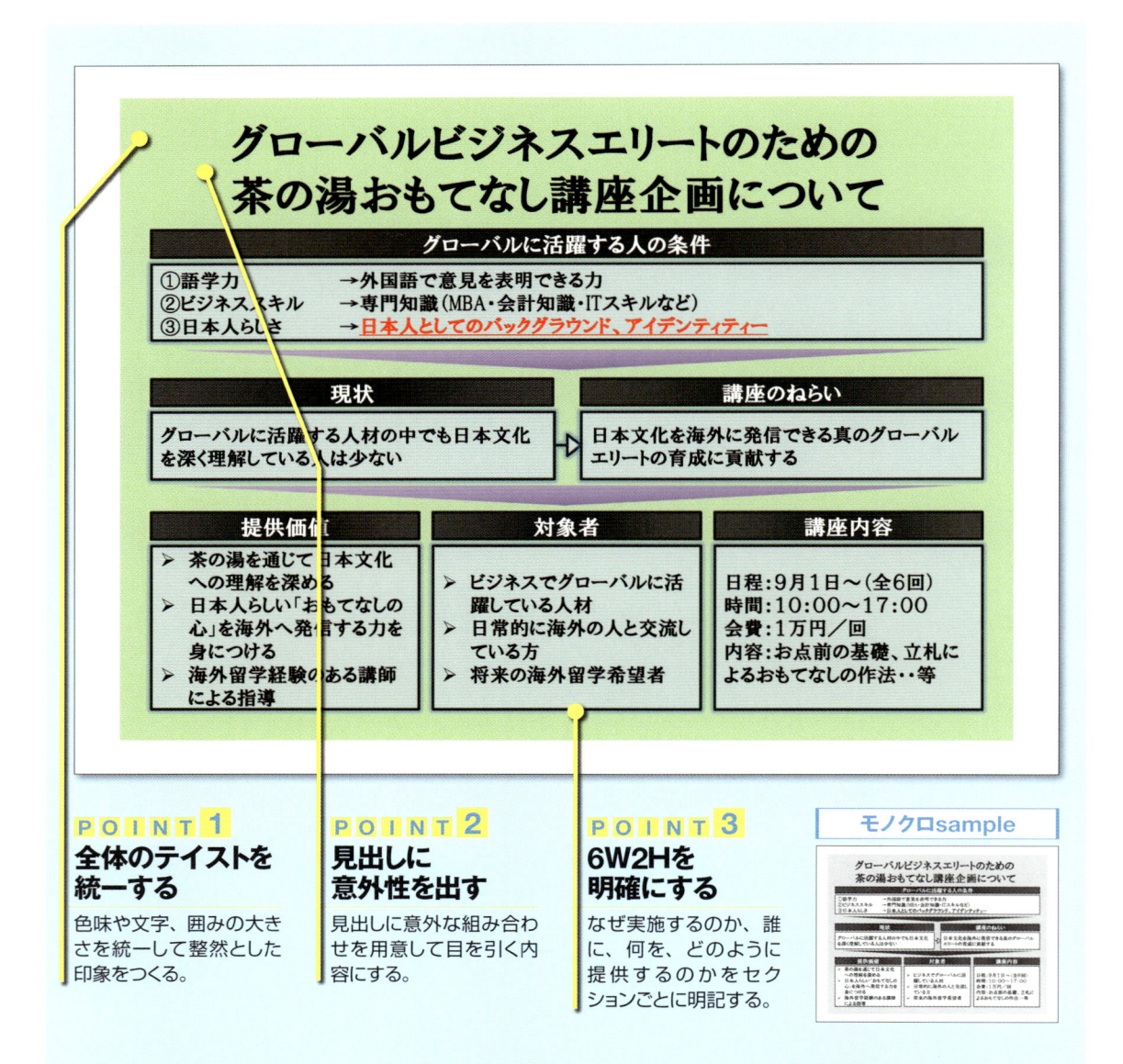

グローバルビジネスエリートのための茶の湯おもてなし講座企画について

グローバルに活躍する人の条件
- ①語学力　→外国語で意見を表明できる力
- ②ビジネススキル　→専門知識（MBA・会計知識・ITスキルなど）
- ③日本人らしさ　→日本人としてのバックグラウンド、アイデンティティー

現状
グローバルに活躍する人材の中でも日本文化を深く理解している人は少ない

講座のねらい
日本文化を海外に発信できる真のグローバルエリートの育成に貢献する

提供価値
- 茶の湯を通じて日本文化への理解を深める
- 日本人らしい「おもてなしの心」を海外へ発信する力を身につける
- 海外留学経験のある講師による指導

対象者
- ビジネスでグローバルに活躍している人材
- 日常的に海外の人と交流している方
- 将来の海外留学希望者

講座内容
- 日程：9月1日～（全6回）
- 時間：10:00～17:00
- 会費：1万円／回
- 内容：お点前の基礎、立札によるおもてなしの作法‥等

POINT 1　全体のテイストを統一する
色味や文字、囲みの大きさを統一して整然とした印象をつくる。

POINT 2　見出しに意外性を出す
見出しに意外な組み合わせを用意して目を引く内容にする。

POINT 3　6W2Hを明確にする
なぜ実施するのか、誰に、何を、どのように提供するのかをセクションごとに明記する。

モノクロsample

収録ファイル名　カラー：11025.pptx/.ppt　13025.docx/.doc　モノクロ：12025.pptx/.ppt　14025.docx/.doc

企画書 026

Wi-Fi導入によるファン育成企画書

利用シーン 商談 | **カテゴリ** 製品・サービス | **想定担当者** 企画・調査・マーケティング

POINT
1. 独自性に富んだタイトルの工夫を
2. 買う理由と売れる理由を明らかに
3. 顧客をイメージさせる

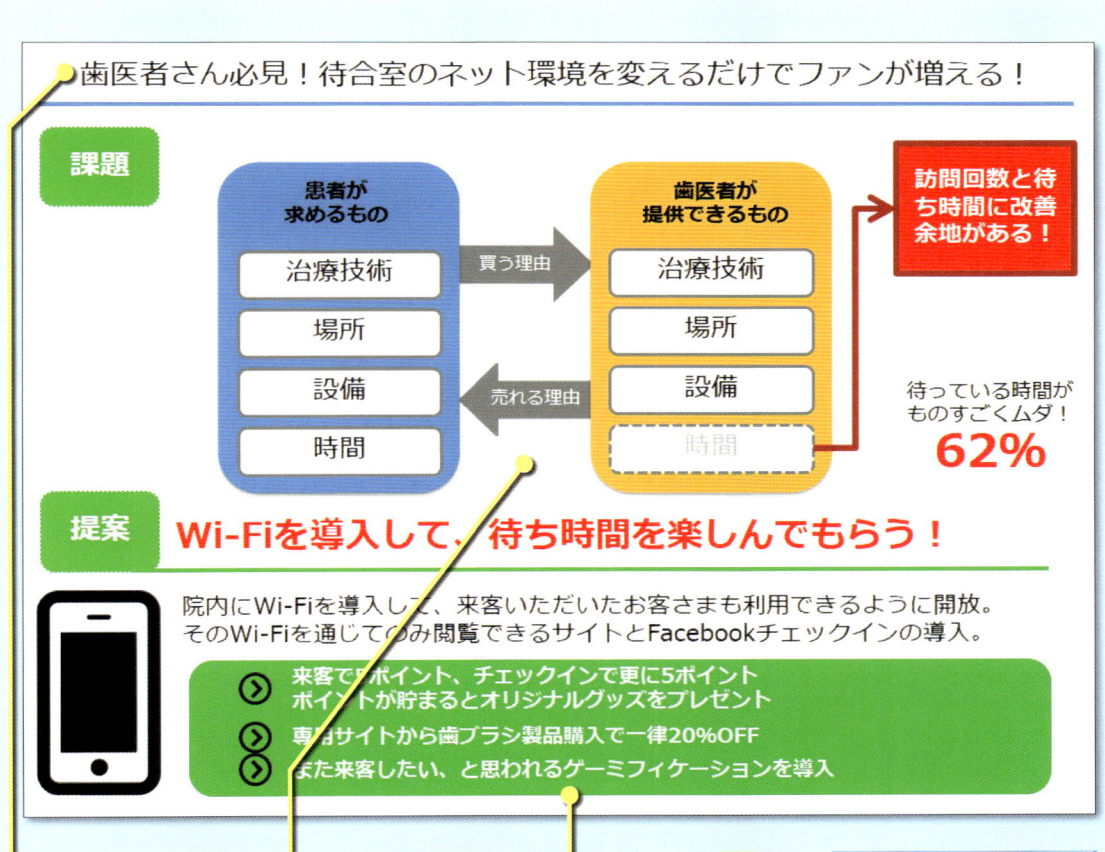

・歯医者さん必見！待合室のネット環境を変えるだけでファンが増える！

課題

患者が求めるもの
- 治療技術
- 場所
- 設備
- 時間

買う理由 →
← 売れる理由

歯医者が提供できるもの
- 治療技術
- 場所
- 設備
- 時間

訪問回数と待ち時間に改善余地がある！

待っている時間がものすごくムダ！
62%

提案 **Wi-Fiを導入して、待ち時間を楽しんでもらう！**

院内にWi-Fiを導入して、来客いただいたお客さまも利用できるように開放。そのWi-Fiを通じてのみ閲覧できるサイトとFacebookチェックインの導入。

- 来客でポイント、チェックインで更に5ポイント ポイントが貯まるとオリジナルグッズをプレゼント
- 専用サイトから歯ブラシ製品購入で一律20%OFF
- また来客したい、と思われるゲーミフィケーションを導入

POINT 1 独自性に富んだタイトルの工夫を
伝える相手の「何だろう?」という興味を引き出すタイトルをつけることで、企画の全容を最後まで聞いてもらう。

POINT 2 買う理由と売れる理由を明らかに
「買う理由」と「売れる理由」を比較することで、需要ギャップを導き出す。顧客にとって魅力的な価値を提供できているか、を顧客視点からと企業視点からとで調整する。

POINT 3 顧客をイメージさせる
アンケート調査やインタビューなどで、顧客の不満を具体的にイメージさせ、企画書の説得性を向上させる。

モノクロsample

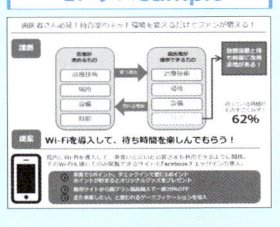

収録ファイル名
カラー: 11026.pptx/.ppt / 13026.docx/.doc
モノクロ: 12026.pptx/.ppt / 14026.docx/.doc

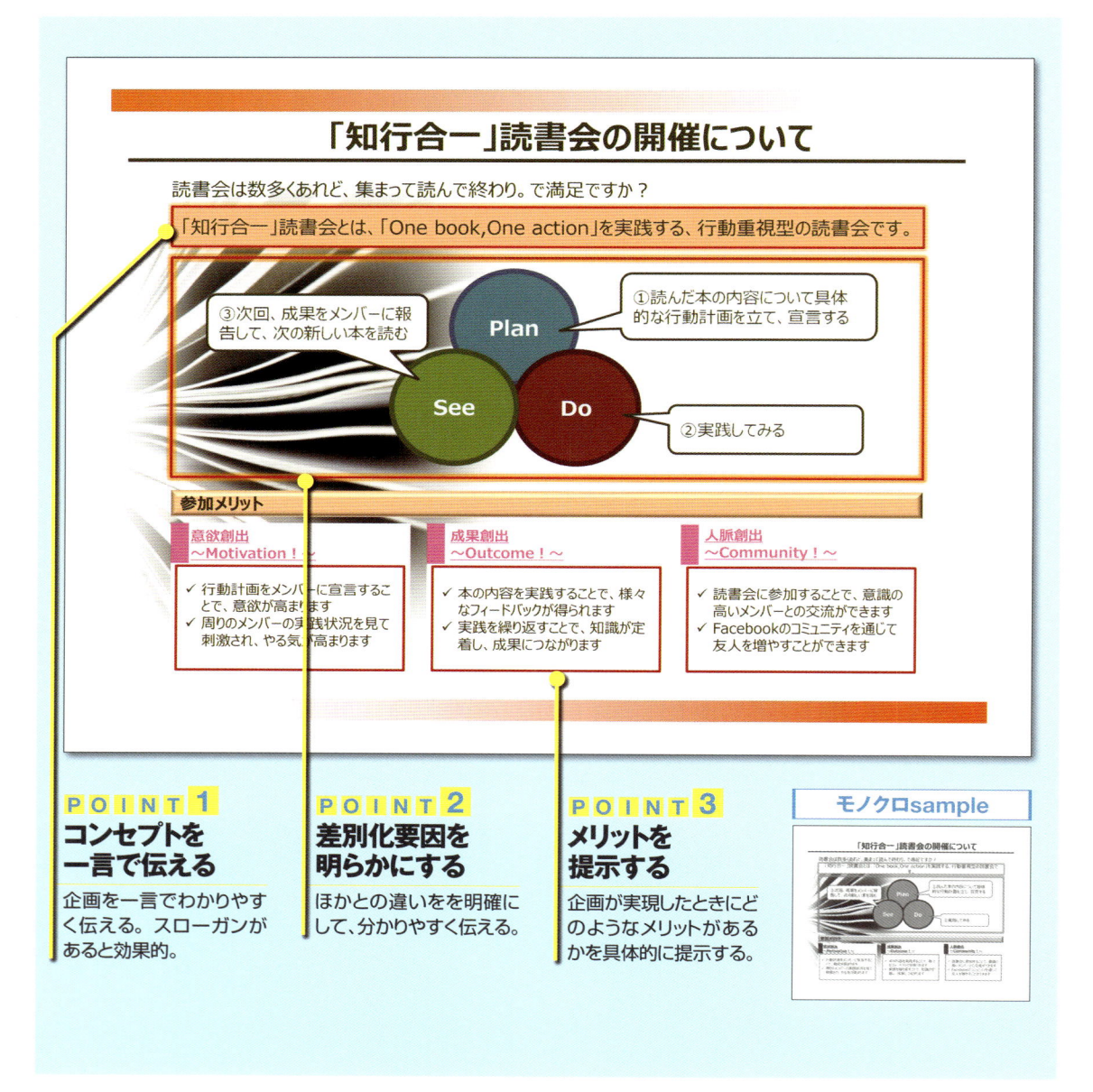

| CD-ROM 収録場所 | 1_KIKAKU | 1_PPT_COLOR / 2_PPT_MONO / 3_DOC_COLOR / 4_DOC_MONO |

企画書 027

読書会の開催企画書

| 利用シーン | 商談 | カテゴリ | 製品・サービス | 想定担当者 | 企画・調査・マーケティング |

POINT
1. コンセプトを一言で伝える
2. 差別化要因を明らかにする
3. メリットを提示する

「知行合一」読書会の開催について

読書会は数多くあれど、集まって読んで終わり。で満足ですか？

「知行合一」読書会とは、「One book, One action」を実践する、行動重視型の読書会です。

- Plan：①読んだ本の内容について具体的な行動計画を立て、宣言する
- Do：②実践してみる
- See：③次回、成果をメンバーに報告して、次の新しい本を読む

参加メリット

意欲創出 〜Motivation！〜
- 行動計画をメンバーに宣言することで、意欲が高まります
- 周りのメンバーの実践状況を見て刺激され、やる気が高まります

成果創出 〜Outcome！〜
- 本の内容を実践することで、様々なフィードバックが得られます
- 実践を繰り返すことで、知識が定着し、成果につながります

人脈創出 〜Community！〜
- 読書会に参加することで、意識の高いメンバーとの交流ができます
- Facebookのコミュニティを通じて友人を増やすことができます

POINT 1　コンセプトを一言で伝える
企画を一言でわかりやすく伝える。スローガンがあると効果的。

POINT 2　差別化要因を明らかにする
ほかとの違いをを明確にして、分かりやすく伝える。

POINT 3　メリットを提示する
企画が実現したときにどのようなメリットがあるかを具体的に提示する。

モノクロsample

収録ファイル名
- カラー：11027.pptx/.ppt、13027.docx/.doc
- モノクロ：12027.pptx/.ppt、14027.docx/.doc

CD-ROM収録場所: 1_KIKAKU / 1_PPT_COLOR / 2_PPT_MONO / 3_DOC_COLOR / 4_DOC_MONO

企画書 028

キャラクター・マーケティング提案書

利用シーン 商談　**カテゴリ** 製品・サービス　**想定担当者** 企画・調査・マーケティング

POINT
1. 破線を使って柔らかな印象に
2. 長期的なマイルストーンを入れる
3. 見積り金額は簡単に

大学ブランドの向上を目的としたキャラクター・マーケティングのご提案

キャラクターによってWebサイトを活性化し、継続的なブランドの向上を図る

成功事例
- うまモン
  - ストーリーによる綿密なPR戦略
  - 拠点サイトの活用
  - 地域の広報という最終目標
- コンビニクルーせつこちゃん
  - SNSを上手に活用したPR作戦
  - キャラクターの世界観

他の大学
- 事例
  - A大学　AA
  - B女子大学　BB
- 狙い・メリット
  - 「親しみ」のあるイメージ
  - ビジュアルで伝える特徴
  - 広報の統一性

短期戦略
- まずは、キャラの価値を高めるため演出（世界観、ストーリーの設定）
- キャラ紹介専門のウェブサイト構築
- 各種メディアでの紹介
- あらゆる大学イベントの中心
- 他イベントやキャンペーンの出動要請など

実施施策
- 拠点Webサイトの構築
  - 設定紹介
  - 出動関連　出動申請、スケジュール、レポート
  - ウェブを活用したイベント、キャンペーンの実施
- プレスリリース配布
- 各種メディアで広告を
  - ネット、広報誌、メルマガ、動画、CMなど各チャネルのメッセージを、キャラクターを活用し継ぎ目なく設計する。
- SNSでファンを育成
  - LINE、Facebookなどに登場
- 今後の展開として…
  - ノベルティ制作、グッズ販売、楽曲制作など。

中長期戦略
- 初年度：拠点サイトの構築
- 中期戦略：ECサイト構築　認知浸透
- 長期戦略：ブランドの育成　認知拡大

お見積り項目 / 金額
お見積り項目	金額
Webサイト作成	¥〇〇〇〇
Webサイト企画、要件定義	¥〇〇〇〇
デザイン	¥〇〇〇〇
コーディング	¥〇〇〇〇
環境構築	¥〇〇〇〇
UI開発	¥〇〇〇〇
合計（税抜き）	¥〇〇〇〇

POINT 1　破線を使って柔らかな印象に
実線の多いレイアウトは堅い印象を与えるので、柔和にしたい場合は破線を取り入れる。

POINT 2　長期的なマイルストーンを入れる
企画が継続的に効果を出していくことを示したい場合は、中長期的な視点を入れる。

POINT 3　見積り金額は簡単に
簡潔に価格感を伝えて興味を引く。具体的な見積り資料は別途提出すればOK。

モノクロsample

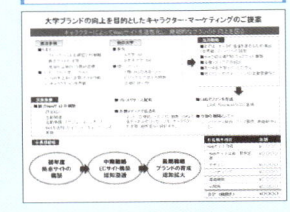

収録ファイル名
- カラー：11028.pptx/.ppt ／ 13028.docx/.doc
- モノクロ：12028.pptx/.ppt ／ 14028.docx/.doc

CD-ROM 収録場所 → 1_KIKAKU → 1_PPT_COLOR / 2_PPT_MONO / 3_DOC_COLOR / 4_DOC_MONO

企画書 029

シニア派遣サービスの提案書

| 利用シーン | 商談 | カテゴリ | 製品・サービス | 想定担当者 | 事業企画 |

POINT

1 序破急を順に見せる
2 状況を内容ごとに区切る

POINT 1
序破急を順に見せる

三段構成で提案を理論的に伝える。

POINT 2
状況を内容ごとに区切る

話題を単位ごとに区切り、相手の理解と想像を促す。

＜ベンチャー経営者向け＞
財務・法務部門へのシニア派遣サービスのご提案

設立後数年を経たベンチャー企業によく見られる状態

現状
商品・サービスについて標準化が進み
マーケティングによる顧客拡大が見えてきた。

業務に伴い、、、

問題
資金繰り等の管理
商品自体への法律抵触リスクのチェック
契約書のチェックなどの
財務・法務業務が増加してきた。

取りあえず、、、

今の対応
とは言え、フルタイムの経験者を雇うほどの
業務量ではない為、経理・総務担当が
兼任で十分な検討をせずに判断を下している。

今後考えられるリスク

◆ 気が付いてみれば、来月の支払が困難な状態に
◆ 一般的に考えて著しく不利な契約を結んでしまうことに
◆ 実は他社の特許を侵害しており、裁判を受けることに

▼

財務・法務等の経験者のシニア派遣の活用

シニア派遣であれば経験者を固定費にせず、
必要な時に必要なだけ活用可能です。

労働者派遣契約
弊社 ←→ 貴社
雇用契約　業務指示　労務提供

・弊社でのテストをクリアした大手企業での財務・法務部門の経験者が貴方の会社に適切なアドバイスを行いリスクを回避します

モノクロsample

収録ファイル名

| カラー | 11029.pptx/.ppt
13029.docx/.doc | モノクロ | 12029.pptx/.ppt
14029.docx/.doc |

CD-ROM 収録場所　1_KIKAKU　1_PPT_COLOR　2_PPT_MONO　3_DOC_COLOR　4_DOC_MONO

企画書 030

講座の認知度アップ企画書

| 利用シーン | 社内会議 | カテゴリ | プロモーション | 想定担当者 | 広告・宣伝 |

POINT
1. 課題から仮説を導き出す
2. アンケートで説得性を向上させる
3. 提案の相乗効果を表現する

画期的なキャリア形成プログラム（InnoCarrier）のプロモーション企画

課題　一定の評価を受けているキャリア形成プログラム。でも、知名度は低い。

なぜ、知名度が低いのか？　　　　　　　　　　　　仮説

現在実施しているプロモーション（現状）
- 大学生を潜在顧客としてターゲット。
- 大学内の掲示やキャンパス周辺でチラシ配り。
- 大学関係者（教授、講師）へのDM送付。
- 自社HPのネット上での広告。

顧客ターゲットを間違っている可能性あり！
（大学生の「直接の」興味の対象になっていない）

20代大学生・社会人100人ずつへのアンケート結果
質問：「自分の**キャリア形成**において心配な点はなんですか？」
回答：大学生の80%が「就職活動」と回答。一方、社会人の50%が「今後の自己能力開発」と回答。

新プロモーション企画
1. 社会人向け「雑誌タイアッププロモ」（短期的効果期待）
2. 大学生向け「無料就職活動支援プロモ」（中期的効果期待）

「雑誌タイアッププロモ」
雑誌にパブリシティ広告を載せることでキャリアに悩んでいる社会人を直接獲得！（顧客となった社会人が先輩として大学生にも体験談を共有）

両方の顧客をネットワーク化

「無料就活支援プロモ」
現プロモでのノウハウを活用して「業界研究レポート」や「面接圧勝テク」などを大学生に無料提供（支援）。5年後の顧客候補に本プログラムの存在を認知させる。

POINT 1　課題から仮説を導き出す
課題を明示するだけでなく、要素を分解し、仮説まで導き出す。

POINT 2　アンケートで説得性を向上させる
提案内容に説得性を持たすため、アンケートを活用する。客観的なデータを効果的に使う。

POINT 3　提案の相乗効果を表現する
提案内容が複数の場合は、相乗効果でさらに効果が増すことを伝える。

モノクロsample

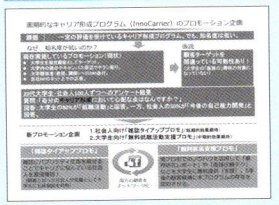

収録ファイル名
カラー：11030.pptx/.ppt　13030.docx/.doc
モノクロ：12030.pptx/.ppt　14030.docx/.doc

---

chapter 01 「通す」A4一枚企画書
chapter 02 「簡潔な」A4一枚報告書
chapter 03 図解の「ソツない」配布資料
chapter 04 数字が「見える」グラフ
chapter 05 イメージを「あおる」イラスト

43

CD-ROM収録場所 → 1_KIKAKU ← 1_PPT_COLOR / 2_PPT_MONO / 3_DOC_COLOR / 4_DOC_MONO

企画書 031

予防医療器具のプロモーション企画書

利用シーン 社内会議 | **カテゴリ** プロモーション | **想定担当者** 広告・宣伝

POINT
1. まずは大きな問題提起をする
2. 客観的なデータを複数示す
3. 図を使って結論につなげる

【高齢化社会対応】 予防医療器具のプロモーション企画案

予想 国民医療費が38兆円を突破！
〇〇政権では、予防医療がますます推進される！

＜企画の背景＞
- ますます増える国民医療費
- このままでは医療費だけで財政破綻？
- 国民負担のない解決策がもとめられる

- 予防医療といえばサプリメント
- 昨今は、サプリメントではなく、体の中から出るタンパク質（HSP）が注目

- このタンパク質を効果的に出す「一人用の健康サウナスーツ」を開発
- HSP算出はもちろん、デトックス、体温上昇にも効く

＜認知獲得のプロセス＞
- 予防医療への関心の高まり
- 自らの体の本来の機能に着目する機運の演出
- 健康サウナスーツが医療費削減に貢献することの認知獲得

＜プロモーション実践案＞
- 予防医療に関するマスコミ勉強会の開催
  - 月1回程度
  - 著名な講師を招へい
- 予防医療に関する本の出版プロデュース
  - 予防医療に関する本の出版支援
- テレビ番組へのスポンサード
  - ＣＭなどの出稿

POINT 1 まずは大きな問題提起をする
具体的な数字を織り込んだ、マクロな視点での問題提起をして興味をひきつける。

POINT 2 客観的なデータを複数示す
問題提起から具体的な企画背景に落とし込む。

POINT 3 図を使って結論につなげる
チャート図を使って、背景から企画論旨につなげて納得感を出す。

モノクロsample

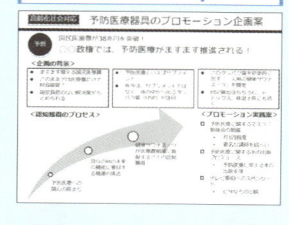

収録ファイル名
カラー 11031.pptx/.ppt / 13031.docx/.doc
モノクロ 12031.pptx/.ppt / 14031.docx/.doc

CD-ROM収録場所 → 1_KIKAKU → 1_PPT_COLOR / 2_PPT_MONO / 3_DOC_COLOR / 4_DOC_MONO

企画書 032

ワンストップ・ブランド化戦略画書

| 利用シーン | 社内会議 | カテゴリ | プロモーション | 想定担当者 | 広告・宣伝 |

POINT
1. 色で企画を演出する
2. 箇条書きを効果的に使う
3. 提案と実施内容をつなげる

子ども向けスキンケア商品の追加による、ワンストップ・ブランド化戦略

Family—lotion 企画書

既存の成人女性用のスキンケアブランドに、6才～18才向けの商品のラインを新たに追加。ブランドの総称をFamily—lotionとし、当社商品の生涯にわたる継続利用を促進する。

背景
- 子ども向けのスキンケアという概念が浸透してない。
- 美白、日焼け、ニキビケアタイプなど、目的別の商品が乱立している。
- 子ども向けスキンケアにおいてベンチマークとなる商品の不在。

提案
- 既存のブランド内に子ども向け商品を加える。
- 子どもの年代や性別によってトータルケア。
- 子どもと大人向け製品のパッケージや使用感に統一感をもたせる。

実行
- 既存顧客に買ってもらえるよう、成人女性用化粧品と一緒に陳列
- 子どもの年齢によって製品の性質（価格と含有物）を変化させ、成長に応じた商品の乗換えを促進
- 幼い頃から自分にとっての"定番"として長期にわたり愛される宣伝を実施

→ スキンケアに関するワンストップ・ブランドとして定着させる

POINT 1 色で企画を演出する
ブルーやグリーンで統一すると、清潔感や爽やかさを演出できる。

POINT 2 箇条書きを効果的に使う
箇条書きを利用して、目の動線に沿って左から右、上から下の順で企画背景・提案・実施内容をまとめる。

POINT 3 提案と実施内容をつなげる
提案内容と具体的な実施内容を同系色でまとめ、読み手が直感的にわかるようにする。

モノクロsample

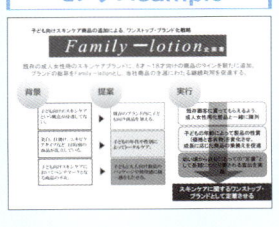

収録ファイル名

| カラー | 11032.pptx/.ppt
13032.docx/.doc | モノクロ | 12032.pptx/.ppt
14032.docx/.doc |

---

chapter 01 「通す」A4一枚企画書
chapter 02 「簡潔な」A4一枚報告書
chapter 03 図解の「ソツない」配布資料
chapter 04 数字が「見える」グラフ
chapter 05 イメージを「あおる」イラスト

企画書 **033**

マラソン大会のスポンサー参加提案書

| 利用シーン | 商談 | カテゴリ | プロモーション | 想定担当者 | 広告・宣伝 |

POINT
1. 決裁者の興味を引く
2. 予算は広範囲を概算で示す
3. 方向性は必ずしも絞らなくて良い

～マラソン大会 スポンサー参加で企業力Up～

国内ランナー数の推移

10年で2.5倍増加！

*笹川スポーツ財団「スポーツライフに関する調査報告書」より

- 東京マラソンには過去最高の約28万人の応募が殺到。
- 年に1回以上ランニングをするランナーは1,000万人超。2002年の調査から600万人増加している。
- 内、572万人が週一回以上走る愛好者。（笹川スポーツ財団調査）
- 箱根駅伝の視聴率は、例年25～30％と高視聴率を維持。
- 5km程度のマラソン大会を含めると年間1,500以上開催されている。

単なるブームではなく、国民的な
スポーツ＆イベントに
なりつつある

マラソン大会収支計算（例）

◆収入
①参加料　　60％
②協賛　　　30％（広告スポンサー等）
③税金　　　10％（自治体負担）

◆費用
①委託費　　20％（会場設営・交通整理等）
②賃借料　　15％（トイレ・仮設トイレ・バス等）
③諸謝礼　　15％（参加賞品、ゲストランナー等）
④広告費　　15％
⑤印刷代　　 6％（プログラム、チラシ等）
⑥その他　　34％（食料費、看板代等）

スポンサーメリット

地方大会であれば、総コスト30百万円程度
スポンサー負担は9百万円、3社で3百万円

以下5つの観点から費用対効果を検証致したく。
① 取引先招待（営業効果）
② 物品販売・個人情報取得（ブース、ネット、パンフ、折込）
③ 地元・社会貢献（CSRの効果）
④ 社員、家族参加効果（福利厚生観点）
⑤ 潜在的な顧客発掘（長期視点のブランディング）

POINT 1
決裁者の
興味を引く

目的が予算獲得の場合、最初に数字データで興味を持たせる。

POINT 2
予算は広範囲を
概算で示す

1枚企画書では、厳密な金額は不要。必要な費用を概算でわかりやすく伝える。

POINT 3
方向性は必ずしも
絞らなくて良い

決裁者の好みを聞き出すために、あえて絞り込まなくてもよい手法もある。

モノクロsample

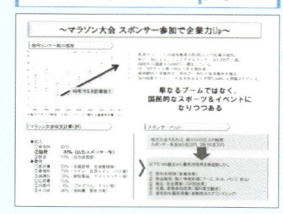

収録ファイル名　｜カラー｜ 11033.pptx/.ppt　13033.docx/.doc　｜モノクロ｜ 12033.pptx/.ppt　14033.docx/.doc

CD-ROM 収録場所 → 1_KIKAKU → 1_PPT_COLOR / 2_PPT_MONO / 3_DOC_COLOR / 4_DOC_MONO

企画書 **034**

病院向けプロモーション戦略企画書

利用シーン：商談　カテゴリ：プロモーション　想定担当者：広告・宣伝

POINT
1. 現状→課題→ゴールで伝える
2. SWOT分析を活用して強みを解説
3. 提案メッセージを強調する

中堅病院向けプロモーション提案書

＜現状＞
- 自社　若いスタッフと新しい設備　内科・消化器科　郊外住宅街立地
- 競合　駅前の老舗競合
- 市場　微減気味

＜課題＞
- 医療機関との連携をアピール
- 住宅街顧客の拡大
- 住宅街顧客のリピーター増加

＜目指すところ＞
- 他医療機関との密な連携
- 住宅街の顧客普及率増、一人あたり受診回数増
- 住宅街のかかりつけ医となる
- 住宅街シェアNo.1

クロスSWOT

強み	弱み	機会	脅威
・設備が新しい ・若いスタッフ	・独立3年 ・Webサイトが機能していない	・住宅街立地	・老舗の医院 ・患者微減 ・郊外立地

- **SO戦略**　住宅街かかりつけ医浸透戦略／学生囲い込み戦略
- **WO戦略**　新聞広告、チラシ広告戦略
- **ST戦略**　駅前進出、老舗との差別化戦略
- **WT戦略**　老舗医院の傘下になる戦略

【ご提案】住宅街かかりつけ医浸透戦略／学生囲い込み戦略

【住宅街かかりつけ医浸透戦略】
- 地域の講演会へ登壇　認知度アップ
- 訪問医療　住宅街の隅々まで知る＆知ってもらう
- すぐ相談できるシステム構築
  1. スマホ・タブレットサイトを利用。ログインサイト
  2. SNSアカウント開設　住宅街顧客と積極的な交流
- Webのリニューアル
  1. 安心と信頼を伝える
  2. 医療機関との連携をアピール
  3. かかりつけ医の啓蒙（プライマリケア具体例など）

【学生囲い込み戦略】
- 紹介ポイント　クチコミ拡大・認知、普及増狙い
- SNSアカウント　クチコミレコメンド狙い
- 学校健診受注＆アピール
- 外科医との連携アピール

POINT 1 現状→課題→ゴールで伝える
提案書が目指すゴールを理解してもらうために、現状→課題→ゴールというプロセスを記載する。

POINT 2 SWOT分析を活用して強みを解説
市場に対する強み・弱み・機会・脅威をまとめて、自社の強みはどこにあるか伝える。

POINT 3 提案メッセージを強調する
POINT②の「機会」×「強み」から提案メッセージを強調する。

モノクロsample

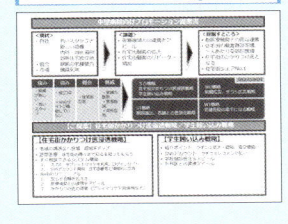

収録ファイル名　カラー：11034.pptx/.ppt　13034.docx/.doc　モノクロ：12034.pptx/.ppt　14034.docx/.doc

CD-ROM 収録場所 　1_KIKAKU　1_PPT_COLOR　2_PPT_MONO　3_DOC_COLOR　4_DOC_MONO

企画書 035

全国お節料理大解剖展の企画書

| 利用シーン | 商談 | カテゴリ | プロモーション | 想定担当者 | 広告・宣伝 |

POINT
1. タイトルデザインで目をひく
2. 内容と理由をリンクさせる

POINT 1
タイトルデザインで目をひく
フォントを工夫し、企画のイメージを想起させる。

POINT 2
内容と理由をリンクさせる
イベント企画の場合、各内容に意味があることを伝える。

『全国のお節料理大解剖展』
企画書

・目的
- 若者×高齢者、都市×地方の交流の場をつくる。
- 若年層へ日本食の魅力を伝える。
- 地方の特産物や風習を都市の若者に伝え、昔ながらの食の伝統を受け継ぐきっかけをつくる。

・イベント概要
◆概要
日本全国から食品業界・飲食業界の企業を一箇所に集め、全国各地の「おせち料理」の調理体験、試食、注文予約ができる。
◆日時　　20XX年XX月下旬
◆場所　　東京ビックサイト
◆入場料　1,500円　（学生限定　500円）
◆企業参加費用　100,000円～

・具体的な内容

試食
来場者がおせち料理を試食できるようにします。
実際に料理を口にすることで、より興味を引き付ける狙いです。

パネル展示
地域ごとの特徴をまとめたパネルを展示します。
おせち料理の歴史や地域差・多様性を伝える学びの場を狙います。

予約注文の受付
来場者は気に入れば、その場で予約注文ができます。
企業の商品売り上げに貢献します。

調理体験レシピ配布
体験ブースを設置、実際におせち作りを楽しめます。
レシピも提供し、家庭でのリピートと定着化を狙います。

モノクロsample

収録ファイル名　カラー　11035.pptx/.ppt　13035.docx/.doc　モノクロ　12035.pptx/.ppt　14035.docx/.doc

CD-ROM 収録場所 → 1_KIKAKU → 1_PPT_COLOR / 2_PPT_MONO / 3_DOC_COLOR / 4_DOC_MONO

企画書 **036**

セミナーチラシ BtoCセミナー

| 利用シーン | 販促活動 | カテゴリ | プロモーション | 想定担当者 | 広告・宣伝 |

POINT
1. 上端に講座タイトルと概要を掲示
2. 効果を分かり易く説明
3. 判断に必要な情報を一箇所に

POINT 1　上端に講座タイトルと概要を掲示
チラシをスタンドに差し込んだ際にも、ハッキリと内容が分かり手に取ってもらえるように工夫する。

POINT 2　効果を分かり易く説明
セミナーのねらいと参加者が得られるメリットを箇条書きにして分かり易く訴求する。

POINT 3　判断に必要な情報を一箇所に
参加の判断基準となる、講師の経歴や講義実績、主催者情報などは一覧できるようまとめて配置する。

"正しい就活"の始め方講座

日時：2013年12月21日（土）13:00 開場　会場：渋谷区文化センター大和田
定員：120名　講師：佐々木直人（NAB修行教育研究所CEO）

なぜ、真面目に一生懸命取り組んでも、結果がでないのか？

5月になると、就活につまずいた4年生が多数NABを訪れます。特徴的なのは、皆、真面目に全力で就活に取り組んできたにもかかわらず、結果がついてこない事実。そのほぼ全員が、そもそも就活で何を問われているのかを理解していないまま、ひたすら作文練習（ES対策）や振る舞いの練習（面接対策）に注力していたことが分かりました。
だからまず、就職試験は何を目的に行われ、何が問われているのか、を正確に把握しよう

本セミナーのねらい

1. **就活の全体像とやるべきことを明確にする**
   ・就活において何が問われ、何を準備すべきか。その全体像とタスクを把握する。
   ・毎年学生がつまずく、具体的なシーンを取り上げ、その原因を学び対応方法を考える。

2. **いま、企業に求められる人材像とその背景を知る**
   ・企業が置かれた昨今の競争環境。その中で、企業側が経営・人事戦略をどう築き、新卒採用をどのように位置づけ、何を求め評価しているのかを学ぶ。

3. **可能性を広げるキャリアプランの考え方を知る**
   ・経済・雇用が不安定な環境下であっても、自らキャリアを切り開いて行くために必要なアプローチを学ぶ。

正しい捉え方を学ぶことで…
周囲や氾濫する情報に惑わされず、大学生活と就活を両立でき、**"自らに最適な進路を納得して選ぶ"** ことが期待されます

講師紹介
佐々木 直人（元 三菱商事株式会社）
- 1998年 三菱商事株式会社 入社
- 第1回 IT機能開発社長賞受賞
- IT人材中途採用スキームを考案し、面接官を務める
- 情報戦略統括部、経営企画部を経て独立、2011年10月、NAB就業教育研究所設立

講義実績
A大学、J女子大学、S大学東京、J大学、K大学、SK大学、SJ大学、C大学、T大学、BB大学、W大学等、多数

主催：NAB就業教育研究所

NAB　〒150-0001
東京都渋谷区○×町1-12 NABビルディング9F
電話：03-642○-0000　Fax：03-642○-0001
Mail：info@nab.com
Web：www.nab.com
www.facebook.com/NAB

会場への地図

モノクロsample

収録ファイル名
カラー：11036.pptx/.ppt、13036.docx/.doc
モノクロ：12036.pptx/.ppt、14036.docx/.doc

CD-ROM 収録場所 → 1_KIKAKU → 1_PPT_COLOR / 2_PPT_MONO / 3_DOC_COLOR / 4_DOC_MONO

企画書 037

セミナーチラシ BtoBセミナー

利用シーン 販促活動 | **カテゴリ** プロモーション | **想定担当者** 広告・宣伝

POINT
1. キャッチコピーを前面に
2. モデル図を使い重要性を強調
3. 内容を箇条書きで纏める

POINT 1 キャッチコピーを前面に
繰り返し訴求したいキーワードを一番上に掲げ、プログラムを一言で分かり易く訴求する。

POINT 2 モデル図を使い重要性を強調
プログラムによって得られる効果をモデル図を用いて説明することで、プログラムの必要性を分かり易く示す。

POINT 3 内容を箇条書きで纏める
プログラムの具体的な内容を箇条書きで示すことで、受講する姿がイメージしやすくなる。

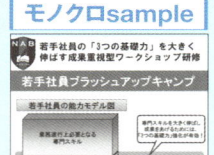

NAB Best Engineers SINCE 1993

若手社員の「3つの基礎力」を大きく伸ばす成果重視型ワークショップ研修

若手社員ブラッシュアップキャンプ

若手社員の能力モデル図

業務遂行上必要となる専門スキル

考える力 | 伝える力 | 続ける力

土台となる「3つの基礎力」

専門スキルを大きく伸ばし成果をあげるためには、「3つの基礎力」強化が有効！

■ 講師プロフィール
佐々木 直人（元 三菱商事株式会社）
1998年 三菱商事株式会社 入社
第1回 IT機能開発社長賞受賞
ーIT人材中途採用スキームを考案し、採用に従事
ー情報戦略統括部、経営企画部を経て、2011年10月 NAB就業教育研究所設立。「飯を食える大人」の育成・支援に力を入れ、企業や大学でプログラムを展開している。

■ 実施条件
集合研修・定員20名
3時間×6回（全18時間）
開催頻度・期間はご要望に応じアレンジ可

■ プログラム内容（例）
考え、書き、発表を繰り返し身につける

Day.1 論理的な思考プロセスを身につける
ー「考える」について考えよう
ー仮説思考を使えるようにするために
ー問題解決のフレームワークを使いこなす

Day.2 成果物の作り方を身につける
ービジネス文書について考えよう
ー議事録・メールの効果的な作り方、使い方
ー企画書・提案書を作ってみよう
ープレゼンテーションに挑戦

Day.3 モチベーションを高めるために
ーこれからのキャリアについて考える
ーキャリアプランを作ってみよう
ー企画書・提案書を作ってみよう

NAB就業教育研究所
～「飯を食える大人」を育て、支える就業教育研究所～
Web: www.nab-company.com
www.facebook.com/NABandCo

モノクロsample

収録ファイル名 | カラー 11037.pptx/.ppt / 13037.docx/.doc | モノクロ 12037.pptx/.ppt / 14037.docx/.doc

CD-ROM 収録場所 → 1_KIKAKU → 1_PPT_COLOR / 2_PPT_MONO / 3_DOC_COLOR / 4_DOC_MONO

企画書 **038**
キャリア形成講座紹介チラシ

利用シーン 販促活動　　**カテゴリ** プロモーション　　**想定担当者** 広告・宣伝

POINT
1. チラシの趣旨を最上部に
2. 親しみやすい色使い
3. 地図の活用

POINT 1
チラシの趣旨を最上部に
縦型のチラシホルダーに収納された際に、何のチラシかが一目でわかるよう、最上部に趣旨を明記する。

POINT 2
親しみやすい色使い
彩度の低い柔らかな色を多数使うことで、温かみのあるスクールのイメージを訴求する。

POINT 3
地図の活用
駅からオフィスまでのルート地図を挿入し、交通の便の良さを強調する。

収録ファイル名
- カラー: 11038.pptx/.ppt / 13038.docx/.doc
- モノクロ: 12038.pptx/.ppt / 14038.docx/.doc

51

企画書 039
女性のキャリアを考えるイベントチラシ

| 利用シーン | 販促活動 | カテゴリ | プロモーション | 想定担当者 | 広告・宣伝 |

POINT
1. 親しみやすいキャッチコピー
2. 重要情報は赤字で強調
3. 落ち着いた色使いとオブジェクト

これからの女子のキャリアを
みんなで考える会 Vol.8

10/13(土)
14:20～＠渋谷
NABA会議室 カンファレンスルーム3A
※受付開始14:00～

恋愛、仕事、結婚、将来…。より変化の大きい時代だからこそ、自分のキャリアは自分でしっかり拓きたい！そんな前向きな女性による、これからの働き方＆楽しみ方を考えるワークショップ！

参加費：¥3,000-.

当日スケジュール
- 14:00～　受付開始
- 14:20～　セミナー開始(遅刻厳禁)
　　　　　挨拶
- 14:25～　主催者紹介
- 14:35～　各社紹介とパネリストの
　　　　　キャリア紹介(各社10分)
- 15:05～　パネルディスカッション(40分)
- 15:45～　休憩(１０分)
- 15:55～　パネラーとの座談会(75分)
- 17:10～　総括
- 17:15～　質疑応答
　　　　　アンケート記入
- 17:30　　終了

Point!
- 働き方の疑問解決！
- 同じ悩みを抱えた仲間とじっくり話ができる！
- 少人数制だから実現！女子キャリ先進企業の本音が聞けるかも！？

参加企業
○×商事、△□百貨店、
ABCファブリック、○□出版、
NABシステムソリューションズ

＜申し込み方法＞
JCMK@nab.nab.com 宛に下記
内容をご記入の上メールにて
ご連絡ください。
①氏名 ②住所 ③携帯電話番号
④メールアドレス ⑤参加理由

find your key to Dreams
女子キャリ会開催！
NAB就業教育研究所

POINT 1 親しみやすいキャッチコピー
会の愛称をワードアートを使って強調したデザインで表現し、親しみやすさを演出する。

POINT 2 重要情報は赤字で強調
スケジュールやイベントのポイント等、重要な情報はフォントの色を変えて強調する。

POINT 3 落ち着いた色使いとオブジェクト
会の落ち着いたイメージと信頼感を強調できるよう、彩度を抑えた配色にオブジェクトのリボンを添えてイベント名を強調する。

モノクロsample

収録ファイル名
| カラー | 11039.pptx/.ppt
13039.docx/.doc | モノクロ | 12039.pptx/.ppt
14039.docx/.doc |

CD-ROM 収録場所 → 1_KIKAKU → 1_PPT_COLOR / 2_PPT_MONO / 3_DOC_COLOR / 4_DOC_MONO

企画書 040

英語ディスカッションイベントチラシ

| 利用シーン | 販促活動 | カテゴリ | プロモーション | 想定担当者 | 広告・宣伝 |

POINT
1. 企画趣旨をタイトルに
2. 当日の進行を具体的に示す
3. 開催日時を中央に

POINT 1 企画趣旨をタイトルに
企画趣旨をタイトルとして大きく表示することで、参加者の共感を得る。

POINT 2 当日の進行を具体的に示す
タイムテーブルを掲載することで、当日のプログラム内容がイメージしやすくなり、前後の予定との調整がしやすくなる。

POINT 3 開催日時を中央に
参加の判断に大きく影響する開催日時を中央に配置して強調する。

収録ファイル名

| カラー | 11040.pptx/.ppt
13040.docx/.doc | モノクロ | 12040.pptx/.ppt
14040.docx/.doc |

---

chapter 01 「通す」A4一枚企画書
chapter 02 「簡潔な」A4一枚報告書
chapter 03 図解の「ソツない」配布資料
chapter 04 数字が「見える」グラフ
chapter 05 イメージを「あおる」イラスト

53

CD-ROM 収録場所 → 1_KIKAKU → 1_PPT_COLOR / 2_PPT_MONO / 3_DOC_COLOR / 4_DOC_MONO

企画書 041

こだわりスイーツのFAXDM

| 利用シーン | 販促活動 | カテゴリ | プロモーション | 想定担当者 | 広告・宣伝 |

POINT
1. 必要項目を逃さず入れる
2. 顔の見えるチラシにする

POINT 1 必要項目を逃さず入れる
商品そのものだけでなく、パブリシティ情報や信用保証、申込の簡便性、リスクの有無を明示する。

POINT 2 顔の見えるチラシにする
挨拶などを入れ、人柄を出し安心感と共感を与える。

北海道の食材にこだわった ＜元祖＞生クリーム大福　1933年創業

奇跡の食感「ねこのたまご」を是非おためしください！

店主浪岡が今から18年前、1995年から試行錯誤を繰り返し誕生した北海道生まれの不思議なスイーツです。生クリームを、大福餅で包餡することに成功した初めての商品です。

ゆうパックの冷凍菓子部門、三年連続で菓子人気第一位の評価を頂きました。

絶品スイーツとして、TBCテレビ「おはようマーケット」、テレビ日「ガイドスクランブル」、フジテレビ「メレンゲ気分」等、数々のメディアで取り上げて頂きました。

だから、安心 だから、おいしい
当店でつくるお菓子の素材はすべて、北海道の契約農家から仕入れています。

原材料100%日本産

◆商品の特徴
①収益性
　直取引、包装資材省くなど特別卸価格を設定します。解凍して出すだけで粗利50%以上の商品になります。卸価格は@120円。
②客単価向上
　お土産需要を見込める商品です。希望小売価格@220円。
③集客効果
　「ねこたま」に会える店として、ソーシャルメディア、雑誌などで展開予定です。
④低ロス率
　冷凍庫（−18℃以下）で2ヶ月間保存可能

今なら先着10店様に無料で　※ひと駅1店舗限り
「ねこのたまご4個セット（希望小売価格880円）」
を先着10店様に無料で進呈します。お急ぎください！
※ひと駅1店舗限り（JR・私鉄各社　有効期間：1年間）

◆株式会社しょうちくや　本社
〒084-0905　北海道釧路市鳥取南×−○○−△△
TEL: 0154-55-××　E-mail: nekonotamago@sunny.con.ne.jp

＜店主ご挨拶＞
業歴80年と、北海道でも有数の歴史を誇る洋菓子店でございます。独特の食感ふんわり洋菓子「ねこのたまご」として、多くのご支持いただきました。メディアにも取り上げられ、全国菓人気ベスト1位を獲得する等、幅広い支持を得て順調に事業拡大して参りました。が、更なる拡大路線に転じたのが裏目に、リーマンショックの影響もあり、急激に資金繰りが悪化、2009年やむなく自己破産を申請。その後、お客様より「また、食べたい」との多くのお声を頂き、事業を再開することを決意致しました。いい材料でおいしいものを創ることの情熱だけは失っておりません。過去の失敗を肝に命じながら、更においしい「ねこのたまご」をお客様のもとにお届けします。新しく生まれ変わったしょうちくやを何卒よろしくお願い申し上げます。
株式会社しょうちくや店主

お申し込みは今すぐ！こちらから：FAX 03-×××-××

右記にチェックの上ご返信ください　□ 4個セット（無料）希望　□ 24個セット（2,880円）希望

貴店名　　　ご担当者　　　TEL
E-mail　　　住所

モノクロsample

収録ファイル名
| カラー | 11041.pptx/.ppt　13041.docx/.doc |
| モノクロ | 12041.pptx/.ppt　14041.docx/.doc |

CD-ROM 収録場所 → 1_KIKAKU → 1_PPT_COLOR / 2_PPT_MONO / 3_DOC_COLOR / 4_DOC_MONO

企画書 042

長期インターンシップ制度導入案

利用シーン 社内会議 ｜ カテゴリ 業務改善 ｜ 想定担当者 人事・総務

POINT
1. 見出しで主旨を強調する
2. アクセントとなる図表の挿入
3. グラフで説得力を持たせる

POINT 1 見出しで主旨を強調する
内容を現状・予測・趣旨・効果に絞り、強調することで動線をつくる。

POINT 2 アクセントとなる図表の挿入
注目して欲しい部分にだけ特徴的なアイコンを入れ、目を向けてもらえるようにする。

POINT 3 グラフで説得力を持たせる
予測を記載するときは、裏付けとなるデータを準備してグラフで伝える。

長期インターンシップ制度導入案
〜インターンで優良学生を獲得しよう！〜

現状
長期インターンを希望する学生は、主体性が高い傾向にある

タイプA
- 周りの人が行くからとりあえず
- 就活に有利と言われて
- ESに書く話題作りのために

短期インターン
- 知名度の高い大手企業が中心
- 大学休業中に短期間で募集人数が多い
- 学生同士のワークなども内容が多い

タイプB （ターゲット）
- 自分の能力を試したい
- 自分のスキルを磨きたい
- 職業の適正を見極めたい

長期インターン
- ベンチャー企業などが中心
- 少人数だが年間を通し募集されている
- 期間は約3月以上と多くのコミットを求められるが、仕事を任され給与も出る

今後
インターンのニーズが高まると予想される！
- インターン経験者の割合は年々増加
- 安倍総理がインターン経験者を今後50%まで増やす意向を示す
- 就活時期の遅れから、サマーインターンの割合が下がり、長期インターンの割合が増加すると思われる

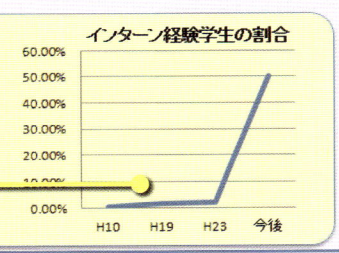

インターン経験学生の割合 (H10, H19, H23, 今後)

企画趣旨
長期インターンを嗜好する学生を集め、優秀な人材の確保に力を入れる

期待効果
- 効率よくわが社に必要な人材の見極めができる
- じっくりと時間を掛けることで、マッチングの確度が高まる
- 若手社員が刺激され、責任感が生まれる
- 学生ならではの柔軟な発想を得られる

モノクロsample

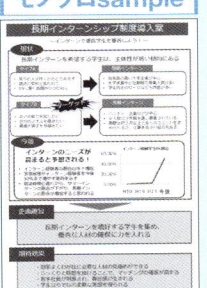

収録ファイル名
- カラー: 11042.pptx/.ppt, 13042.docx/.doc
- モノクロ: 12042.pptx/.ppt, 14042.docx/.doc

55

CD-ROM収録場所 1_KIKAKU / 1_PPT_COLOR / 2_PPT_MONO / 3_DOC_COLOR / 4_DOC_MONO

企画書 043

社員向け研修の実施提案書

利用シーン 社内会議　**カテゴリ** 業務改善　**想定担当者** 人事・総務

POINT
1. 例えを使う
2. 時系列で実施事項を整理する
3. 空いているポジションを示す

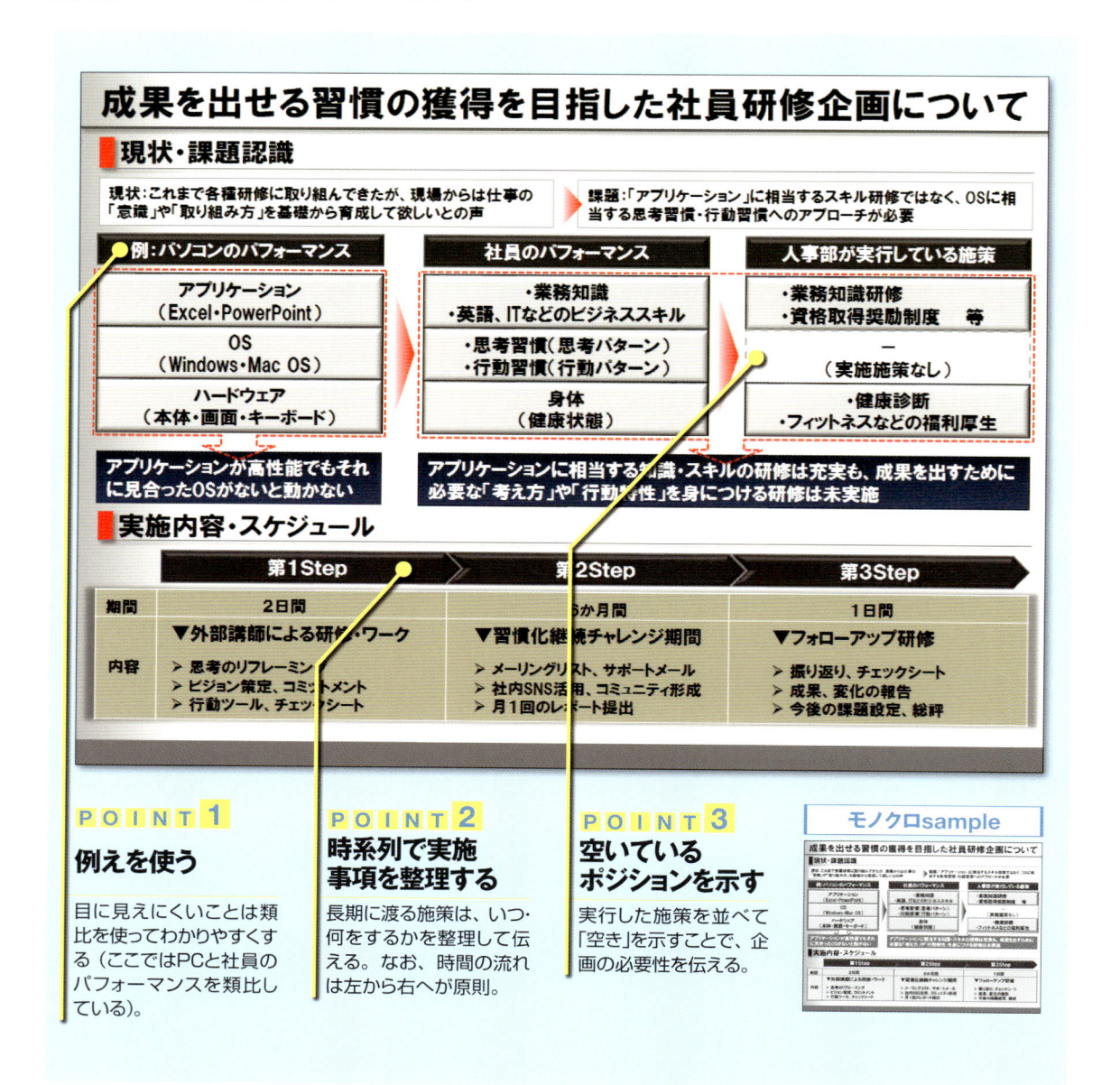

成果を出せる習慣の獲得を目指した社員研修企画について

■現状・課題認識

現状：これまで各種研修に取り組んできたが、現場からは仕事の「意識」や「取り組み方」を基礎から育成して欲しいとの声

課題：「アプリケーション」に相当するスキル研修ではなく、OSに相当する思考習慣・行動習慣へのアプローチが必要

例：パソコンのパフォーマンス	社員のパフォーマンス	人事部が実行している施策
アプリケーション（Excel・PowerPoint）	・業務知識 ・英語、ITなどのビジネススキル	・業務知識研修 ・資格取得奨励制度　等
OS（Windows・Mac OS）	・思考習慣（思考パターン） ・行動習慣（行動パターン）	－ （実施施策なし）
ハードウェア（本体・画面・キーボード）	身体（健康状態）	・健康診断 ・フィットネスなどの福利厚生

アプリケーションが高性能でもそれに見合ったOSがないと動かない

アプリケーションに相当する知識・スキルの研修は充実も、成果を出すために必要な「考え方」や「行動特性」を身につける研修は未実施

■実施内容・スケジュール

	第1Step	第2Step	第3Step
期間	2日間	6か月間	1日間
内容	▼外部講師による研修・ワーク ▶ 思考のリフレーミング ▶ ビジョン策定、コミットメント ▶ 行動ツール、チェックシート	▼習慣化継続チャレンジ期間 ▶ メーリングリスト、サポートメール ▶ 社内SNS活用、コミュニティ形成 ▶ 月1回のレポート提出	▼フォローアップ研修 ▶ 振り返り、チェックシート ▶ 成果、変化の報告 ▶ 今後の課題設定、総評

POINT 1　例えを使う
目に見えにくいことは類比を使ってわかりやすくする（ここではPCと社員のパフォーマンスを類比している）。

POINT 2　時系列で実施事項を整理する
長期に渡る施策は、いつ・何をするかを整理して伝える。なお、時間の流れは左から右へが原則。

POINT 3　空いているポジションを示す
実行した施策を並べて「空き」を示すことで、企画の必要性を伝える。

モノクロsample

収録ファイル名
カラー：11043.pptx/.ppt　13043.docx/.doc
モノクロ：12043.pptx/.ppt　14043.docx/.doc

CD-ROM 収録場所 → 1_KIKAKU → 1_PPT_COLOR / 2_PPT_MONO / 3_DOC_COLOR / 4_DOC_MONO

企画書 044

テレマ・アウトソーシングの提案書

利用シーン 社内会議　**カテゴリ** 業務改善　**想定担当者** 企画・調査・マーケティング

POINT
1. 強調部分だけで伝わるように
2. グラフを効果的に利用
3. 業務フローは流れを意識する

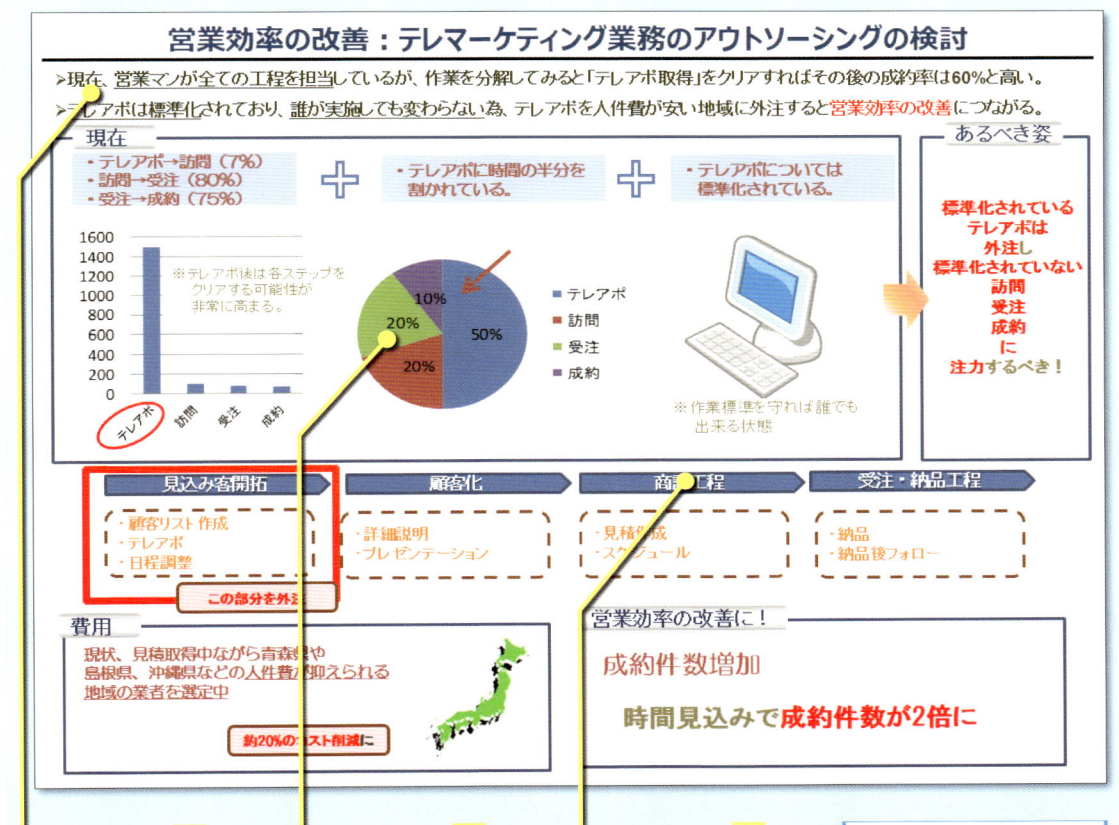

営業効率の改善：テレマーケティング業務のアウトソーシングの検討

- 現在、営業マンが全ての工程を担当しているが、作業を分解してみると「テレアポ取得」をクリアすればその後の成約率は60%と高い。
- テレアポは標準化されており、誰が実施しても変わらない為、テレアポを人件費が安い地域に外注すると営業効率の改善につながる。

現在
- テレアポ→訪問（7%）
- 訪問→受注（80%）
- 受注→成約（75%）

＋ テレアポに時間の半分を割かれている。
＋ テレアポについては標準化されている。

あるべき姿
標準化されている
テレアポは
外注し
標準化されていない
訪問
受注
成約
に
注力するべき！

※テレアポ後は各ステップをクリアする可能性が非常に高まる。

※作業標準を守れば誰でも出来る状態

見込み客開拓 → **顧客化** → **商談工程** → **受注・納品工程**

- 顧客リスト作成
- テレアポ
- 日程調整

この部分を外注

- 詳細説明
- プレゼンテーション

- 見積作成
- スケジュール

- 納品
- 納品後フォロー

費用
現状、見積取得中ながら青森県や島根県、沖縄県などの人件費が抑えられる地域の業者を選定中

約20%のコスト削減に

営業効率の改善に！
成約件数増加
時間見込みで成約件数が2倍に

POINT 1 強調部分だけで伝わるように
文章の中で特に伝えたい部分を強調することで、そこだけ読めばポイントが分かるようにできる。

POINT 2 グラフを効果的に利用
現状の問題点を説明するのにグラフを使って、どこが悪いかを伝える。

POINT 3 業務フローは流れを意識する
業務フローは、左から右・上から下の流れをつくり読みやすくする。

モノクロsample

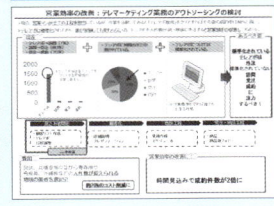

収録ファイル名
カラー: 11044.pptx/.ppt　13044.docx/.doc
モノクロ: 12044.pptx/.ppt　14044.docx/.doc

企画書 045

SNSページの改善提案書

| 利用シーン | 社内会議 | カテゴリ | 業務改善 | 想定担当者 | 企画・調査・マーケティング |

POINT
1. 表やグラフの活用
2. T字レイアウトを採用
3. 計測可能な定量目標を設定

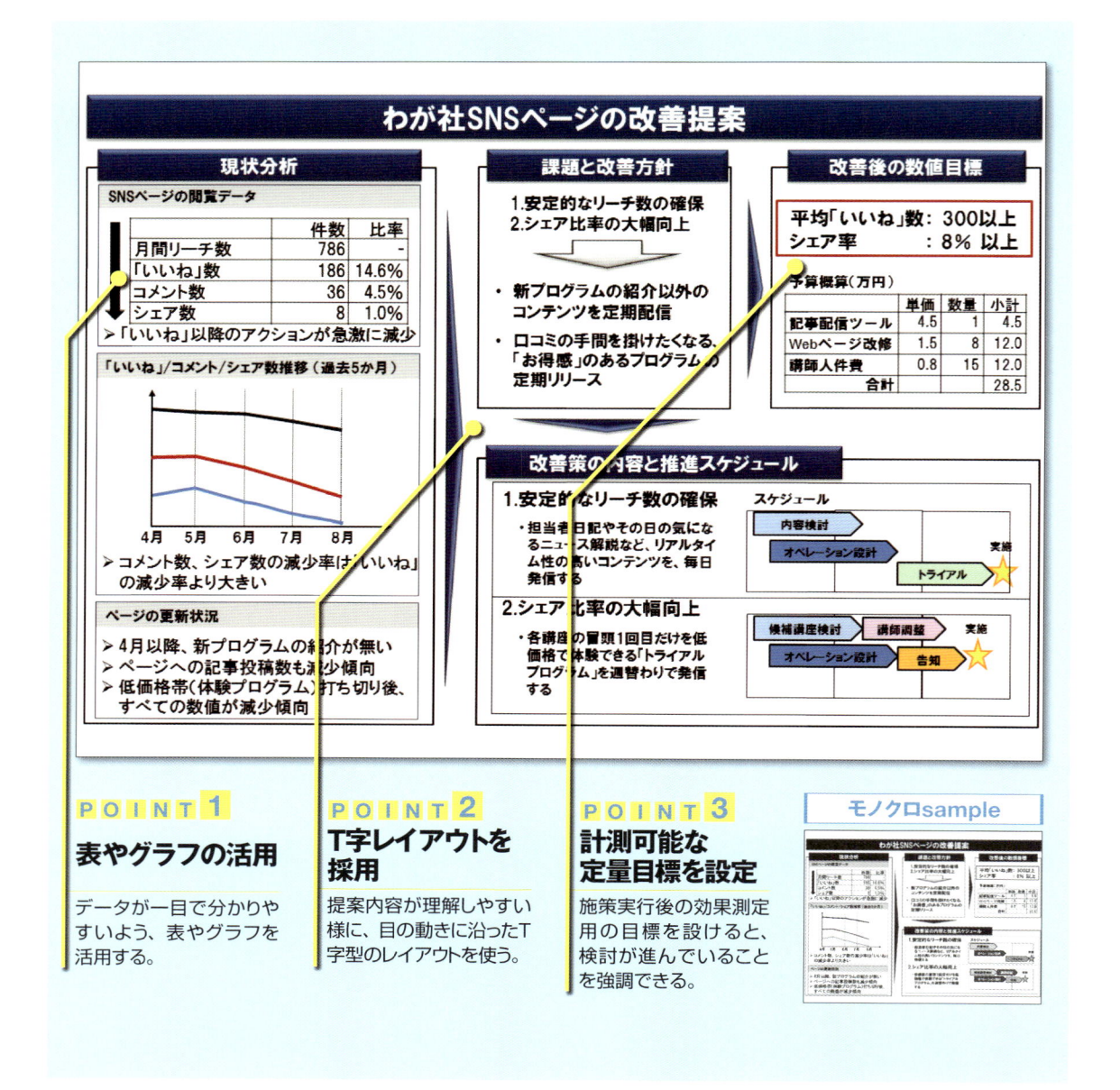

わが社SNSページの改善提案

現状分析

SNSページの閲覧データ

	件数	比率
月間リーチ数	786	−
「いいね」数	186	14.6%
コメント数	36	4.5%
シェア数	8	1.0%

➢「いいね」以降のアクションが急激に減少

「いいね」/コメント/シェア数推移（過去5か月）

（4月 5月 6月 7月 8月のグラフ）

➢ コメント数、シェア数の減少率は「いいね」の減少率より大きい

ページの更新状況
➢ 4月以降、新プログラムの紹介が無い
➢ ページへの記事投稿数も減少傾向
➢ 低価格帯（体験プログラム）打ち切り後、すべての数値が減少傾向

課題と改善方針

1. 安定的なリーチ数の確保
2. シェア比率の大幅向上

↓

・新プログラムの紹介以外のコンテンツを定期配信
・口コミの手間を掛けたくなる、「お得感」のあるプログラムの定期リリース

改善後の数値目標

平均「いいね」数：300以上
シェア率　　　：8% 以上

予算概算（万円）

	単価	数量	小計
記事配信ツール	4.5	1	4.5
Webページ改修	1.5	8	12.0
講師人件費	0.8	15	12.0
合計			28.5

改善策の内容と推進スケジュール

1. 安定的なリーチ数の確保
・担当者日記やその日の気になるニュース解説など、リアルタイム性の高いコンテンツを、毎日発信する

スケジュール：内容検討 → オペレーション設計 → トライアル → 実施

2. シェア比率の大幅向上
・各講座の冒頭1回目だけを低価格で体験できる「トライアルプログラム」を週替わりで発信する

候補講座検討 → 講師調整 → 実施
オペレーション設計 → 告知

POINT 1　表やグラフの活用
データが一目で分かりやすいよう、表やグラフを活用する。

POINT 2　T字レイアウトを採用
提案内容が理解しやすい様に、目の動きに沿ったT字型のレイアウトを使う。

POINT 3　計測可能な定量目標を設定
施策実行後の効果測定用の目標を設けると、検討が進んでいることを強調できる。

モノクロsample

収録ファイル名
カラー：11045.pptx/.ppt　13045.docx/.doc
モノクロ：12045.pptx/.ppt　14045.docx/.doc

CD-ROM 収録場所 / 1_KIKAKU / 1_PPT_COLOR / 2_PPT_MONO / 3_DOC_COLOR / 4_DOC_MONO

企画書 046

社内のシステム化推進提案書

利用シーン 社内会議　**カテゴリ** 業務改善　**想定担当者** 情報システム

POINT
1. 図表を多用して直感的に
2. アクセントによる強調表示
3. 結論は具体的に

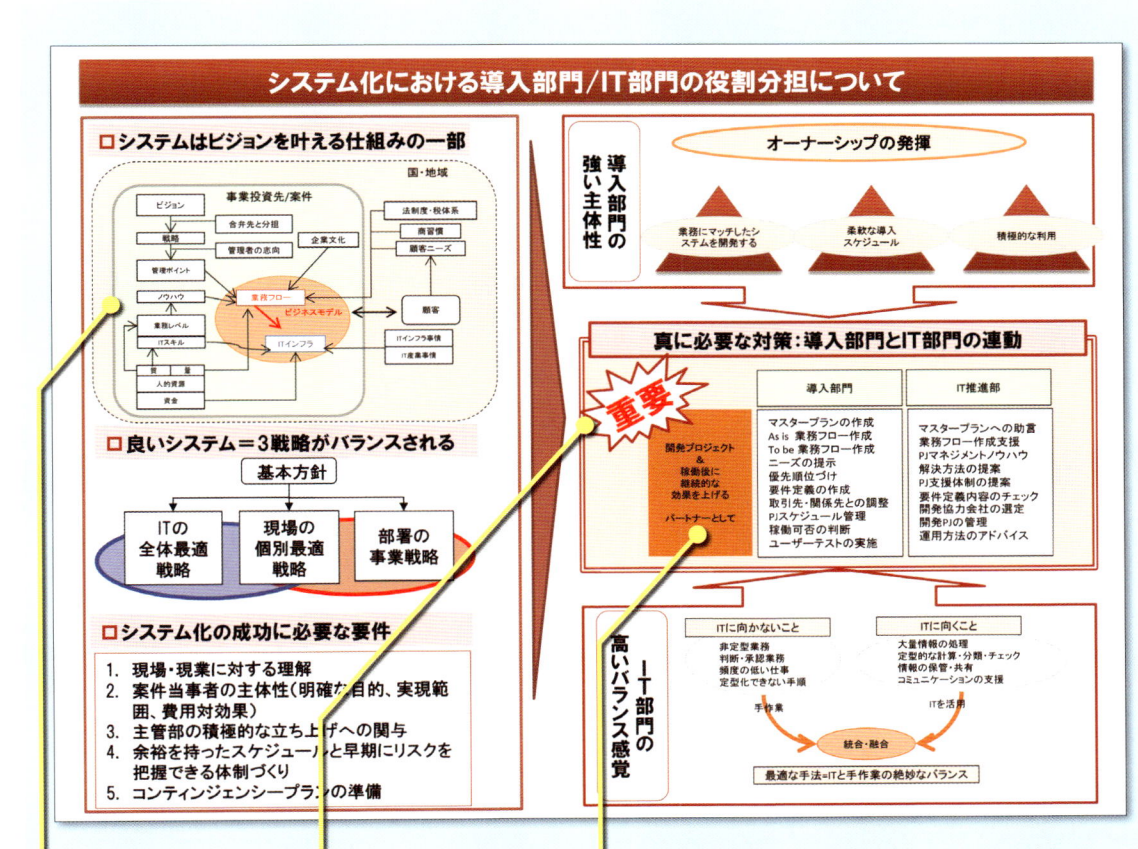

POINT 1
図表を多用して直感的に
図表を多用することで、相手の専門外の内容でも理解しやすくなるように工夫する。

POINT 2
アクセントによる強調表示
最も強調したいメッセージに対し、アクセントとなるイメージを挿入して際立たせる。

POINT 3
結論は具体的に
結論は曖昧な解釈をさせないように、具体的に列挙する。

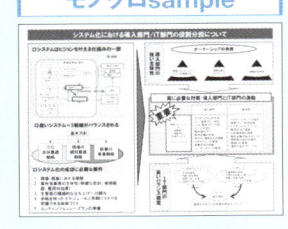

収録ファイル名
カラー：11046.pptx/.ppt　13046.docx/.doc
モノクロ：12046.pptx/.ppt　14046.docx/.doc

CD-ROM収録場所 → 1_KIKAKU → 1_PPT_COLOR / 2_PPT_MONO / 3_DOC_COLOR / 4_DOC_MONO

企画書 047

ECサイト構築とコンテンツ強化提案書

利用シーン 社内会議 **カテゴリ** 新規事業 **想定担当者** 企画・調査・マーケティング

POINT
1. ロジックは分かりやすく
2. グラフの単純化
3. 結論を明快に

ネット印刷通販の構築によるリピート会員の育成について

■ 印刷業界の現状
・インターネットの普及により出版印刷・商業印刷ともに縮小傾向
・大手では電子書籍などの新規事業分野へ進出を図っている

■ 当社の現状
・年間売上高10億円の老舗印刷会社⇒業界でも30位程度
・大手のように大きくビジネスモデルを転換できる体力はない

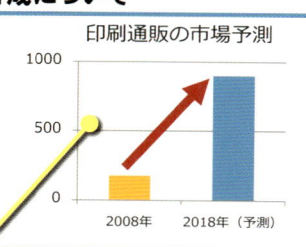

印刷通販の市場予測（2008年→2018年（予測））

大きなビジネスの転換は行わず、新たなお客様向けサービスを構築しリピート化を図る

I. ECサイト化【ポイントサービスの導入】

■ サービス概要
1. 利用に応じたポイント付与
2. ポイントを利用した請求代金からの割引可能
3. 利用頻度に応じた会員のランク化

お客様を『会員化』

ポイントサービスを軸にした企画の実施
・本サイトの会員という認識付け
・ポイントを利用しようという意欲への訴求
・サイト自体の活性化

II. コンテンツ強化【フォトブックサービス】

■ ターゲット
・家族の思い出を記録しておきたい
・離れた家族に子供の成長を送りたい
⇒成長のサイクルを記録し共有したい

『継続性』のある商品提供

季節やイベントに合わせた商品のパッケージ化
・1回目の発注は無料にし、サービス認知する
・定例的に発注したくなる商品の開発
・シーズンを通して発注した方への特典

ポイントサービスで会員の育成を図り、継続性ある商品によって収益の確保につなげる

POINT 1 ロジックは分かりやすく
ロジックの流れを意識して、図形を使い分ける。

POINT 2 グラフの単純化
数字による変化を直感的に知らせたい場合は、グラフを単純化して変化を分かりやすくする。

POINT 3 結論を明快に
伝えたいメッセージ、サブメッセージを意識して強調する。

モノクロsample

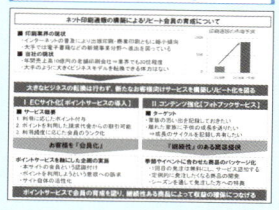

収録ファイル名
カラー: 11047.pptx/.ppt、13047.docx/.doc
モノクロ: 12047.pptx/.ppt、14047.docx/.doc

chapter 02

「簡潔な」A4一枚報告書

作業報告や稟議書などの報告書のテンプレートを集めました。項目に書き込むだけで、必要な情報が1枚にすっきりとまとまった、上司も納得の報告書が作成できます。

CD-ROM収録場所: 2_HOUKOKU / 1_XLS_COLOR / 2_XLS_MONO / 3_DOC_COLOR / 4_DOC_MONO

報告書 001

営業日報

想定業種：全業種　想定職種：営業職

POINT
1. 面談の目的を必ず明記する
2. 営業成績は、数値で示す
3. 所感には定性情報を書く

POINT 1 面談の目的は必ず明記する

面談の目的を明確にする。面談結果については事実のみを記載し、上司が案件の進捗具合や動向を把握できるようにする。

POINT 2 営業成績は数値で示す

営業成績は、売上だけでなく訪問件数や見積書件数なども数値化して、目標との差異を判断できるようにする。

POINT 3 所感には定性情報を書く

上司に認識して欲しい情報や共有したい情報は、所感欄に記述する。上司も報告の細かいニュアンスや、具体的な情報を求めている。

モノクロsample

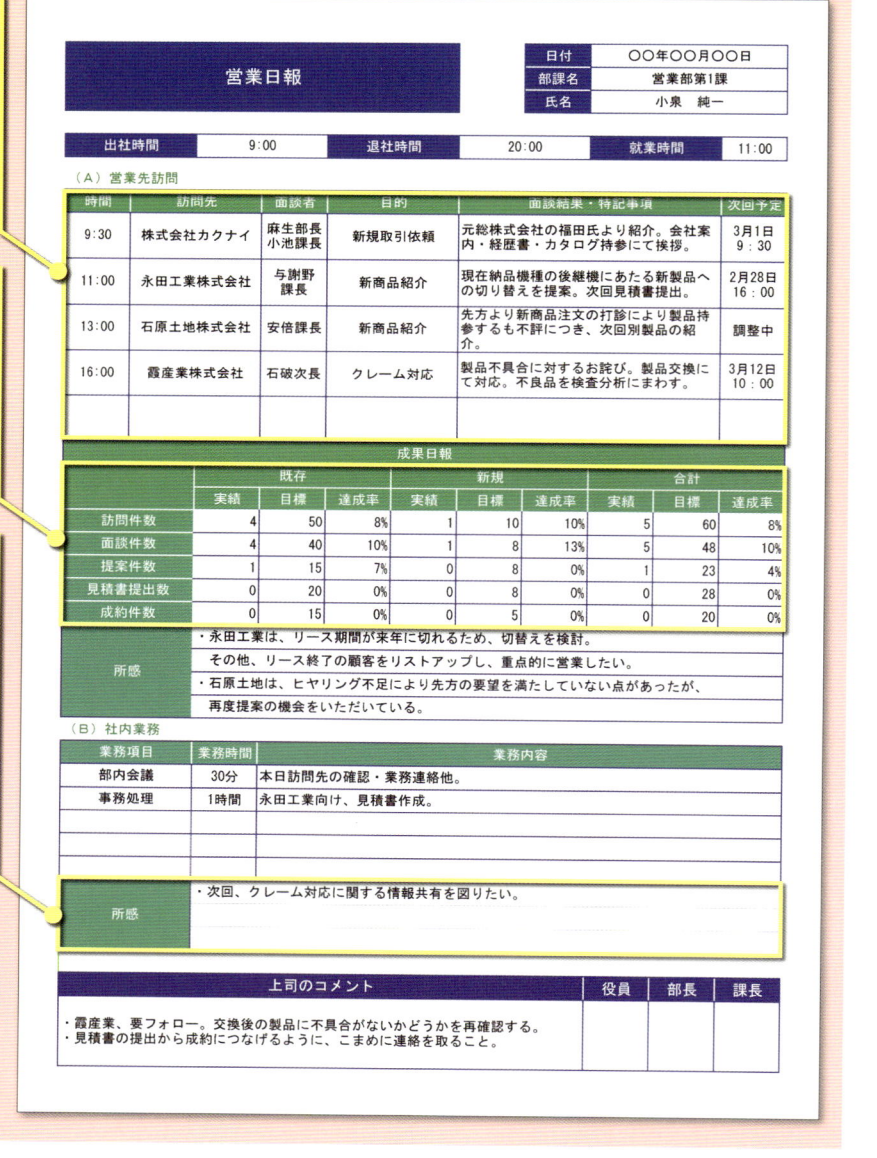

営業日報

日付	〇〇年〇〇月〇〇日
部課名	営業部第1課
氏名	小泉　純一

出社時間	9:00	退社時間	20:00	就業時間	11:00

（A）営業先訪問

時間	訪問先	面談者	目的	面談結果・特記事項	次回予定
9:30	株式会社カクナイ	麻生部長 小池課長	新規取引依頼	元総株式会社の福田氏より紹介。会社案内・経歴書・カタログ持参にて挨拶。	3月1日 9:30
11:00	永田工業株式会社	与謝野課長	新商品紹介	現在納品機種の後継機にあたる新製品への切り替えを提案。次回見積書提出。	2月28日 16:00
13:00	石原土地株式会社	安倍課長	新商品紹介	先方より新商品注文の打診により製品持参するも不評につき、次回別製品の紹介。	調整中
16:00	霞産業株式会社	石破次長	クレーム対応	製品不具合に対するお詫び。製品交換にて対応。不良品を検査分析にまわす。	3月12日 10:00

成果日報

	既存			新規			合計		
	実績	目標	達成率	実績	目標	達成率	実績	目標	達成率
訪問件数	4	50	8%	1	10	10%	5	60	8%
面談件数	4	40	10%	1	8	13%	5	48	10%
提案件数	1	15	7%	0	8	0%	1	23	4%
見積書提出数	0	20	0%	0	8	0%	0	28	0%
成約件数	0	15	0%	0	5	0%	0	20	0%

所感	・永田工業は、リース期間が来年に切れるため、切替えを検討。 その他、リース終了の顧客をリストアップし、重点的に営業したい。 ・石原土地は、ヒヤリング不足により先方の要望を満たしていない点があったが、再度提案の機会をいただいている。

（B）社内業務

業務項目	業務時間	業務内容
部内会議	30分	本日訪問先の確認・業務連絡他。
事務処理	1時間	永田工業向け、見積書作成。

所感	・次回、クレーム対応に関する情報共有を図りたい。

上司のコメント	役員	部長	課長
・霞産業、要フォロー。交換後の製品に不具合がないかどうかを再確認する。 ・見積書の提出から成約につなげるように、こまめに連絡を取ること。			

収録ファイル名

カラー： 21001.xlsx/.xls　23001.docx/.doc

モノクロ： 22001.xlsx/.xls　24001.docx/.doc

CD-ROM 収録場所 ▸ 2_HOUKOKU ▸ 1_XLS_COLOR 2_XLS_MONO 3_DOC_COLOR 4_DOC_MONO

報告書 002

営業週報

想定業種 全業種 ／ 想定職種 営業職

POINT
1. 目標と実績の差異を明確に
2. 今月の売上状況も記載する
3. 次週の計画も明記する

POINT 1 目標と実績の差異を明確に

目標と実績の差異を明確にすることで、自らの行動を省みる。達成できなかった場合は、その原因を究明し、次週の活動に活かす。

POINT 2 今月の売上状況も記載する

今週の売上実績だけでなく、今月の売上に対する進捗も報告する。未達成の恐れがある場合は、対応策も考えておく。

POINT 3 次週の計画も明記する

今週の活動や達成数字を振り返り、活動計画を立てる。問題解決のアイデアを盛り込み、積極的な姿勢をアピールすることが大切。

モノクロsample

営業週報

報告日	○○年○○月○○日
部課名	営業第2課
氏名	清水 林太郎

期間	○○年○○月○○日～○○月○○日	売上	目標	実績
今週の目標	新規訪問10件、電話アプローチ30件、既存取引先訪問5件	売上/週	¥10,000,000	¥12,640,000
		売上/月	¥40,000,000	¥24,567,000
今週の実績	新規訪問5件、電話アプローチ40件、既存取引先訪問8件	粗利/週	¥2,500,000	¥2,788,600
		粗利/月	¥10,000,000	¥5,534,000

(A) 今週の売上

日付	会社名	商品	コード	個数	売上	マージン	粗利	コメント
○月○日	大宮スポ	ランタン	ZSA1244	100	¥500,000	30%	¥150,000	クラシックデザインの人気が高い
	大宮スポ	食器12点	JN771	120	¥720,000	25%	¥180,000	コンパクトに収納できるから
	浦和料理	ダッチ	KJH881	100	¥1,000,000	25%	¥250,000	ダッチオーブン料理教室の開講
○月○日	キャンプクラブ	備長炭2kg	JH991	200	¥120,000	18%	¥21,600	安価な燃料の照会あり
○月○日	ハイ所沢	ドームテント	KKI998	50	¥1,200,000	30%	¥360,000	郊外ながら顧客の多い専門店
	エコライフ	ダッチ	KJH881	50	¥500,000	25%	¥125,000	開店イベントの景品として使用
○月○日	アウトドアー	バーナー	AAS54	100	¥1,000,000	25%	¥250,000	別売りカートリッジの値引き要求
	川口燃料	業務炭5kg	JH991	100	¥200,000	18%	¥36,000	新規取引
	川口燃料	業務炭5kg	JH991	100	¥200,000	18%	¥36,000	新規取引
○月○日	秩父ランド	食器20点	JN771	200	¥1,200,000	25%	¥300,000	貸出用具の入替を提案
	秩父ランド	業務炭5kg	JH991	300	¥6,000,000	18%	¥1,080,000	

| 所感、連絡事項等 | キャンプ用品は、料理・防災グッズとリンクしており、専門店以外にもスーパーやホームセンターなどへの売り込みが期待できると感じた。 |
| | 今週の目標達成状況は、新規会社訪問件数が達成率50%の5件に止まってしまったため、次週はさらに積極的な営業活動を実施したいと思う。 |

(B) 次週の計画

| 次週の予定 | 電話アプローチ先の拡大。 |
| | レンタル店の店頭で、小売店の売上の伸び悩みの部分を、過去に納品したキャンプ場への商品入れ替えなどで補いたい。 |

上司のコメント		役員	部長	課長

収録ファイル名
カラー 21002.xlsx/.xls 23002.docx/.doc
モノクロ 22002.xlsx/.xls 24002.docx/.doc

63

CD-ROM 収録場所: 2_HOUKOKU / 1_XLS_COLOR / 2_XLS_MONO / 3_DOC_COLOR / 4_DOC_MONO

報告書 003

営業月報

想定業種 全業種 | 想定職種 営業職

POINT
1. 数字と概要の両方を記載する
2. 活動実績を記述する
3. 上司のコメントは簡潔にまとめる

POINT 1 数字と概要の両方を記載する
当月の報告として、売上と現況を報告する。「○%増」など差異を%表記すると分かりやすい。

POINT 2 活動実績を記述する
売上以外にも、売上につながる訪問件数や面談数なども詳細に記載する。

POINT 3 上司のコメントは簡潔にまとめる
上司からの指示は、すぐに把握できるようなるべく簡潔にまとめる。箇条書きでの記載もOK。

営業月報

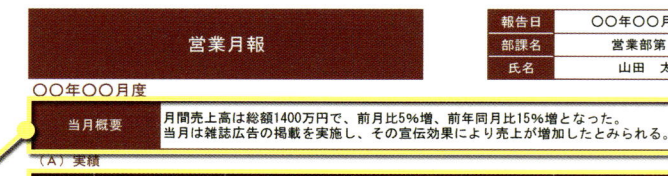

報告日	○○年○○月○○日
部課名	営業部第3課
氏名	山田 太郎

○○年○○月度

当月概要: 月間売上高は総額1400万円で、前月比5%増、前年同月比15%増となった。当月は雑誌広告の掲載を実施し、その宣伝効果により売上が増加したとみられる。

（A）実績

		数値	活動内容と所感	目標と実績の検証
訪問数	目標	80件	社内会議・クレーム処理などの時間が取られ、電話アプローチによる新規会社の訪問が減少、訪問数が目標に届かなかった。	訪問・見積提出が目標を下回った。成約につながる見積書の提出数は必ず目標に達するように面談のチャンスを逃さないことが必要と感じた。
	実績	70件		
	差異	-10件		
	達成率	88%		
面談数	目標	50件	既存取引先からの引き合いと、紹介によるアポイントが複数入ったため、面談数を確保できた。	
	実績	52件		
	差異	2件		
	達成率	104%		
見積提出数	目標	50件	面談数に比較して見積書の提出につながらなかったが、来月の新商品発売に向けて、DMを取引先に発送した。	
	実績	45件		
	差異	-5件		
	達成率	90%		
売上	目標	1400万円	見積書提出不足だったが、売上高は前月増を達成。広告宣伝の効果が出たものと思われる。DMを足掛かりに新商品売り込み攻勢をかけたい。	
	実績	1500万円		
	差異	100万円		
	達成率	107%		

（B）評価・反省

	今月の評価点・反省点
担当者	雑誌広告掲載を実施した成果が売上増につながった。その後、売上が落ち込むも、販売店への協力依頼により盛り返した。 スポットの広告に頼らず、販売店への継続的な働きかけが重要。 新規の訪問約束がとれずとも、既存取引先を積極的に訪問し、追加注文・新商品の紹介などによる受注を目指す。
上司コメント	広告掲載効果の検証実施のこと。 同業他社の動向にも注視し、効果的な広告を打つことをマーケティング担当に依頼すること。

（C）今後の目標・計画

	来月の計画
担当者	新商品DM発送先に積極的に訪問、商談成立に全力を傾ける。 新規訪問の電話アプローチ件数を増やす。 既存取引の販売店への訪問回数を増やす。
上司のコメント	DM発送先へのフォローを最重要課題とし、新商品の売り上げ拡大を目指すこと。

備考	役員	部長	課長

モノクロsample

収録ファイル名
- カラー: 21003.xlsx/.xls / 23003.docx/.doc
- モノクロ: 22003.xlsx/.xls / 24003.docx/.doc

CD-ROM 収録場所: 2_HOUKOKU → 1_XLS_COLOR / 2_XLS_MONO / 3_DOC_COLOR / 4_DOC_MONO

報告書 004
営業日報

想定業種 全業種　想定職種 営業職

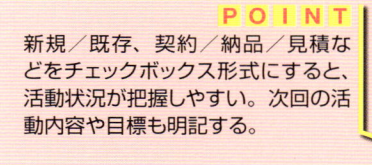

POINT
新規／既存、契約／納品／見積などをチェックボックス形式にすると、活動状況が把握しやすい。次回の活動内容や目標も明記する。

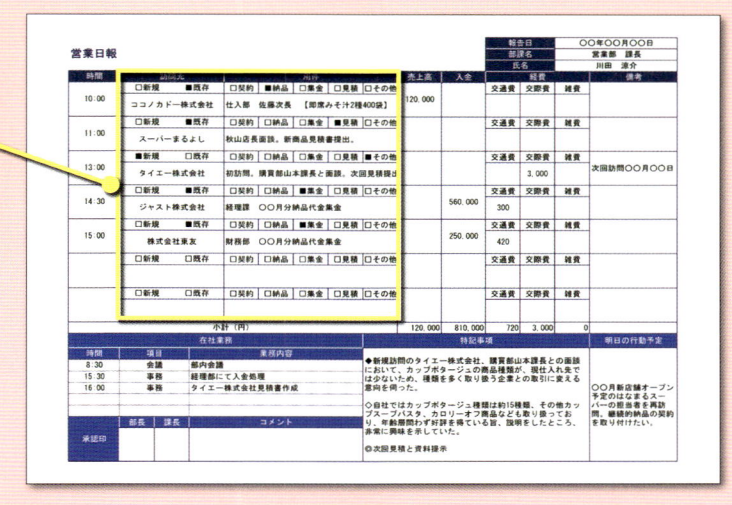

モノクロsample

収録ファイル名
- カラー：21004.xlsx/.xls、23004.docx/.doc
- モノクロ：22004.xlsx/.xls、24004.docx/.doc

報告書 005
タイムシフト表

想定業種 小売業・流通業　想定職種 店長・マネージャー

POINT
店員やパート、アルバイトの役割や勤務時間を併記することで、業務の割り振りをし、誰が見ても一目で業務の進行状況を把握できるようにする。

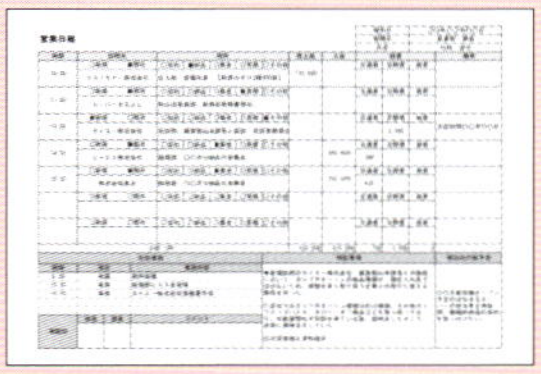

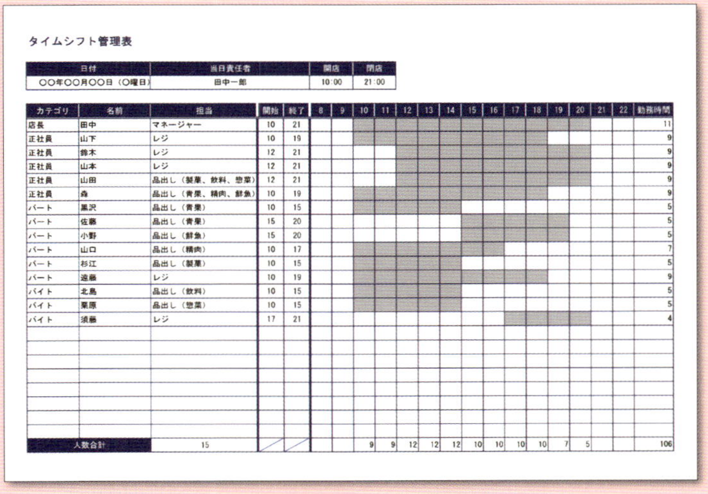

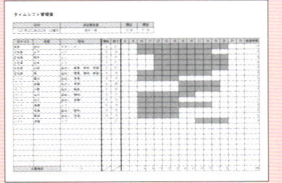

モノクロsample

収録ファイル名
- カラー：21005.xlsx/.xls、23005.docx/.doc
- モノクロ：22005.xlsx/.xls、24005.docx/.doc

---

chapter 01 「通す」A4一枚企画書
chapter 02 「簡潔な」A4一枚報告書
chapter 03 図解の「ソツない」配布資料
chapter 04 数字が「見える」グラフ
chapter 05 イメージを「あおる」イラスト

65

報告書 006

月間スケジュール管理表

想定業種 全業種 | 想定職種 全職種

POINT
1. 誰がどのような業務をこなしたのかを一目で確認
2. 作業配分など次月の反省材料にする
3. 毎月の作業割合をフォーマット化する

POINT 1
作業内容を一目で把握する

管理者はグループ内の業務内容や工数を一覧で把握することで、効率的なマネージメントの資料として活用できる。

POINT 2
作業配分を確認できるように

スケジュールを書き込むだけでなく、1ヶ月間どのように動いたかを時系列通りに確認して、月次の改善に活かす。

POINT 3
毎月の作業割合をフォーマット化する

Excel版のフォーマットは表計算を組み込み済。1ヶ月の作業割合を100%として、どんな内訳で何の業務に費やしたかの割合が一目で分かる。

モノクロsample

収録ファイル名
カラー 21006.xlsx/.xls
　　　 23006.docx/.doc
モノクロ 22006.xlsx/.xls
　　　　 24006.docx/.doc

CD-ROM 収録場所: 2_HOUKOKU / 1_XLS_COLOR / 2_XLS_MONO / 3_DOC_COLOR / 4_DOC_MONO

報告書 007

顧客個別管理シート

想定業種 全業種　想定職種 営業職

POINT
1. 取引先の基本データを把握する
2. キーパーソンを明記する
3. 課題と戦略を立てる

POINT 1 取引先の基本データを把握する
基本情報である顧客の業種や売上、取引先、現況をまとめておくと、売上計画を立てる場合に役立つ。

POINT 2 キーパーソンを明記する
法人営業の基本活動は、キーパーソンへのアプローチ。大手の場合は複数存在するため、あらかじめ列挙して、プロジェクトに携わる者が共有できるようにする。

POINT 3 課題と戦略を立てる
顧客の状況をしっかりと把握し、方針を固めるのが目的。売り込みの時期と販売商品を選定し、計画的に実行していく。

顧客個別管理シート

No. ×××××
〇〇年〇〇月〇〇日作成

作成者　加藤 樹　　年間売上目標　7百万円

顧客名	森本産機株式会社	住所	東京都新宿区西新宿1-25-1 新宿センタービル48F
代表者名	森本俊二	従業員数	280名
事業概要	産業機械・化学機械の仕入・販売	取引先	カワダ電機・大島機器 他
売上	〇〇年　3,000百万円	状況	不良債権の圧縮が進み、業績堅調に推移
	〇〇年　4,000百万円		
	〇〇年　5,000百万円		

担当者/キーパーソン名	部署	役職	性格・志向	当社の担当者
市川 由伸	産業機械部	本部長	几帳面、ゴルフ趣味	加藤
茂木 満	産業機械部	部長	明朗、飲食接待好き	伊藤
渡辺 紀夫	機械材料部	部長	真面目だが信頼されると味方	佐藤

販売先部門	主な販売商品	目標	状況	販売実績 〇〇年	販売実績 〇〇年
産業機械部	商品A	4百万円	売上順調に伸びている	2百万円	3百万円
機械材料部	商品B	3百万円	高利益率につき更なる伸びに期待	2百万円	2百万円

今後の課題と戦略	当社の取組みと方針
昨年からの堅調な設備需要に支えられ、プロジェクト案件数が増加している模様。他社に遅れをとらないよう売り込みをかける。	会社HPにてニュースをチェック、訪問回数を増やすなど、情報収集にあたる。見積書の迅速な提出を心掛け、数量によっては、それなりの単価にて見積価格を出すことも必要。

備考	省エネ対応製品の取り扱いに力を入れている同社では、弊社より発売の小型発電機に高い関心を寄せている。	担当者	加藤	〇年〇月～
			伊藤	〇年〇月～
			佐藤	〇年〇月～

モノクロsample

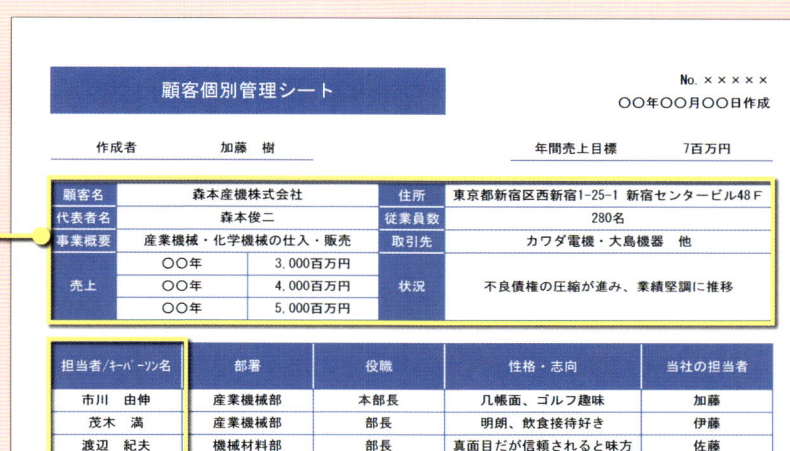

収録ファイル名
カラー：21007.xlsx/.xls　23007.docx/.doc
モノクロ：22007.xlsx/.xls　24007.docx/.doc

CD-ROM 収録場所　2_HOUKOKU　1_XLS_COLOR　2_XLS_MONO　3_DOC_COLOR　4_DOC_MONO

報告書 008

販売代理店個別管理シート

■想定業種■ 小売業・流通業　　■想定職種■ 営業職

POINT
1. 主要取引先をしっかり調査する
2. 競合の販売実績を記述する
3. 方針を明確にする

POINT 1 主要取引先をしっかり調査する
主要取引先を調査して、代理店が得意とする業種や、売り込める企業はどのようなところかを認識しておく。

POINT 2 競合の販売実績を記述する
販売代理店が競合他社の商材を取り扱っている場合は、他社商材をどの程度販売しているのか、担当者からのヒヤリングなどで調べておく。

POINT 3 方針を明確にする
販売店の現状を綿密に調査して、自社製品の売り上げアップのために、どのような営業活動をしているかを理解する。すると、戦略的に計画を立てられる。

モノクロsample

販売代理店個別管理シート

No. ×××××
〇〇年〇〇月〇〇日作成

作成者　近藤　俊一

顧客・得意先名	東山株式会社	住所	東京都杉並区
代表者名	東山幸紀	従業員数	64名
事業概要	寝具・インテリア・健康器具の製造卸売	取引先	南部百貨店・内村ホームセンター
売上	〇〇年　6100百万円 〇〇年　6722百万円 〇〇年　7111百万円	状況	ここ数年の夏の猛暑により快適さを追求した海外輸入商品がヒットしたものの、昨今の原料高騰が影響して、業績が伸び悩んでいる。

担当者名/キーパーソン名	部署	役職	性格・志向	担当者
浅草　秀勝	特販部	部長	温和	野村
錦糸　清和	営業戦略室	室長	冷静	田原

販売部門	主な販売商品	今年度の目標	状況	販売実績 一昨年	昨年
特販部	商品A	売上20百万円	取引拡大	売上10百万円	売上15百万円
営業戦略室	商品B	売上8百万円	横ばい	売上8百万円	売上7百万円
		合計	売上28百万円		

代理店の主要取引先（推定）			
取引先	福山家具	緑山産業	東京病院
昨年度	売上 100百万円	売上 50百万円	売上 400百万円

当社の競合販売実績（推定）			
取引先	カクモリ	室内企画	森の枕
昨年度	16百万円	22百万円	18百万円

今後の課題と戦略	当社の取組みと方針
原料高騰による価格上昇を吸収するために、注目の高い省エネ・環境対策に通じる商品を売り込む。	代理店任せにせず、販売支援の研修を充実させるなど積極的な取り組みが必要。

仕切率	60%	担当者	近藤	〇年〇月〜
			田原	〇年〇月〜

収録ファイル名
カラー：21008.xlsx/.xls　23008.docx/.doc
モノクロ：22008.xlsx/.xls　24008.docx/.doc

CD-ROM 収録場所 → 2_HOUKOKU ← 1_XLS_COLOR / 2_XLS_MONO / 3_DOC_COLOR / 4_DOC_MONO

報告書 | 009
売上見込リスト

| 想定業種 | 全業種 | 想定職種 | 営業職 |

POINT
月間の案件リストを作成して、営業状況を報告する。次回の活動計画（いつ何をするのか）を記載することが重要。

モノクロsample

収録ファイル名
- カラー：21009.xlsx/.xls、23009.docx/.doc
- モノクロ：22009.xlsx/.xls、24009.docx/.doc

報告書 | 010
販売代理店管理リスト

| 想定業種 | 全業種 | 想定職種 | 営業職 |

POINT
販売代理店の売上見込を一覧で作成し、現状を報告する。売上が足りない場合は、新規開拓などを提案する。

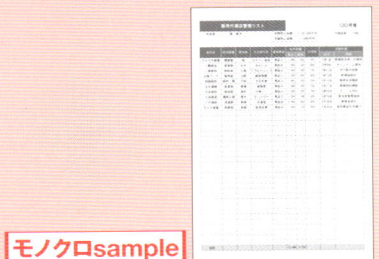

モノクロsample

収録ファイル名
- カラー：21010.xlsx/.xls、23010.docx/.doc
- モノクロ：22010.xlsx/.xls、24010.docx/.doc

chapter 01 「通す」A4一枚企画書
chapter 02 「簡潔な」A4一枚報告書
chapter 03 図解の「ソツない」配布資料
chapter 04 数字が「見える」グラフ
chapter 05 イメージを「あおる」イラスト

69

CD-ROM 収録場所 → 2_HOUKOKU → 1_XLS_COLOR　2_XLS_MONO　3_DOC_COLOR　4_DOC_MONO

報告書 011

業務日報

想定業種　全業種　　想定職種　主に事務職

POINT
1. 主な活動を一覧にまとめる
2. 相対的な業務量の進捗状況を報告する
3. 特記事項も記述する

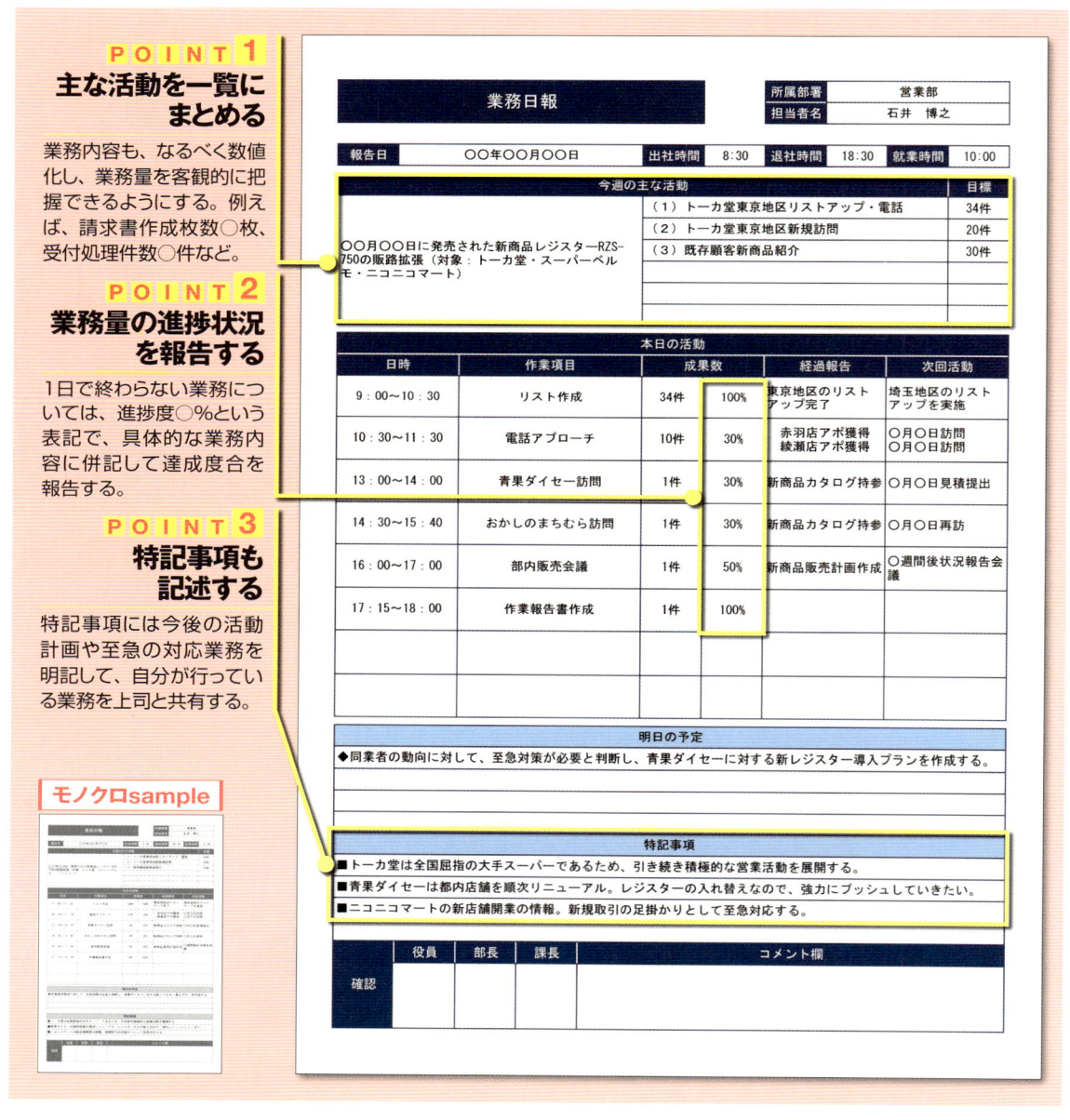

POINT 1 主な活動を一覧にまとめる

業務内容も、なるべく数値化し、業務量を客観的に把握できるようにする。例えば、請求書作成枚数○枚、受付処理件数○件など。

POINT 2 業務量の進捗状況を報告する

1日で終わらない業務については、進捗度○％という表記で、具体的な業務内容に併記して達成度合を報告する。

POINT 3 特記事項も記述する

特記事項には今後の活動計画や至急の対応業務を明記して、自分が行っている業務を上司と共有する。

業務日報

所属部署	営業部
担当者名	石井　博之

| 報告日 | ○○年○○月○○日 | 出社時間 | 8:30 | 退社時間 | 18:30 | 就業時間 | 10:00 |

今週の主な活動

○○月○○日に発売された新商品レジスターRZS-750の販路拡張（対象：トーカ堂・スーパーベルモ・ニコニコマート）

活動	目標
(1) トーカ堂東京地区リストアップ・電話	34件
(2) トーカ堂東京地区新規訪問	20件
(3) 既存顧客新商品紹介	30件

本日の活動

日時	作業項目	成果数		経過報告	次回活動
9:00～10:30	リスト作成	34件	100%	東京地区のリストアップ完了	埼玉地区のリストアップを実施
10:30～11:30	電話アプローチ	10件	30%	赤羽店アポ獲得　綾瀬店アポ獲得	○月○日訪問　○月○日訪問
13:00～14:00	青果ダイエー訪問	1件	30%	新商品カタログ持参	○月○日見積提出
14:30～15:40	おかしのまちむら訪問	1件	30%	新商品カタログ持参	○月○日再訪
16:00～17:00	部内販売会議	1件	50%	新商品販売計画作成	○週間後状況報告会議
17:15～18:00	作業報告書作成	1件	100%		

明日の予定

◆同業者の動向に対して、至急対策が必要と判断し、青果ダイエーに対する新レジスター導入プランを作成する。

特記事項

■トーカ堂は全国屈指の大手スーパーであるため、引き続き積極的な営業活動を展開する。
■青果ダイエーは都内店舗を順次リニューアル。レジスターの入れ替えなので、強力にプッシュしていきたい。
■ニコニコマートの新店舗開業の情報。新規取引の足掛かりとして至急対応する。

確認	役員	部長	課長	コメント欄

モノクロsample

収録ファイル名
カラー　21011.xlsx/.xls　23011.docx/.doc
モノクロ　22011.xlsx/.xls　24011.docx/.doc

CD-ROM 収録場所 → 2_HOUKOKU → 1_XLS_COLOR / 2_XLS_MONO / 3_DOC_COLOR / 4_DOC_MONO

報告書 012

議事録

想定業種 全業種　想定職種 営業職

POINT
1. 日時や議題を簡潔に記す
2. 正確で客観的な記述に留意する
3. 必ず決定事項を残す

POINT 1 日時や議題を簡潔に記す

日時／場所／参加者／テーマ／議題などを必ず記載する。会議前に分かっている項目は、あらかじめ記載しておく。

POINT 2 正確で客観的な記述に留意する

会議でとったメモにもとづき、自分の解釈を一切加えずに記載する。内容に自信がない場合は、参加者に確認をとるとよい。

POINT 3 必ず決定事項を残す

会議では決定事項が最重要。ここを重点的に記載する。箇条書きにして分かりやすく書くとよい。次回までの宿題となった場合は、担当者も併記する。

モノクロsample

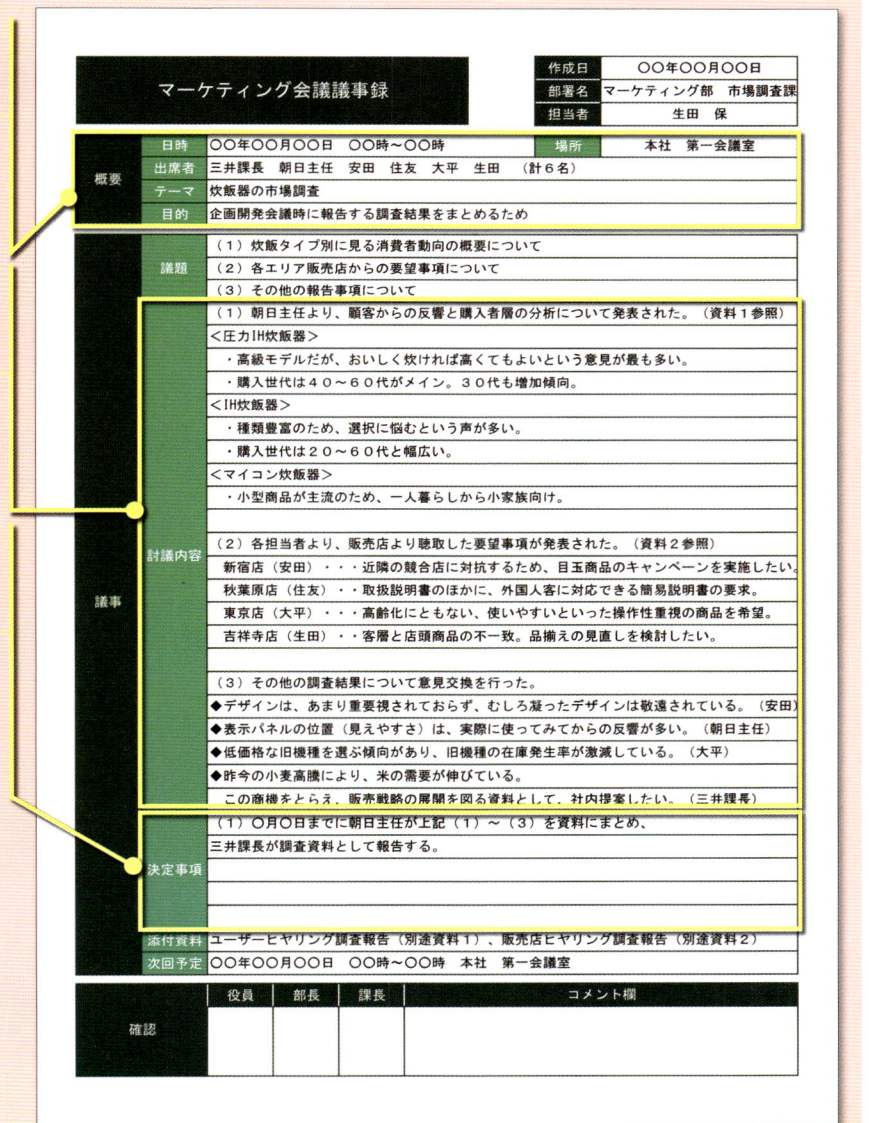

マーケティング会議議事録

作成日	○○年○○月○○日
部署名	マーケティング部　市場調査課
担当者	生田　保

概要
- 日時：○○年○○月○○日　○○時～○○時
- 場所：本社　第一会議室
- 出席者：三井課長　朝日主任　安田　住友　大平　生田（計6名）
- テーマ：炊飯器の市場調査
- 目的：企画開発会議時に報告する調査結果をまとめるため

議事

議題
(1) 炊飯タイプ別に見る消費者動向の概要について
(2) 各エリア販売店からの要望事項について
(3) その他の報告事項について

討議内容
(1) 朝日主任より、顧客からの反響と購入者層の分析について発表された。（資料1参照）
＜圧力IH炊飯器＞
・高級モデルだが、おいしく炊ければ高くてもよいという意見が最も多い。
・購入世代は40～60代がメイン。30代も増加傾向。
＜IH炊飯器＞
・種類豊富のため、選択に悩むという声が多い。
・購入世代は20～60代と幅広い。
＜マイコン炊飯器＞
・小型商品が主流のため、一人暮らしから小家族向け。

(2) 各担当者より、販売店より聴取した要望事項が発表された。（資料2参照）
新宿店（安田）・・・近隣の競合店に対抗するため、目玉商品のキャンペーンを実施したい。
秋葉原店（住友）・・取扱説明書のほかに、外国人客に対応できる簡易説明書の要求。
東京店（大平）・・・高齢化にともない、使いやすいといった操作性重視の商品を希望。
吉祥寺店（生田）・・客層と店頭商品の不一致。品揃えの見直しを検討したい。

(3) その他の調査結果について意見交換を行った。
◆デザインは、あまり重要視されておらず、むしろ凝ったデザインは敬遠されている。（安田）
◆表示パネルの位置（見えやすさ）は、実際に使ってみてからの反響が多い。（朝日主任）
◆低価格な旧機種を選ぶ傾向があり、旧機種の在庫発生率が激減している。（大平）
◆昨今の小麦高騰により、米の需要が伸びている。
この商機をとらえ、販売戦略の展開を図る資料として、社内提案したい。（三井課長）

決定事項
(1) ○月○日までに朝日主任が上記（1）～（3）を資料にまとめ、
三井課長が調査資料として報告する。

添付資料：ユーザーヒヤリング調査報告（別途資料1）、販売店ヒヤリング調査報告（別途資料2）
次回予定：○○年○○月○○日　○○時～○○時　本社　第一会議室

確認	役員	部長	課長	コメント欄

収録ファイル名

カラー：21012.xlsx/.xls　23012.docx/.doc
モノクロ：22012.xlsx/.xls　24012.docx/.doc

CD-ROM 収録場所 / 2_HOUKOKU / 1_XLS_COLOR / 2_XLS_MONO / 3_DOC_COLOR / 4_DOC_MONO

報告書 013

出張報告書

想定業種 全業種　想定職種 全職種

POINT
1. 出張の目的をはっきり伝える
2. 今後の活動予定を明確に
3. 現地の生の声を記載する

POINT 1 出張の目的をはっきり伝える

打ち合わせならば電話でも可能。出張をして何がしたかったのか、何を見込んでの出張だったのか、本当の目的を伝える。

POINT 2 今後の活動予定を明確に

次への明確なビジョンを出張の成果として伝える。予定は曖昧にせず、いつまでに／誰が／何を／どうする／のかを誰が見てもわかるよう明確に書く。

POINT 3 現地の生の声を記載する

出向かなければ聞けない現地の意見を具体的に書く。ネガティブな意見も重要。次の行動に活かすために必ず記述する。

モノクロsample

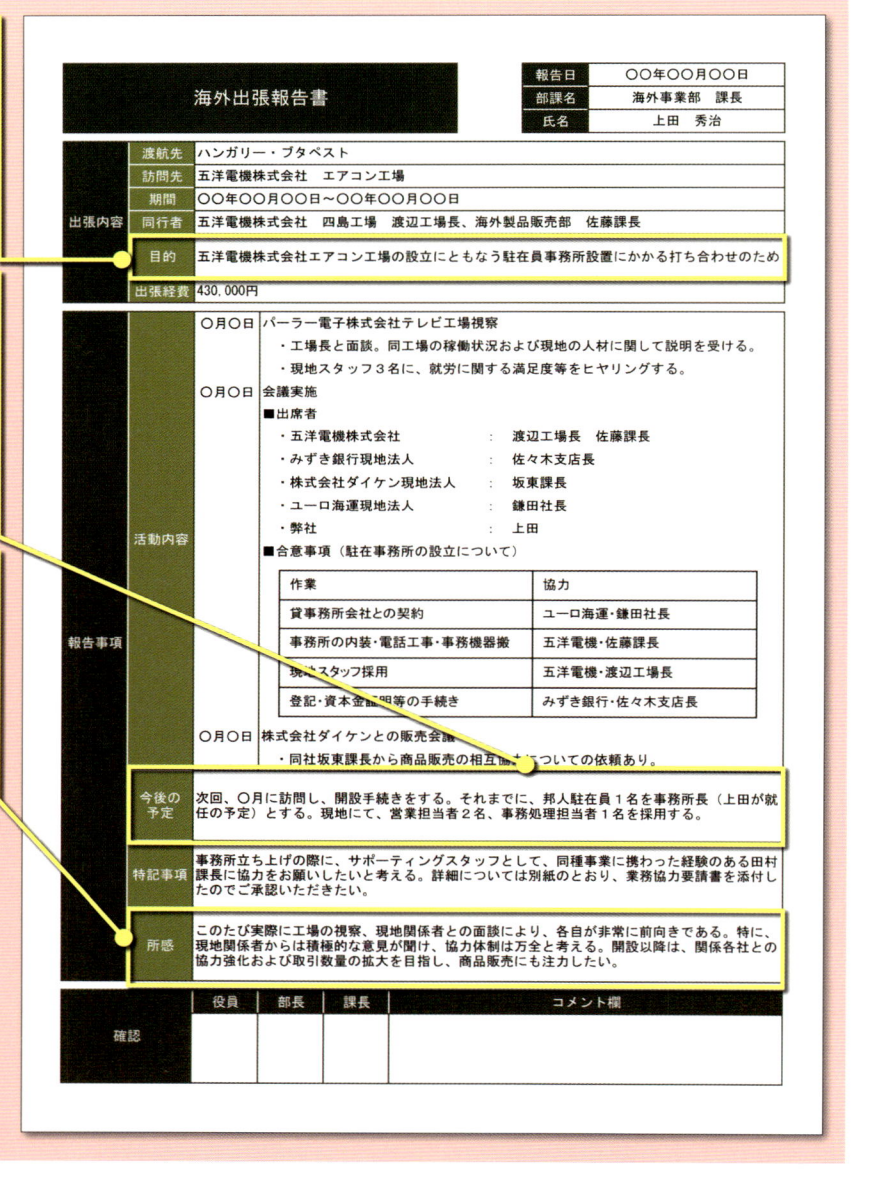

海外出張報告書

報告日	○○年○○月○○日
部課名	海外事業部　課長
氏名	上田　秀治

出張内容

渡航先	ハンガリー・ブダペスト
訪問先	五洋電機株式会社　エアコン工場
期間	○○年○○月○○日～○○年○○月○○日
同行者	五洋電機株式会社　四島工場　渡辺工場長、海外製品販売部　佐藤課長
目的	五洋電機株式会社エアコン工場の設立にともなう駐在員事務所設置にかかる打ち合わせのため
出張経費	430,000円

報告事項

○月○日　パーラー電子株式会社テレビ工場視察
・工場長と面談。同工場の稼働状況および現地の人材に関して説明を受ける。
・現地スタッフ3名に、就労に関する満足度等をヒヤリングする。

○月○日　会議実施
■出席者
・五洋電機株式会社　　　　　　：　渡辺工場長　佐藤課長
・みずき銀行現地法人　　　　　：　佐々木支店長
・株式会社ダイケン現地法人　　：　坂東課長
・ユーロ海運現地法人　　　　　：　鎌田社長
・弊社　　　　　　　　　　　　：　上田
■合意事項（駐在事務所の設立について）

作業	協力
貸事務所会社との契約	ユーロ海運・鎌田社長
事務所の内装・電話工事・事務機器搬入	五洋電機・佐藤課長
現地スタッフ採用	五洋電機・渡辺工場長
登記・資本金証明等の手続き	みずき銀行・佐々木支店長

○月○日　株式会社ダイケンとの販売会議
・同社坂東課長から商品販売の相互協力についての依頼あり。

今後の予定
次回、○月に訪問し、開設手続きをする。それまでに、邦人駐在員1名を事務所長（上田が就任の予定）とする。現地にて、営業担当者2名、事務処理担当者1名を採用する。

特記事項
事務所立ち上げの際に、サポーティングスタッフとして、同種事業に携わった経験のある田村課長に協力をお願いしたいと考える。詳細については別紙のとおり、業務協力要請書を添付したのでご承認いただきたい。

所感
このたび実際に工場の視察、現地関係者との面談により、各自が非常に前向きである。特に、現地関係者からは積極的な意見が聞け、協力体制は万全と考える。開設以降は、関係各社との協力強化および取引数量の拡大を目指し、商品販売にも注力したい。

確認	役員	部長	課長	コメント欄

収録ファイル名

カラー：21013.xlsx/.xls　23013.docx/.doc
モノクロ：22013.xlsx/.xls　24013.docx/.doc

CD-ROM 収録場所 ● 2_HOUKOKU ← 1_XLS_COLOR　2_XLS_MONO　3_DOC_COLOR　4_DOC_MONO

報告書 014

クレーム報告書

■想定業種 全業種　■想定職種 営業職・顧客サポート職など

POINT
1. クレーム処理はスピードが命
2. 客観的な視点で報告する
3. 再発防止のための改善策や意見も記述する

POINT 1
クレーム処理はスピードが命
クレーム処理はその対応スピードが大事なため、指示は口頭で仰ぎ、報告書は事後の記録として作成する。

POINT 2
客観的な視点で報告する
ここには、日時や対応策を自分の意見を交えずに客観的な事実のみ書く。決して感情に走らず、冷静かつ臨機応変に対応する。

POINT 3
再発防止のための改善策や意見も記述する
今後の対策を書く。また、具体的な改善策を別途提案書にまとめるとよい。

モノクロsample

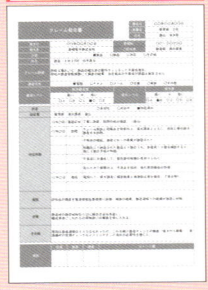

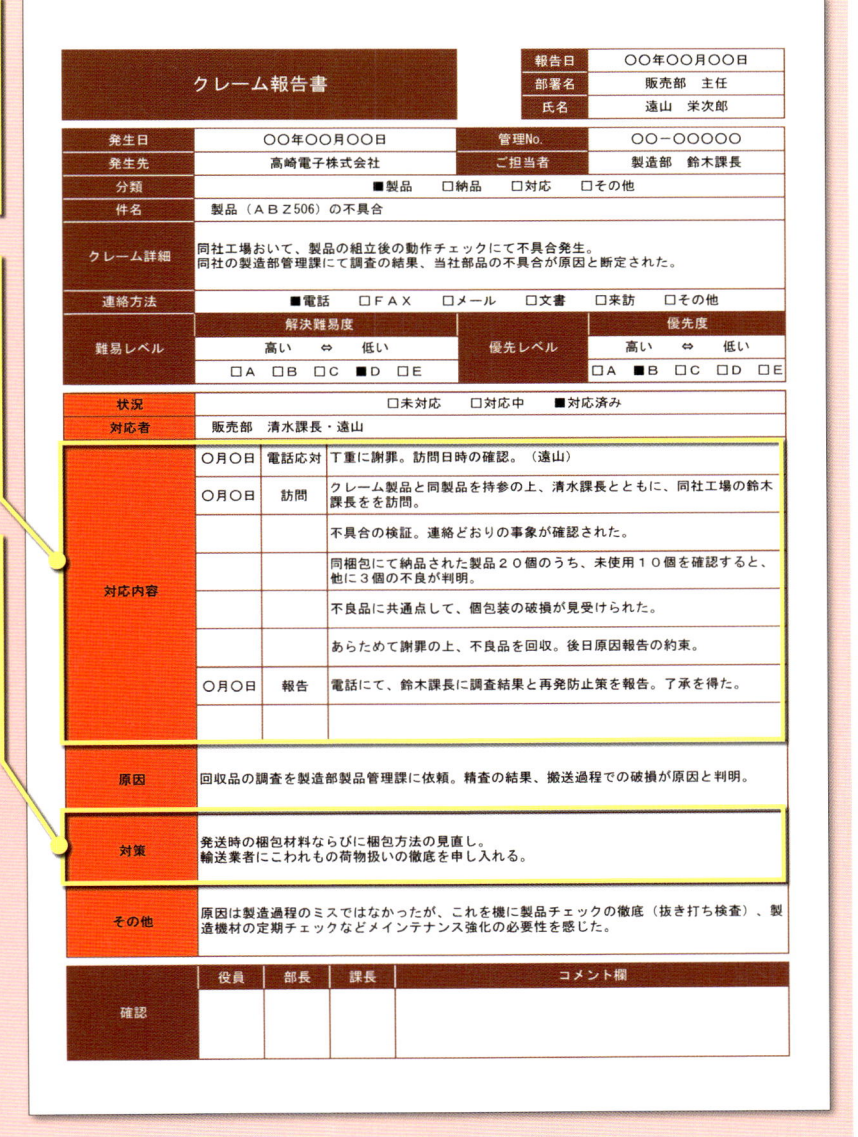

クレーム報告書

報告日	○○年○○月○○日		
部署名	販売部　主任		
氏名	遠山　栄次郎		

発生日	○○年○○月○○日	管理No.	○○－○○○○○
発生先	高崎電子株式会社	ご担当者	製造部　鈴木課長
分類	■製品　□納品　□対応　□その他		
件名	製品（ＡＢＺ506）の不具合		
クレーム詳細	同社工場おいて、製品の組立後の動作チェックにて不具合発生。同社の製造部管理課にて調査の結果、当社部品の不具合が原因と断定された。		
連絡方法	■電話　□ＦＡＸ　□メール　□文書　□来訪　□その他		
難易レベル	解決難易度　高い ⇔ 低い　□A　□B　□C　■D　□E	優先レベル	優先度　高い ⇔ 低い　□A　■B　□C　□D　□E
状況	□未対応　□対応中　■対応済み		
対応者	販売部　清水課長・遠山		

対応内容	○月○日	電話応対	丁重に謝罪。訪問日時の確認。（遠山）
	○月○日	訪問	クレーム製品と同製品を持参の上、清水課長とともに、同社工場の鈴木課長を訪問。
			不具合の検証。連絡どおりの事象が確認された。
			同梱包にて納品された製品２０個のうち、未使用１０個を確認すると、他に３個の不良が判明。
			不良品に共通して、個包装の破損が見受けられた。
			あらためて謝罪の上、不良品を回収。後日原因報告の約束。
	○月○日	報告	電話にて、鈴木課長に調査結果と再発防止策を報告。了承を得た。

原因	回収品の調査を製造部製品管理課に依頼。精査の結果、搬送過程での破損が原因と判明。
対策	発送時の梱包材料ならびに梱包方法の見直し。輸送業者にこわれもの荷物扱いの徹底を申し入れる。
その他	原因は製造過程のミスではなかったが、これを機に製品チェックの徹底（抜き打ち検査）、製造機材の定期チェックなどメインテナンス強化の必要性を感じた。

確認	役員	部長	課長	コメント欄

収録ファイル名

カラー	21014.xlsx/.xls	モノクロ	22014.xlsx/.xls
	23014.docx/.doc		24014.docx/.doc

73

CD-ROM 収録場所 | 2_HOUKOKU | 1_XLS_COLOR | 2_XLS_MONO | 3_DOC_COLOR | 4_DOC_MONO

報告書 015

研修報告書

想定業種｜全業種　想定職種｜全職種

POINT
1. 受講内容を簡潔に
2. 箇条書きを活用する
3. 受講した結果について記入する

POINT 1 内容は簡潔に

受講内容の報告は、簡潔にまとめる。内容が多くても、大見出し3～4程度、各大見出し内に中見出し2～3程度の内容が理想。

POINT 2 箇条書きを活用する

見やすくなるように箇条書きを上手に使う。大見出しは（1）（2）、中見出しは■などを使い、段落や見出しレベルで文頭文字を必ず統一する。

POINT 3 受講した結果について記入する

所感欄には、学び取った成果や今後どのように活用するのかを記入することが大事。できるだけ、積極的な姿勢が分かる意見にする。

研修報告書（サンプル）

報告日	○○年○○月○○日		
部課名	経営企画部　課長		
氏名	北島　康平		

概要	実施日時	○○年○○月○○日　○時～○時	場所	日本橋公会堂　第3集会室
	テーマ	企業倫理・コンプライアンス（法令遵守）の重要性について		
	講師	法月　倫太郎氏（企業コンサルティング研究所　所長）		
	受講目的	企業倫理・コンプライアンスの知識習得と構築のためのノウハウを獲得するため		

講義要旨

（1）コンプライアンス構築の目的
頻発する不祥事や情報漏洩の不適切な企業対応を防ぐことはもとより、企業体質を改善することを目的とする。
コンプライアンスの浸透と定着は、社員の意識改革と高い企業価値の確保につながる。
企業の社会的責任が問われる現代社会において、コンプライアンスの確立は必須の経営課題である。

（2）遵守の基準別による分類
■企業により遵守する基準の設定度合いについて
　（イ）法規法令などに重きを置く場合
　（ロ）企業理念など社内規定に重きを置く場合
　（ハ）その中間をとる場合
■コンプライアンス構築のはじめと自社の見極めについて

（3）導入と運用
■導入の流れについて
導入には、決定することと実施することを明らかにして、段階的に進めていく。
　（イ）【策定】組織における価値観の明確化／行動範囲・倫理綱領の策定
　（ロ）【周知】コンプライアンス策定を社内周知／推進担当者の選定と研修の実施
　（ハ）【浸透】策定内容の理解度を高める／社員教育研修の実施
　（ニ）【定着】組織風土に定着させる／実態調査の実施
■運用について
導入後には、PDCAで運用、維持していくことが重要。

所感
・コンプライアンスの構築は、危機管理対策と組織の誠実さを両立する上で必要不可欠。
・そのため社内にコンプライアンス構築のための特別部門を設置することを提案したい。
・コンサルティング会社への依頼による費用、導入完了までの期間等の調査が必要。
・法月倫太郎氏による次回講演「実例：コンプライアンス構築の手引き」が実施される。
　今回よりさらに掘り下げた内容となっているので聴講を検討したい。

添付資料	・テキスト（「企業倫理・コンプライアンスの重要性」　法月倫太郎氏著）
備考	

確認	役員	部長	課長	コメント欄

モノクロsample

収録ファイル名
カラー：21015.xlsx/.xls　23015.docx/.doc
モノクロ：22015.xlsx/.xls　24015.docx/.doc

CD-ROM 収録場所: 2_HOUKOKU / 1_XLS_COLOR / 2_XLS_MONO / 3_DOC_COLOR / 4_DOC_MONO

報告書 016

イベント報告書

想定業種 全業種　**想定職種** マーケティング職・販促職

POINT
1. 目的を明確にする
2. 概算費用は必ず書く
3. 結果は定量化する

POINT 1 目的を明確にする
イベントは目的や成果が曖昧になりがち。目的やイベントの内容をはっきりと記載して、イベントの必要性を伝える。

POINT 2 概算費用は必ず書く
かかった費用を決して漏れがないように記述する。協賛金などが集まった場合も、忘れずに書き込むこと。

POINT 3 結果は定量化する
事前にイベントの目標数字を決め、成否の判断材料にする。また、この数字はきちんと分析をして、今後に役立てられるようにする。

イベント・キャンペーン報告書

報告日	○○年○○月○○日
部課名	販促統括部
氏名	浜口　京平

概要		
題名	アウトドア＆エコライフ　フェスティバル	
実施期間	○○年○○月○○日～○○日（２日間）	場所：当社資材センター内
目的	環境に優しいエコライフを体験させ、当社取扱商品の宣伝とする 顧客・取引先・周辺住民との交流を図る	
内容	（１）商品展示会、商談会、相談会、実演販売等（パートナー専用ブース設置） （２）地元商店街の協力による飲食屋台、模擬店等 （３）ビンゴ大会（当社とパートナー企業による景品）	
主催	当社フェスティバル実行委員会	
協賛	・ドイタ株式会社　・ホームセンター島崎　・アウトドアカンパニー　・飯島木材店 ・インテリアの後藤　・野田電器　・駅前商店会　・小田切燃料　　　　　全８社	
来場人数	来場者１０００名（２日間合計、イベント参加５３０名含む）	
費用概算	２００万円（パートナー協賛金１０万円×８社含む）	

報告事項

■１日目
やってみよう！　体験型イベントの日
来場者総数　250名

イベント	アウトドア料理教室	廃油せっけん作り教室
参加者数	20名	22名
イベント	日曜大工体験	牛乳パック工作体験
参加者数	15名	15名

■２日目
見てみよう！　展示型イベントの日
来場者総数　280名

イベント	展示会	商談・相談会
参加者数	130名	112名
イベント	物品販売	ビンゴ大会
参加者数	150名	213名

結果
○総来場者１０００名（目標１２００名、達成率８３％）
○１日目体験型イベント来場者２５０名（目標２００名、達成率１２５％）
○２日目展示型イベント来場者２８０名（目標２５０名、達成率１１２％）
○商談・相談会１１２名（目標１００名、達成率１１２％）

所感
告知不足によって、参加総数が伸びなかった。次回は、地元情報誌を利用するなど、広報の手段を増やして周知するようにしたい。

添付資料 フェスティバル収支明細書　１部

確認	役員	部長	課長	コメント欄

モノクロsample

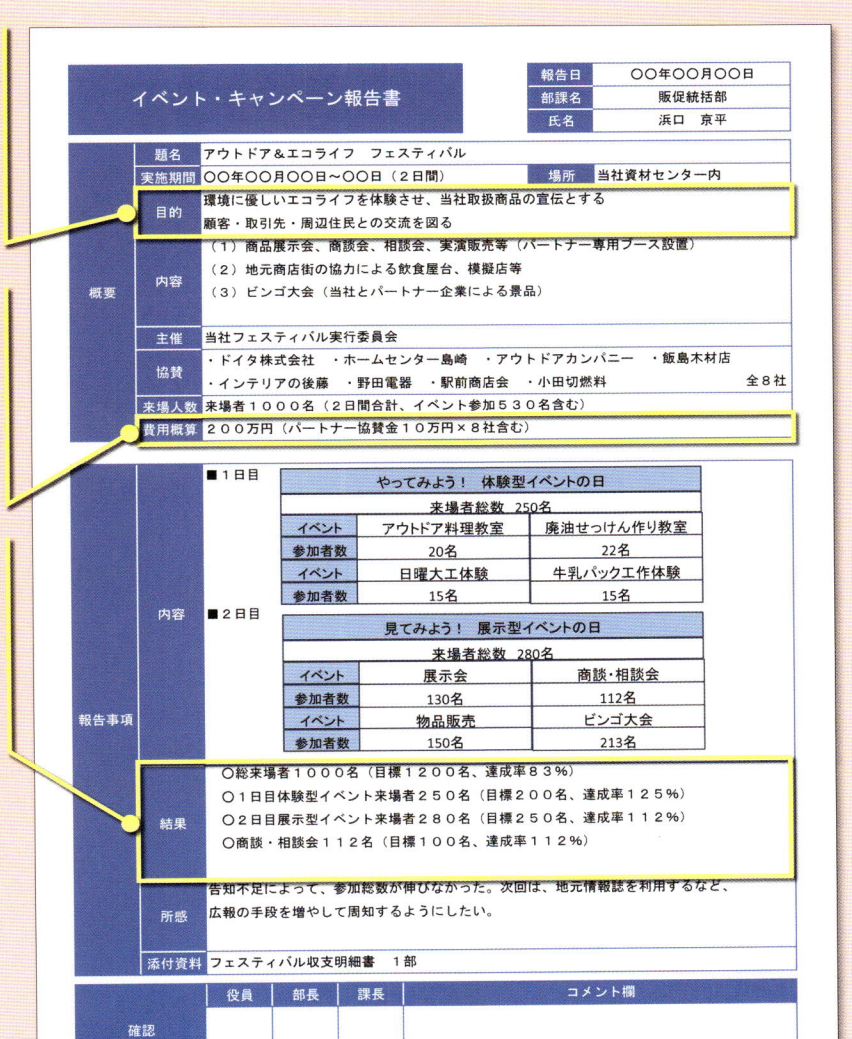

収録ファイル名
カラー：21016.xlsx/.xls　23016.docx/.doc
モノクロ：22016.xlsx/.xls　24016.docx/.doc

75

CD-ROM 収録場所 → 2_HOUKOKU → 1_XLS_COLOR / 2_XLS_MONO / 3_DOC_COLOR / 4_DOC_MONO

報告書 017

業務報告書

想定業種 全業種　**想定職種** 主に事務職

POINT
1. 成果は数字や数値で示す
2. 課題や問題点を積極的に提案する
3. 箇条書きで見やすい報告書にする

POINT 1
成果は数字や数値で示す
業務成果はなるべく数値にして、仕事内容を可視化する。また、報告書は課題を明確にして、今後の対策を記述することが重要。

POINT 2
課題や問題点を積極的に提案する
業務の問題点を業務報告書に記すと、取り組むべき課題が見えてくる。解決策を考えればモチベーションの向上にもつながる。

POINT 3
箇条書きで見やすい報告書にする
業務報告書のような、常日頃から提出する必要のある書類は、箇条書きで簡潔かつ明確に記す。報告を受けた者が見やすいと思えるよう配慮する。

モノクロsample

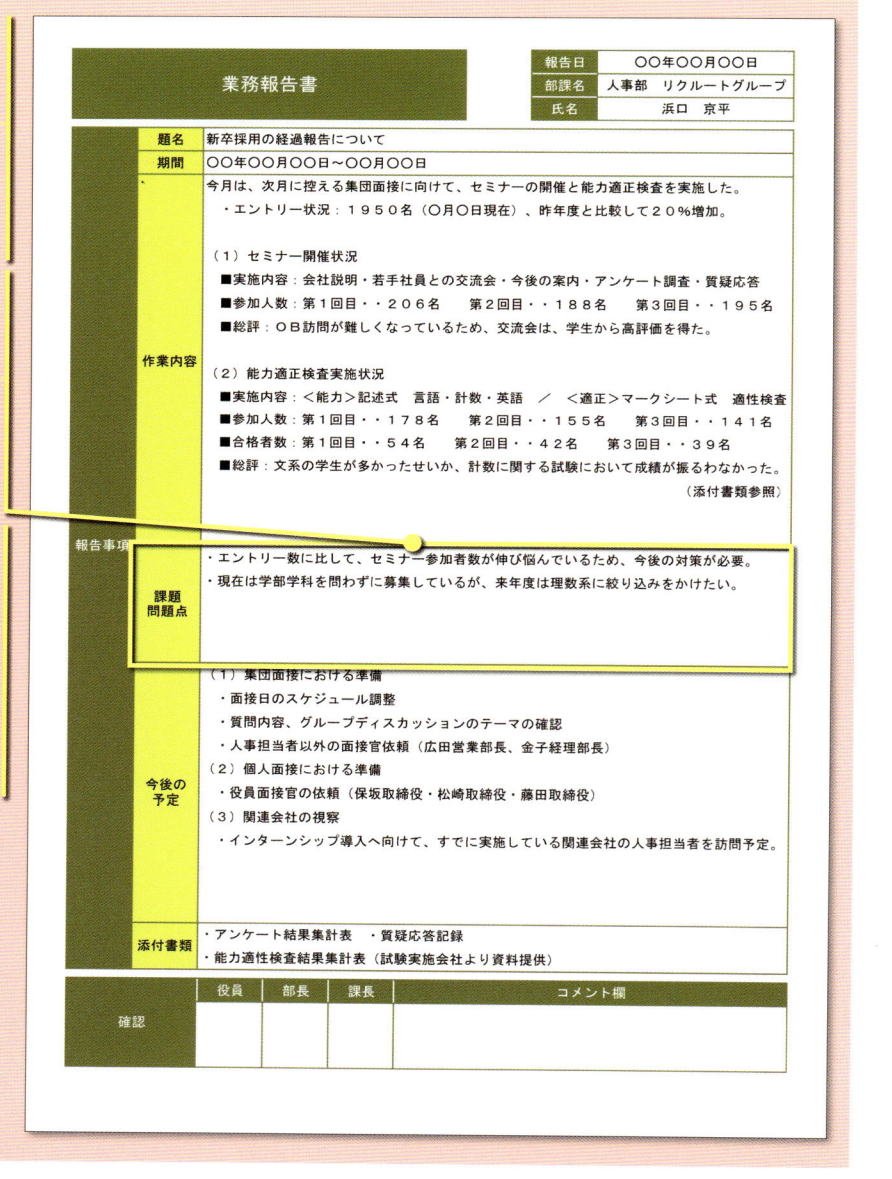

業務報告書

報告日	○○年○○月○○日
部課名	人事部　リクルートグループ
氏名	浜口　京平

題名	新卒採用の経過報告について
期間	○○年○○月○○日～○○月○○日

作業内容

今月は、次月に控える集団面接に向けて、セミナーの開催と能力適正検査を実施した。
・エントリー状況：1950名（○月○日現在）、昨年度と比較して20％増加。

（1）セミナー開催状況
■実施内容：会社説明・若手社員との交流会・今後の案内・アンケート調査・質疑応答
■参加人数：第1回目・・206名　第2回目・・188名　第3回目・・195名
■総評：OB訪問が難しくなっているため、交流会は、学生から高評価を得た。

（2）能力適正検査実施状況
■実施内容：＜能力＞記述式　言語・計数・英語　／　＜適正＞マークシート式　適性検査
■参加人数：第1回目・・178名　第2回目・・155名　第3回目・・141名
■合格者数：第1回目・・54名　第2回目・・42名　第3回目・・39名
■総評：文系の学生が多かったせいか、計数に関する試験において成績が振るわなかった。
（添付書類参照）

報告事項

課題問題点
・エントリー数に比して、セミナー参加者数が伸び悩んでいるため、今後の対策が必要。
・現在は学部学科を問わずに募集しているが、来年度は理数系に絞り込みをかけたい。

今後の予定
（1）集団面接における準備
・面接日のスケジュール調整
・質問内容、グループディスカッションのテーマの確認
・人事担当者以外の面接官依頼（広田営業部長、金子経理部長）
（2）個人面接における準備
・役員面接官の依頼（保坂取締役・松崎取締役・藤田取締役）
（3）関連会社の視察
・インターンシップ導入へ向けて、すでに実施している関連会社の人事担当者を訪問予定。

添付書類
・アンケート結果集計表　・質疑応答記録
・能力適性検査結果集計表（試験実施会社より資料提供）

確認	役員	部長	課長	コメント欄

収録ファイル名
カラー：21017.xlsx/.xls　23017.docx/.doc
モノクロ：22017.xlsx/.xls　24017.docx/.doc

CD-ROM 収録場所 : 2_HOUKOKU / 1_XLS_COLOR / 2_XLS_MONO / 3_DOC_COLOR / 4_DOC_MONO

報告書 018

サービス導入報告書

想定業種 全業種　想定職種 マーケティング職・販促職

POINT
1. 効果の有無はもちろん、具体事例も記述する
2. 導入に至った経緯を簡潔にまとめる
3. 1枚にまとめるために図表を使う

POINT 1
具体事例を残し今後の判断材料に

導入の目的や経緯を簡潔にまとめ、事実を伝える。今後の判断材料となるので、導入した効果の有無や、結果を具体的に残しておく。

POINT 2
導入に至った経緯を簡潔にまとめる

なぜ導入することになったのかを、改めて確認してもらう意味で簡単にまとめると、見る側も報告書のテーマがブレることなく確認できる。

POINT 3
1枚にまとめるために図表を使う

伝えたい内容がたくさんある場合は、図表を使ってまとめると簡潔に説明できる。特に変化や効果を示したい場合には、視覚効果で理解を促すのも大切。

モノクロsample

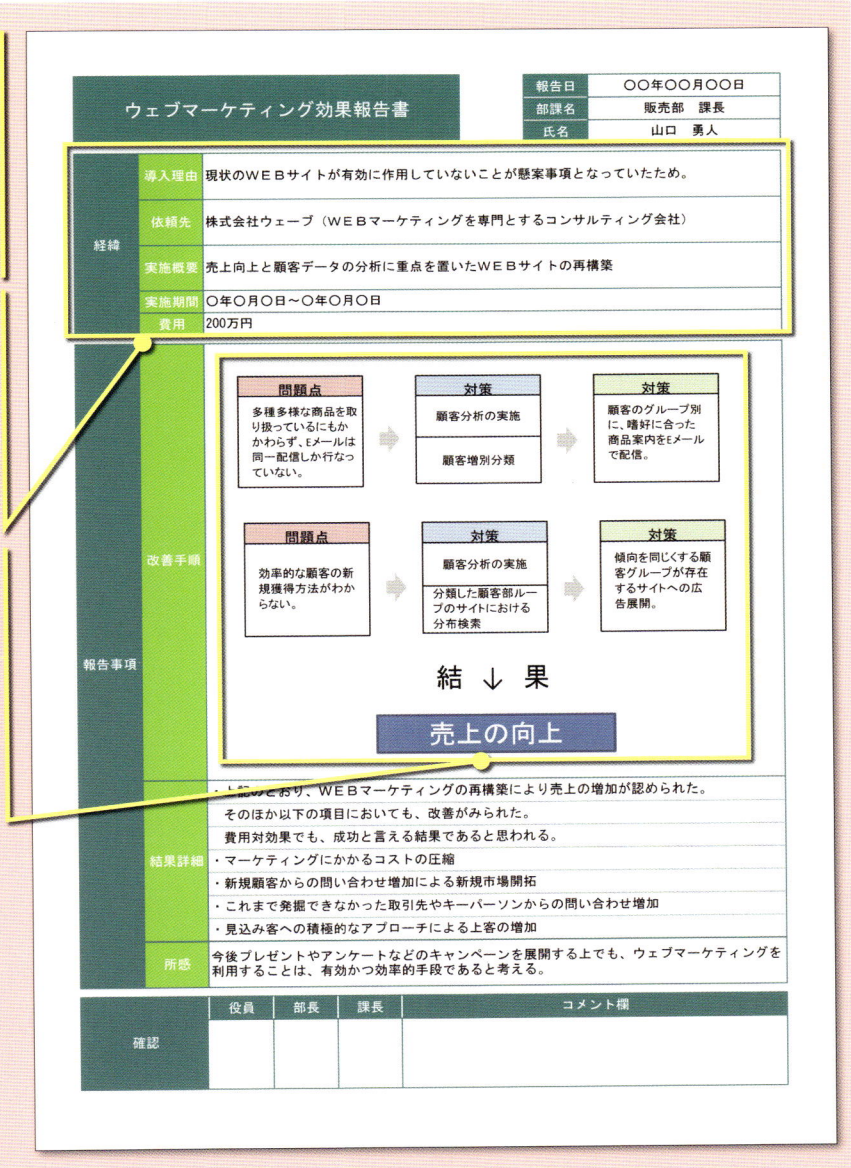

ウェブマーケティング効果報告書

報告日	○○年○○月○○日
部課名	販売部　課長
氏名	山口　勇人

経緯
- 導入理由：現状のWEBサイトが有効に作用していないことが懸案事項となっていたため。
- 依頼先：株式会社ウェーブ（WEBマーケティングを専門とするコンサルティング会社）
- 実施概要：売上向上と顧客データの分析に重点を置いたWEBサイトの再構築
- 実施期間：○年○月○日～○年○月○日
- 費用：200万円

報告事項／改善手順

問題点：多種多様な商品を取り扱っているにもかかわらず、Eメールは同一配信しか行なっていない。
→ 対策：顧客分析の実施／顧客増別分類
→ 対策：顧客のグループ別に、嗜好に合った商品案内をメールで配信。

問題点：効率的な顧客の新規獲得方法がわからない。
→ 対策：顧客分析の実施／分類した顧客グループのサイトにおける分布検索
→ 対策：傾向を同じくする顧客グループが存在するサイトへの広告展開。

結 ↓ 果
売上の向上

結果詳細
- 上記のとおり、WEBマーケティングの再構築により売上の増加が認められた。
- そのほか以下の項目においても、改善がみられた。
- 費用対効果でも、成功と言える結果であると思われる。
- マーケティングにかかるコストの圧縮
- 新規顧客からの問い合わせ増加による新規市場開拓
- これまで発掘できなかった取引先やキーパーソンからの問い合わせ増加
- 見込み客への積極的なアプローチによる上客の増加

所感：今後プレゼントやアンケートなどのキャンペーンを展開する上でも、ウェブマーケティングを利用することは、有効かつ効率的手段であると考える。

確認：役員／部長／課長／コメント欄

収録ファイル名
- カラー：21018.xlsx/.xls　23018.docx/.doc
- モノクロ：22018.xlsx/.xls　24018.docx/.doc

CD-ROM収録場所　2_HOUKOKU ← 1_XLS_COLOR / 2_XLS_MONO / 3_DOC_COLOR / 4_DOC_MONO

報告書 019

接待・交際費の稟議書

想定業種　全業種　　想定職種　営業職・企画職

POINT
1. 組まれた予算の範囲内なのか、範囲外なのかを記載する
2. 接待先の参加者を記述する
3. 目的・効果は詳細に

POINT 1
予算の範囲内か範囲外かを記載する
接待交際費をあらかじめ予算化しているならば、組み込んでいる予算の範囲内か範囲外なのかを記載する。どちらの場合でも事前に申請は行っておくこと。

POINT 2
接待先の参加者を記述する
接待先の人数／部署名／氏名を全員記述する。自社の情報も明記し、総額予算、1人あたりの予算を併記することが望ましい。

POINT 3
目的・効果は詳細に
決裁者の理解や納得を得るために、理由や事実を過不足なく書き込む。言い訳めいた内容や長文ではなく、簡潔に記載することが大事。

モノクロsample

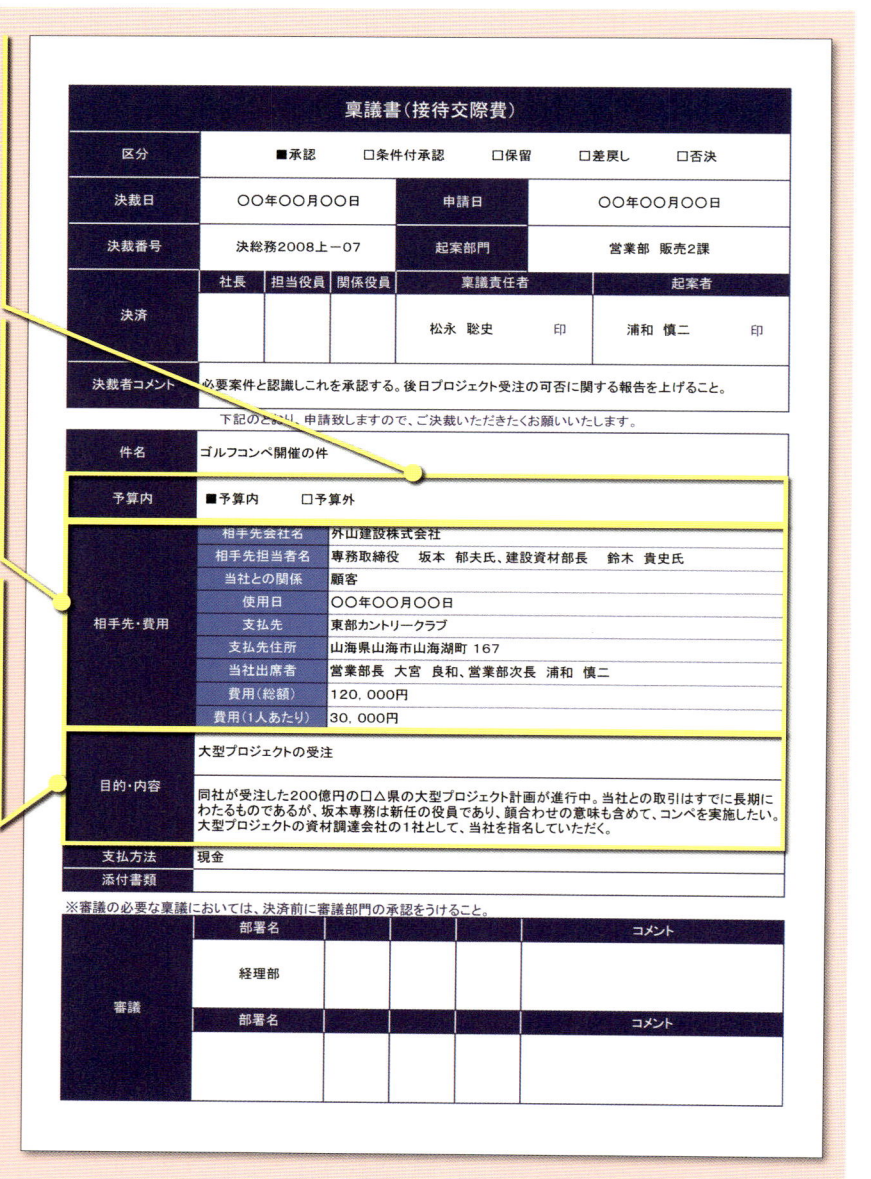

稟議書（接待交際費）

区分	■承認　□条件付承認　□保留　□差戻し　□否決		
決裁日	○○年○○月○○日	申請日	○○年○○月○○日
決裁番号	決総務2008上－07	起案部門	営業部　販売2課

決済	社長	担当役員	関係役員	稟議責任者	起案者
				松永　聡史　印	浦和　慎二　印

決裁者コメント	必要案件と認識しこれを承認する。後日プロジェクト受注の可否に関する報告を上げること。

下記のとおり、申請致しますので、ご決裁いただきたくお願いいたします。

件名	ゴルフコンペ開催の件
予算内	■予算内　□予算外

相手先・費用	相手先会社名	外山建設株式会社
	相手先担当者名	専務取締役　坂本　郁夫氏、建設資材部長　鈴木　貴史氏
	当社との関係	顧客
	使用日	○○年○○月○○日
	支払先	東部カントリークラブ
	支払先住所	山海県山海市山海湖町167
	当社出席者	営業部長　大宮　良和、営業部次長　浦和　慎二
	費用（総額）	120,000円
	費用（1人あたり）	30,000円

目的・内容	大型プロジェクトの受注 同社が受注した200億円の□△県の大型プロジェクト計画が進行中。当社との取引はすでに長期にわたるものであるが、坂本専務は新任の役員であり、顔合わせの意味も含めて、コンペを実施したい。大型プロジェクトの資材調達会社の1社として、当社を指名していただく。
支払方法	現金
添付書類	

※審議の必要な稟議においては、決済前に審議部門の承認をうけること。

審議	部署名	コメント
	経理部	
	部署名	コメント

収録ファイル名
カラー： 21019.xlsx/.xls　23019.docx/.doc
モノクロ： 22019.xlsx/.xls　24019.docx/.doc

CD-ROM 収録場所 → 2_HOUKOKU → 1_XLS_COLOR / 2_XLS_MONO / 3_DOC_COLOR / 4_DOC_MONO

報告書 | 020

新規取引先登録の稟議書

■想定業種 全業種　　■想定職種 営業職

POINT
1. 稟議責任者は部門長とする
2. 新規取引の目的を記載する
3. 財務情報などを添付する

POINT 1　稟議責任者は部門長とする
担当者としてではなく、部署として起案していることを示すため、担当者とは別に責任者を併記したほうがよい。

POINT 2　新規取引の目的を記載する
新たに取引開始する主な目的を明確にしておくこと。また、取引先の基本情報はフォーマット化したほうが使い勝手がよい。

POINT 3　財務情報などを添付する
新規取引先の稟議は、売掛金の未回収や担当者の不正を防ぐ意味で申請する場合が多い。そのため、財務情報なども添付する。

モノクロsample

稟議書（新規取引先）

区分	□承認　■条件付承認　□保留　□差戻し　□否決				
決裁日	○○年○○月○○日		申請日	○○年○○月○○日	
決裁番号	決裁営業08-07		起案部門	営業部　新規開発1課	
決済	社長	担当役員	部門長	稟議責任者	起案者
				松永 聡史　印	田畑 康輔　印
決裁者コメント	信用状況については信用サービス会社以外の取引会社にも評価を確認すること。				

下記のとおり、申請致しますので、ご決裁いただきたくお願いいたします。

件名	新規取引開始承認の件			
内容	このたび新規取引先として下記の会社と契約したく稟議申し上げます。			
	会社概要	社名	株式会社大久保商会	
		代表者名	目白 祐樹	担当者名	販売1課　渋谷 一平
		所在地	東京都新宿区新宿1-8-9	電話	03-1234-5678
		資本金	31億98百万円	社員数	1280人
		取引内容	当社製品の販売代行		
理由	同社は、全国50か所に営業所を展開している。強力な販売ネットワークを生かして、当社が現在手薄となっている地域への売り込みを図りたい。			
信用状況	過去3年間の実績においては増収増益を続けており、次期決算でも連続の増益が見込まれている。帝京データにおける信用度はAランクであり、安定企業との位置づけとなっている。			
開始予定日	○月○日　決裁終了後、契約文書取り交わしの予定			
費用	なし			
添付書類	株式会社大久保商会　会社案内・決算書 信用調査報告書（帝京データより提出）　1部			
備考				

※審議の必要な稟議においては、決済前に審議部門の承認をうけること。

審議	部署名	コメント欄
	審査部	
	部署名	コメント欄
	監査室	

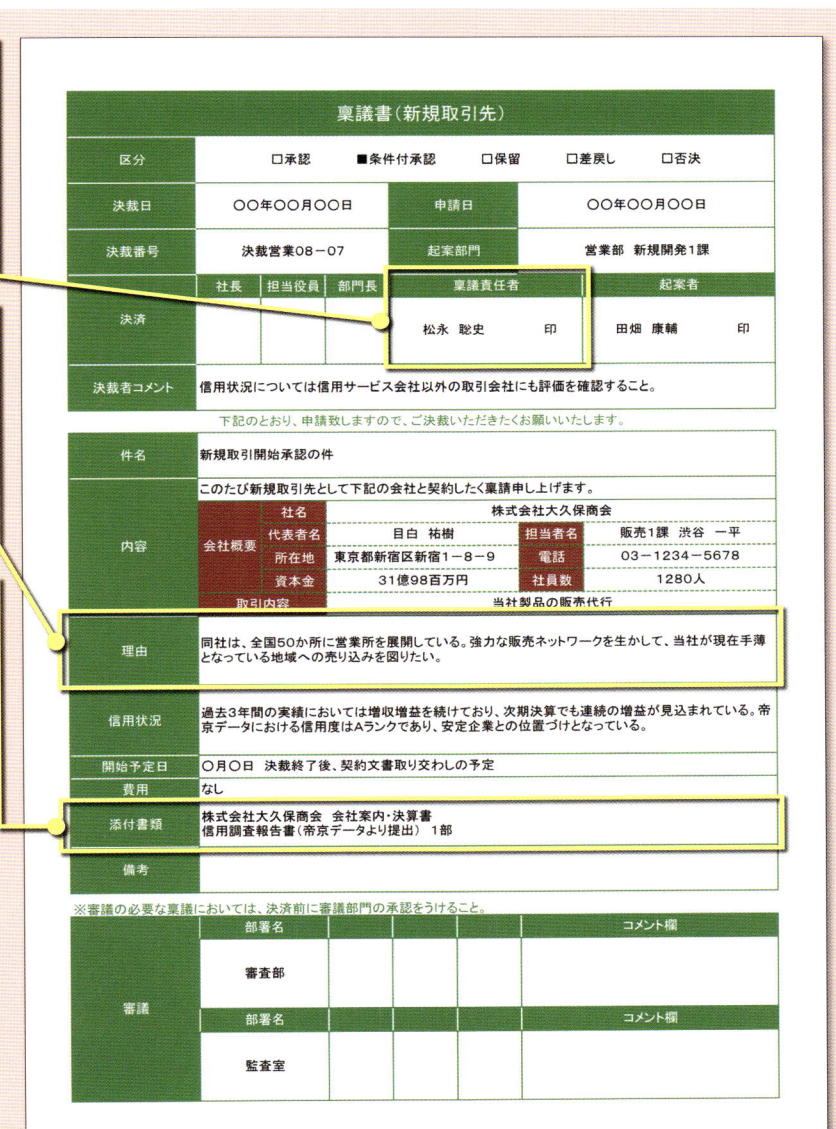

収録ファイル名

カラー：21020.xlsx/.xls　23020.docx/.doc
モノクロ：22020.xlsx/.xls　24020.docx/.doc

79

CD-ROM収録場所 → 2_HOUKOKU → 1_XLS_COLOR / 2_XLS_MONO / 3_DOC_COLOR / 4_DOC_MONO

報告書 021

価格値下げの稟議書

想定業種 全業種 ｜ 想定職種 営業職

POINT
1. 稟議の目的を理解する
2. 値下げの理由を明確に
3. 将来の見込み案件を記載する

POINT 1 稟議の目的を理解する
社内規定以下で商品のダンピングを行う際に申請する稟議書。競合との相見積りや新規受注の案件を獲得する場合に多い。

POINT 2 値下げの理由を明確に
値下げをしてまで受注すべき案件であることをしっかり伝えること。競合の提案情報などを盛り込み、納得感を出す。

POINT 3 将来の見込み案件を記載する
値下げが将来的な受注につながると決裁者に理解してもらうことが大切。過不足のない見込み案件を記載する。

稟議書（価格値下げ）

区分	■承認　□条件付承認　□保留　□差戻し　□否決			
決裁日	○○年○○月○○日	申請日	○○年○○月○○日	
決裁番号	決裁営業08-07	起案部門	営業部　新規開発1課	
決済	社長 / 担当役員 / 部門長 / 稟議責任者 松永 聡史 印 / 起案者 田畑 康輔 印			
決裁者コメント	値引きを承認する。ただし、当該製品に関しては当社の専属契約とし、取引数量の拡大を申し入れるこ…			

下記のとおり、申請致しますので、ご決裁いただきたくお願いいたします。

件名	大嵜電工株式会社に対する製品価格値下げについて
顧客先名	大嵜電工株式会社
商品名	財務ソフトウェアLAN版　500ライセンス
価格	正価 5,000,000円　提供価格 2,250,000円　割引率 55%
理由	同業他社からの引き合いにて、当社見積価格より5％安い価格の提示あり。今後も当社との取り引きを希望するが、現状価格での継続は困難なため。
備考	大嵜電工株式会社　大嵜社長より書面にて通知あり（○○月○○日）
実施期日	○○月○○日以降発注分
顧客先からの今後の見込み	ERPの統合業務パッケージを今後提案
添付書類	大嵜電工に対する過去3年間の売上実績表
備考	ソフトウェアのみ値引の対象とする

※審議の必要な稟議においては、決裁前に審議部門の承認をうけること。

審議	部署名	コメント欄
	審査部	
	部署名	コメント欄

モノクロsample

収録ファイル名　カラー　21021.xlsx/.xls　23021.docx/.doc　モノクロ　22021.xlsx/.xls　24021.docx/.doc

CD-ROM 収録場所 ○ 2_HOUKOKU ← 1_XLS_COLOR　2_XLS_MONO　3_DOC_COLOR　4_DOC_MONO

報告書 | 022
備品購入の稟議書

- 想定業種　全業種
- 想定職種　全職種

POINT
高額なものについては、該当する部署全体での選定が必要となるが、低額で一般的なものの購入は、起案者の選定で可能な場合が多い。

モノクロsample

収録ファイル名
カラー　21022.xlsx/.xls　23022.docx/.doc
モノクロ　22022.xlsx/.xls　24022.docx/.doc

報告書 | 023
アルバイト雇用の稟議書

- 想定業種　全業種
- 想定職種　全職種

POINT
アルバイトを雇用する場合は、人数や時給などの基準を統一化しておく必要がある。その内容を詳細な一覧にして把握できるような稟議にする。

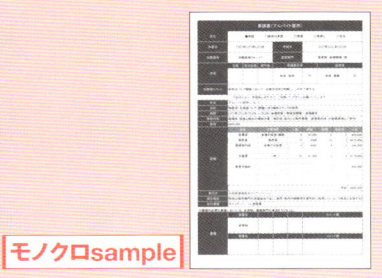

モノクロsample

収録ファイル名
カラー　21023.xlsx/.xls　23023.docx/.doc
モノクロ　22023.xlsx/.xls　24023.docx/.doc

---

chapter 01 「通す」A4一枚企画書
chapter 02 「簡潔な」A4一枚報告書
chapter 03 図解の「ソツない」配布資料
chapter 04 数字が「見える」グラフ
chapter 05 イメージを「あおる」イラスト

81

CD-ROM 収録場所 → 2_HOUKOKU → 1_XLS_COLOR / 2_XLS_MONO / 3_DOC_COLOR / 4_DOC_MONO

報告書 024

チャネル別調査レポート

想定業種 小売業・流通業　**想定職種** マーケティング職

POINT
1. 調査内容を件名で明示する
2. 調査データをグラフ化して見やすく
3. 数値化できない情報も記載する

POINT 1 調査内容を件名で明示する

上司が知りたいのは「どこが」売り上げていて、それは「なぜか」ということ。件名でそれを伝えられるように明確に示す。

POINT 2 調査データをグラフ化する

集めた数値情報を分析してグラフに加工し、ビジュアル化することで報告したい内容を印象付けられる。情報に対して適切なグラフを使うよう心がける。

POINT 3 数値化できない情報も記載する

判断ポイントには、数値化できないものもあるので、漏らすことなく文章で簡潔にまとめる。調査目的を理解し、客観的に書くこと。

モノクロsample

チャネル別売上動向調査レポート

報告日	○○年○○月○○日
部署名	商品販売部
担当者	松田 誠一

件　名	当社新商品カップめん【巨匠】に関するチャネル別売上動向調査の件
期　間	○○年○○月○○日～○○月○○日
対　象	高級仕様カップめん【巨匠】　とんこつ醤油味　内容量 100g <商品キャッチ>極太麺にからみつくとんこつ醤油の極うま味スープ。食べ応え十分の100g入り。 発売日：○○年○○月○○日　初回生産数：10,000食　初回出荷数：4,200食　定価298円
方　法	各社POSデータからの集計

調査結果	コンビニ名	店舗数	出荷数	売上個数	消化率(%)
	セブンセブン	68	1000	901	90.1%
	ファミマル	55	900	812	90.2%
	ロンソン	48	600	511	85.2%
	APマート	39	600	548	91.3%
	サークルA	21	300	223	74.3%
	デカストップ	19	200	158	79.0%
	デイリーカワサキ	15	300	244	81.3%
	サンキュー	7	100	65	65.0%
	ポプリ	5	50	35	70.0%
	その他	12	150	128	85.3%
	合計	289	4200	3625	86.3%

チャネル別売上・消化率 （レーダーチャート：消化率）

結果・考察
- 合計出荷の消化率が80%を超えているところは、いずれも駅の近くの店舗数が多い。男性に人気の商品だけに、会社帰りに購入したことが裏付けられた。
- 合計出荷の消化率が80%以上であるが、成績の好不調の差が大きい。不調店に関しては、再度商品コンセプトを伝え、商品陳列など工夫を求める必要がある。
- 未購入者層の商品への期待度は高く、販売拡大の余地が残されていると考えられる。店舗利用の顧客層を的確に判断した商品数量の配分と、未購入者への働きかけに注力したい。

収録ファイル名　カラー：21024.xlsx/.xls　23024.docx/.doc　モノクロ：22024.xlsx/.xls　24024.docx/.doc

CD-ROM 収録場所 → 2_HOUKOKU → 1_XLS_COLOR / 2_XLS_MONO / 3_DOC_COLOR / 4_DOC_MONO

報告書 **025**

インタビュー調査レポート

想定業種 一般向け製造業・販売業　　**想定職種** マーケティング職

POINT
1. 調査の対象や方法を詳細に
2. 複数の意見を一元的に
3. 結果報告は箇条書きで

POINT 1　調査の対象や方法を詳細に

インタビューは「誰に」「何を」「どうやって」聞いたのかが重要。「なぜ」実施する必要があったのか、という調査目的も詳細に記載すること。

POINT 2　複数の意見を一元的に

複数の意見を分かりやすくするには、一元的に見せて、ポイントを絞って説明する。

POINT 3　結果報告は箇条書きで

インタビュー結果から見えてくる重要な事柄は、箇条書きなどですっきりとまとめる。

グループインタビュー調査レポート

報告日	○○年○○月○○日
部課名	商品開発室
氏名	安住 信太郎

概要

件名	当社プライベートブランド商品(PB商品)のデザインに関する評価についての調査
期間	○○年○○月○○日 ○時～○時
対象	PB商品購入経験者である都内在住の女性6名
方法	海外の優れたパッケージデザインとの比較による意識調査をグループインタビュー形式で実施
場所	当社第一会議室
調査者	担当:安住　司会:宮崎　記録:馬場　アシスタント:中野

内容

【対象】
①女性であること。(男女別購入比率割合では、女性が圧倒的多数を占めているため)
②PB購入経験者であること。

氏名(仮名)	Aさん	Bさん	Cさん	Dさん	Eさん	Fさん
性別	女性	女性	女性	女性	女性	女性
年代	20代	20代	30代	30代	40代	50代
既婚・未婚	未婚	既婚	未婚	既婚	既婚	既婚
職業	事務	主婦	営業	販売	主婦	主婦

【インタビュー内容】
担当者からの概要説明ののち、司会者の進行により、フリートーク形式で実施した。

	Aさん	Bさん	Cさん	Dさん	Eさん
当社PBのイメージ	安くておいしい	安心感がある	他社よりも早くPBを出した	売り場面積が広い	しっかり管理をしていそう
当社PBのパッケージデザインのイメージ	すっきりしていてよい	PBということがわかってよい	安っぽい	センスがない	全部同じラベルでわかりくい
当社PBのパッケージデザインで改善点	定期的に変えるといいと思う	変えなくても良い	派手にしたほうがいい	おしゃれな感じにしてほしい	中身がわかるものがいい
新しいパッケージ見本を見てどう思うか	あまり変化を感じない	良いと思う	もう少し派手でもいいと思う	少し良くなった	前より中身がわかりやすい
海外のPBパッケージを見てどう思うか	かわいいので買いたいと思う	PBじゃないみたい。おしゃれ	色使いが明るくていい	美味しそうに見える	日本よりも高級感がある
日本と海外のパッケージを比べてどう	海外のほうがおしゃれ	両方に良い点がある	海外の要素を取入れるべき	日本もマネすればいい	日本は機能的な感じ
デザインの違いで購買意欲に変化はあ	デザインが良いほうがいい	安っぽくないものを選びたい	デザイン重視。値段無関係	デザインが良いほうがいい	商品内容が良ければいい

結果・考察

- 優れたデザインには購買意欲を向上させる力がある。
- PBとしての統一感を重視していた結果、形式的デザインという印象を消費者に与えていた。
- デザインの統一性が中身をわかりづらくさせていることが判明。
  (高齢になるほど判別しにくくなる)=ユニバーサルデザインも視野にいれる必要性あり。
- ただし、デザイン重視でコストがかかってはPB=安価という公式はなりたたず、さじ加減が難しい。

モノクロsample

収録ファイル名
カラー　21025.xlsx/.xls　23025.docx/.doc
モノクロ　22025.xlsx/.xls　24025.docx/.doc

83

CD-ROM 収録場所	2_HOUKOKU	1_XLS_COLOR	2_XLS_MONO
		3_DOC_COLOR	4_DOC_MONO

報告書 026

売上調査レポート

| 想定業種 | 一般向け製造業・販売業 | 想定職種 | マーケティング職 |

POINT
1 多面的な情報を1枚にまとめる
2 リストにして推移の比較をしやすくする
3 目を引きたいところには下線でアピール

POINT 1
多面的な情報を1枚にまとめる

競合他社との製品比較や各月の売上推移など多面的な情報を収集し、表にまとめて見やすくする。

POINT 2
リストにして推移の比較をしやすくする

データなどの情報はリストにまとめて、閲覧者が一目で比較できるようにする。また、リストの段ごとに色分けしたり、重要な数値は赤色にして目を引く工夫をする。

POINT 3
目を引きたいところには下線でアピール

書き込む項目が多く、箇条書き以外のアピールポイントがあれば、下線を引くのも手。ただし多用すると見づらくなるので注意。

モノクロsample

ブルーレイレコーダー 売上傾向調査レポート

報告日	○○年○○月○○日
部署名	販売部
担当者	山岡 翼

調査目的・背景

(1) 次世代ディスク規格が一本化されて以来、売れ行きが加速しているブルーレイレコーダーであるが、その所有率は1割にとどまり、今後の一般家庭普及に向けて、市場の拡大は確実と予想される。
(2) メーカー各社による製品種類も充実し始めている中で、性能別による売上傾向から消費者の求める製品の性能を明らかにしたい。

調査対象期間

○○年○○月○○日～○○年○○月○○日

調査結果

●性能別比較表
各メーカーの主力商品を性能別に比較した。メーカー毎に異なる特徴が表れている。

	価格帯	HDD容量	チューナー数	長時間モード	その他の性能
当社 BD-DKR	9.5万円	250GB	2つ	最大120時間	予約番組の放送時間変更や延長に対応
シャープ BD-HDW	12万円台	250GB	2つ	最大110時間	データ放送の情報の記録
パナソ MD-RBR	9万円台	250GB	1つ	最大110時間	チャンネル別番組表の表示
ソニー BDZ-T	11万円台	320GB	2つ	最大150時間	録画番組再生中の別番組の検索

●ジャイアントカメラ新宿店における売上推移（単位：台）
売上の最もよい販売店において、半年にわたる売上を調査した。
当社製品も健闘するも、価格面で優位なパナソに水を開けられている。

	合計	1月	2月	3月	4月	5月	6月
当社 BD-DKR	471	50	68	69	87	95	102
シャープ BD-HDW	461	65	66	67	86	82	95
パナソ MD-RBR	533	80	74	77	92	100	110
ソニー BDZ-T	426	55	60	62	74	85	90

考察

■ブルーレイレコーダーの売上は確実に右肩上がりであることがわかるが、<u>価格面で割高感が抜けず</u>、10万円を切る機種が売れている傾向が見られた。
■消費者の傾向として、ブルーレイディスクの再生機能より<u>録画機能</u>（ハイビジョン放送をきれいなまま残したい）を重視しており、容量の大きさも重要であることがわかった。
■ジャイアントカメラ新宿店の独自調査によると、DVDレコーダーの売上もいまだ堅調であるとのこと。やはり価格面でブルーレイレコーダーよりも3万円程度価格が安いことが選ばれる理由になっているようである。
■アナログ放送終了を間近に控え、テレビ・レコーダー関係の買い替え需要を逃さず、他社製品開発動向ならびに消費者動向には一層注視する必要がある。

収録ファイル名

カラー	21026.xlsx/.xls	モノクロ	22026.xlsx/.xls
	23026.docx/.doc		24026.docx/.doc

CD-ROM 収録場所 → 2_HOUKOKU → 1_XLS_COLOR / 2_XLS_MONO / 3_DOC_COLOR / 4_DOC_MONO

報告書 **027**

競合調査レポート

想定業種 小売業・流通業　　**想定職種** マーケティング職

POINT
1. 競合他社を研究して自社の品質を上げる
2. 実施機関や調査対象を記す
3. 自社の客観情報は必須事項

POINT 1 競合他社を研究し自社の品質UP

競合他社と比較することで、自社の優位な点や劣っている点を把握する。定期的に実施することで、精度をあげられる。

POINT 2 実施機関や調査対象を記す

タイムリーに必要な調査でも、将来的には資料になる。期間や目的は漏らさず記入すること。

POINT 3 自社の客観情報は必須事項

自社がどんな立場にあるかを明確にするための調査レポートなので、1枚で比較できるよう自社の情報を必ず載せる。

モノクロsample

競合他社折り込みチラシ調査レポート

報告日	○○年○○月○○日
部課名	販売促進課
氏名	大沢 孝之

目的	当社の展開するドラッグ店のリニューアル開店に伴い、新聞折り込みチラシの改善を目的に、近隣に競合する繁盛店のチラシについて、比較調査を実施した。
期間	○○年○○月○○日～○○月○○日
調査対象	チラシB3サイズ（当社および競合2社の合計3社）

調査項目		【当社】	【マツヨキ】	【エガミ】
	ロゴマーク	上部に帯表示	左上に小さく表示	左上に小さく表示
	全体の色調	青がメイン	赤がメイン	赤がメイン
		赤文字	青文字	黄文字
	価格の色調	198円	198円	198円
	商品割合	医5：日3：食2	医2：日5：食3	医4：日3：食3
	価格表示	価格＋（税抜）	税込	税込
	特価品	週を通しての特価	日替わり特価	週を通しての特価
	表示位置	【裏】上部	【表】全面	【表】左部分全面
	文字の大きさ	16pt	16pt	24pt
	告知ポイント	季節商品		特価品

他店広告の特徴	デザイン	・店名ロゴは非常に小さく、その分告知したい項目を大きく表示するスペースを確保している。 ・全体的に赤を多用することで、購買意欲をそそり活動的な印象を与える。 ・赤の割合が多い分、価格は別の色で際立たせる。 ・特価品を扱う面積に、紙面の半分以上を割いている。
	商品割合	・医薬品よりも、日用品・食品の割合を高め、来店率を上げている。
	価格表示の方法	・税込価格のみのほうが紙面上すっきりとした印象。
	特価品について	・特価品は表に全面的に出し、注目を引くようなレイアウトとなっている。
	メイン告知について	・ポイントや特価などお客様への直接的なサービスが強調されている。

当社広告の改善点	◆価格表示は、税込と税抜の2つの価格が混在し、かえってわかりづらくなっている。 ◆季節商品の告知は有効な宣伝対象項目であり、他店との差別化を図る意味でも、今後は季節感を演出した挿絵を入れるなどデザイン面での工夫が必要である。
その他	・今回調査した競合他社はすでにネームバリューがあり、店名ロゴを小さくしても問題がないと思われる。

収録ファイル名
カラー： 21027.xlsx/.xls　23027.docx/.doc
モノクロ： 22027.xlsx/.xls　24027.docx/.doc

CD-ROM 収録場所 → 2_HOUKOKU → 1_XLS_COLOR / 2_XLS_MONO / 3_DOC_COLOR / 4_DOC_MONO

報告書 028

ヒヤリングシート

想定業種 全業種　想定職種 全業種

POINT
1. ヒヤリングの目的を明確にする
2. 分析内容は可視化する
3. 様々な視点を取り入れる

POINT 1 ヒヤリングの目的を明確にする
「目的」は何かを明確にして調査の主旨を伝える。

POINT 2 分析内容は可視化する
文章にすると複雑な事柄でも、図形やグラフを使用すると、分かりやすくまとめることができる。強調したいところは囲んだり、色を変えるなどして目に留まりやすくする。

POINT 3 様々な視点を取り入れる
ヒヤリングシートはいずれ提案書の材料となる。はじめから「根本的」「多面的」「長期的」など、提案書に必要な視点を盛り込んで作成するとよい。

モノクロsample

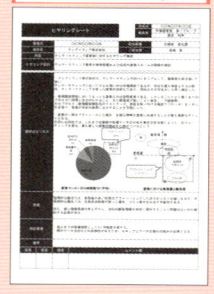

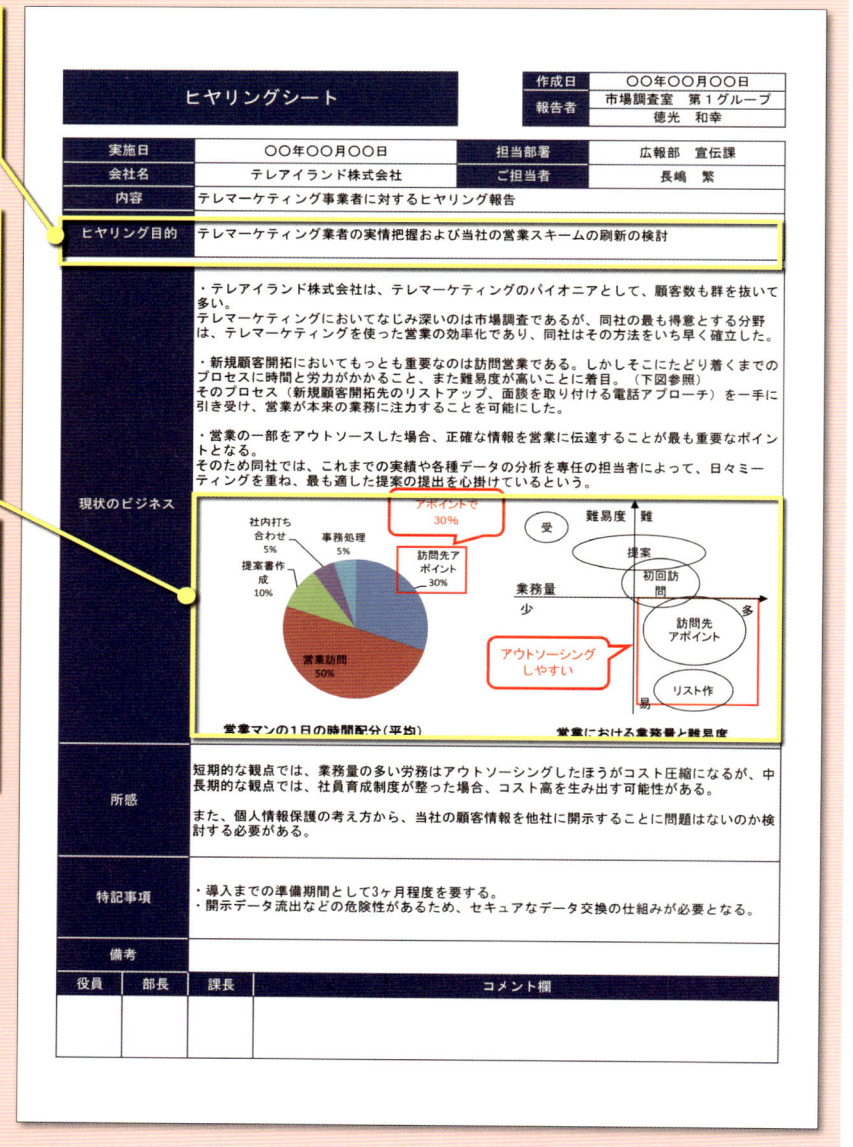

ヒヤリングシート

作成日	○○年○○月○○日
報告者	市場調査室 第1グループ 徳光 和幸

実施日	○○年○○月○○日	担当部署	広報部 宣伝課
会社名	テレアイランド株式会社	ご担当者	長嶋 繁
内容	テレマーケティング事業者に対するヒヤリング報告		

ヒヤリング目的	テレマーケティング業者の実情把握および当社の営業スキームの刷新の検討

現状のビジネス

・テレアイランド株式会社は、テレマーケティングのパイオニアとして、顧客数も群を抜いて多い。
テレマーケティングにおいてなじみ深いのは市場調査であるが、同社の最も得意とする分野は、テレマーケティングを使った営業の効率化であり、同社はその方法をいち早く確立した。

・新規顧客開拓においてもっとも重要なのは訪問営業である。しかしそこにたどり着くまでのプロセスに時間と労力がかかること、また難易度が高いことに着目。(下図参照)
そのプロセス(新規顧客開拓先のリストアップ、面談を取り付ける電話アプローチ)を一手に引き受け、営業が本来の業務に注力することを可能にした。

・営業の一部をアウトソースした場合、正確な情報を営業に伝達することが最も重要なポイントとなる。
そのため同社では、これまでの実績や各種データの分析を専任の担当者によって、日々ミーティングを重ね、最も適した提案の提出を心掛けているという。

営業マンの1日の時間配分(平均)
- 社内打ち合わせ 5%
- 事務処理 5%
- 提案書作成 10%
- 営業訪問 50%
- アポイントで 30%
- 訪問先アポイント 30%

営業における業務量と難易度
- 受
- 提案
- 初回訪問
- 訪問先アポイント
- リスト作
- アウトソーシングしやすい

所感	短期的な観点では、業務量の多い労務はアウトソーシングしたほうがコスト圧縮になるが、中長期的な観点では、社員育成制度が整った場合、コスト高を生み出す可能性がある。 また、個人情報保護の考え方から、当社の顧客情報を他社に開示することに問題はないのか検討する必要がある。
特記事項	・導入までの準備期間として3ヶ月程度を要する。 ・開示データ流出などの危険性があるため、セキュアなデータ交換の仕組みが必要となる。
備考	

役員	部長	課長	コメント欄

収録ファイル名　カラー 21028.xlsx/.xls　23028.docx/.doc　モノクロ 22028.xlsx/.xls　24028.docx/.doc

| CD-ROM 収録場所 | 2_HOUKOKU | 1_XLS_COLOR | 2_XLS_MONO |
| | | 3_DOC_COLOR | 4_DOC_MONO |

報告書 **029**

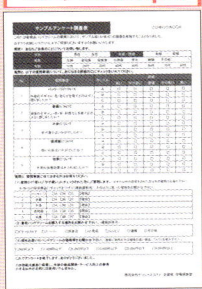

サンプルアンケート調査表

想定業種 主に一般消費財の製造業　**想定職種** マーケティング職・販促職

POINT
1. 調査に必要な項目を吟味する
2. 質問は選択形式にする
3. 回答者も閲覧者も見やすい調査票に

POINT 1
調査に必要な項目を吟味する

アンケートで必要な回答を抽出するために、質問事項を吟味して設問をシンプルにする。氏名など個人情報を集めてしまうとデータの活用が難しくなるので要注意。

POINT 2
質問は選択形式にする

答えやすそうな印象を与えるため選択形式を基本に、自由回答は少なくする。その際はチェックボックスも上手く利用するとよい。

POINT 3
回答者も閲覧者も見やすい調査票に

誰もが見やすい調査票作りを心がける。質問事項や回答をリストにするとよい。

モノクロsample

収録ファイル名

カラー	21029.xlsx/.xls
	23029.docx/.doc
モノクロ	22029.xlsx/.xls
	24029.docx/.doc

CD-ROM収録場所 → 2_HOUKOKU → 1_XLS_COLOR / 2_XLS_MONO / 3_DOC_COLOR / 4_DOC_MONO

報告書 030

業務提携の報告書

想定業種 全業種　想定職種 全職種

POINT
1. 提携先情報は正確に記入する
2. 目的を裏付ける経緯を説明する
3. 提携先を紹介する資料は別途添付する

POINT 1 提携先情報は正確に記入する

接待交際費をあらかじめ予算化しているならば、組み込んでいる予算の範囲内か外なのかを記載する。どちらの場合でも事前に申請は行っておくこと。

POINT 2 目的を裏付ける経緯を説明する

提携の目的を明確にし、効果や見込める結果を具体的に説明する。また、スケジュールや共同で参画する内容など、今後の見通しも記す。

POINT 3 提携先の紹介資料は別途添付にする

報告書には提携に関することのみを記載して、提携先がどのような会社なのかを紹介する情報や、資料は別途添付すること。

業務提携に関する報告書

| 日時 | ○○年○○月○○日 | 部署名 | マーケティング部 | 氏名 | 桜井 真一 |

| 件名 | ネット事務用品サービス「すぐくる」との販売業務提携について |

提携先
会社名	株式会社海山商事	URL	http://××××××
郵便番号	163-0648	住所	東京都新宿区西新宿1-25-1
業種	商社	資本金	12億2000万円	従業員数	304人

担当者
部署名	事業開発部　パートナーグループ	役職	マネージャー	担当者名	花山 丸男
部署名	事業開発部　パートナーグループ	役職		担当者名	高橋 花子
部署名		役職		担当者名	

提携の目的
当社が運営する既存顧客向けWEBサイトの1サービスとして、事務用品のネット販売を開始するため。

これまでの経緯
自社で1からサービスを開発するよりも、すでに事業で取り組んでいる企業とパートナーシップを組むことのほうが、
①サービス開始時期が3ヶ月～6ヶ月程度早まる　②初期投資費用が安い（1000万円→300万円）
③サービス開発よりもマーケティング活動に注力できる、という3つの理由により、メリットが大きいと判断。
提携候補先として3社と商談したところ、サービスの充実度およびマージン率の高さから、海山商事の「すぐくる」がもっとも適切と考えた。

提携による効果・結果
サービス開始1年後で既存顧客の30%である6000社、3年後で60%の12000社の利用を見込む。
売上については、以下の通りとなる。
　サービス開始1年後　：　売上 72千万円　粗利 6千万円
　サービス開始3年後　：　売上 160千万円　粗利 13千万円

費用
サービス開発として、ウェブサイト制作会社に300万円を支払う（今期予算内）。

今後のスケジュール
6月上旬　稟議による社内承認
6月下旬　契約書の締結、サービス設計開始
9月下旬　告知開始
10月上旬　サービス開始

添付資料
「すぐくる」説明書、事業収支計画書

| 備考 | 役員 | 部長 | 課長 |
| | | | |

モノクロsample

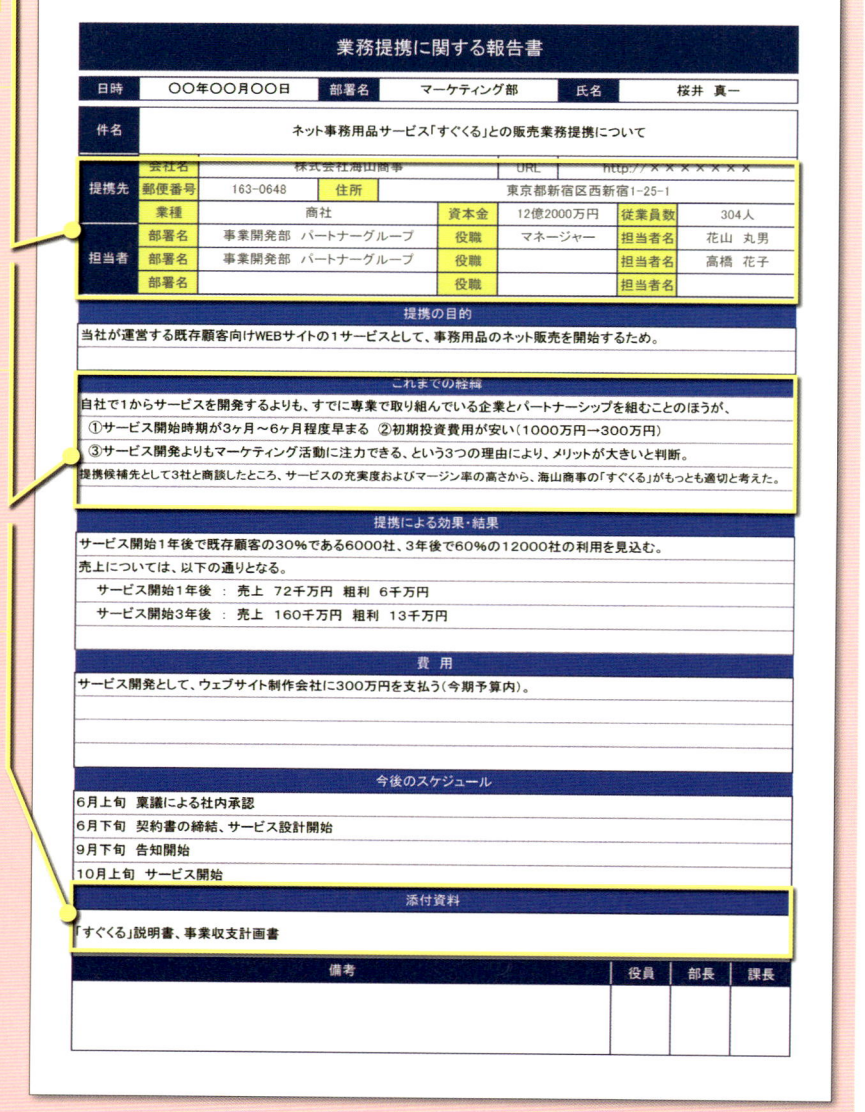

収録ファイル名
カラー: 21030.xlsx/.xls　23030.docx/.doc
モノクロ: 22030.xlsx/.xls　24030.docx/.doc

chapter

03

図解の「ソツない」配布資料

コンセプトやスケジュールなどを図解で簡単にまとめられる、配布資料のテンプレートを集めました。企画書や報告書を補強する資料としてご活用ください。

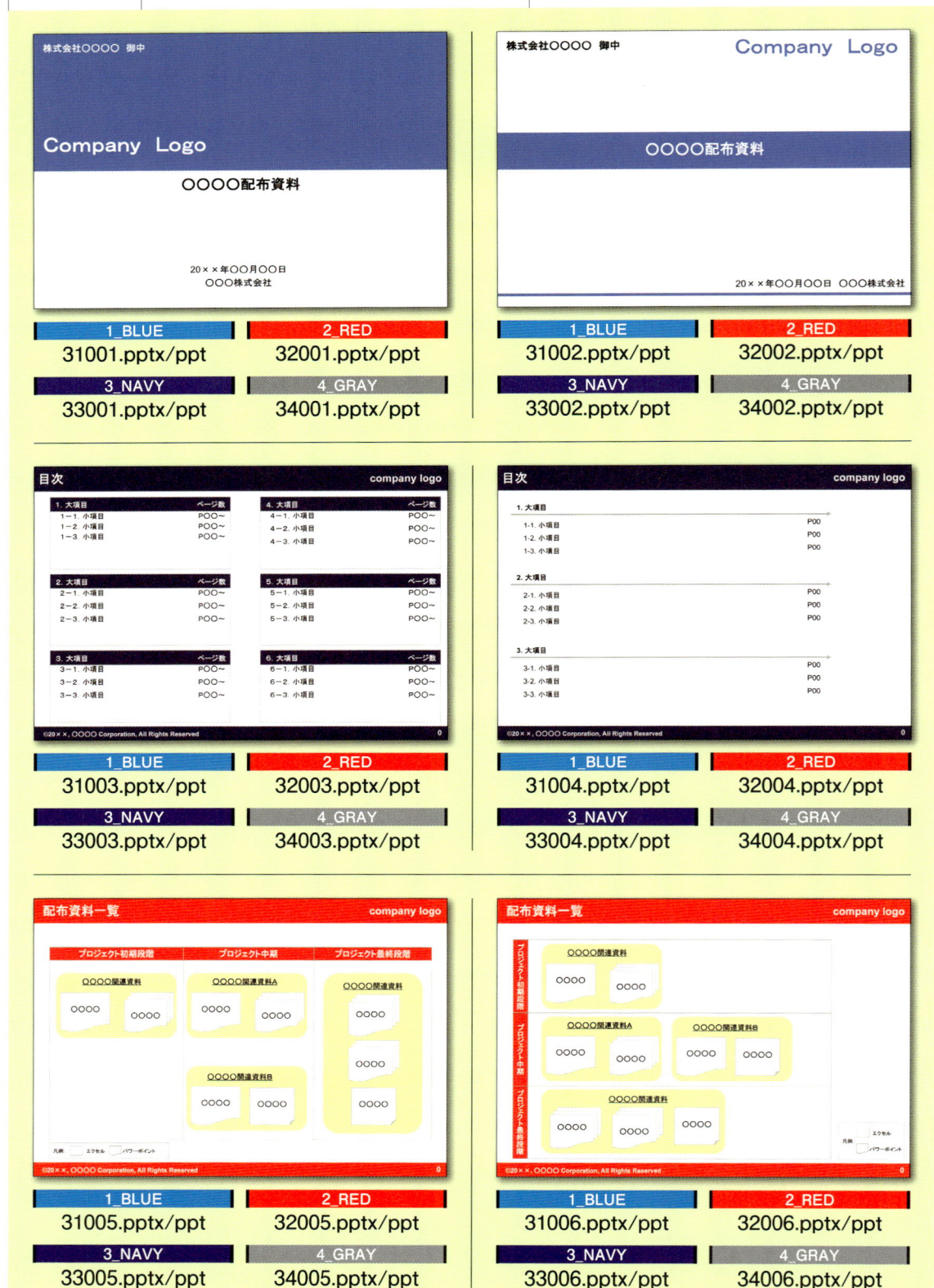

chapter3 図解の「ソツない」配布資料

1_BLUE 31001.pptx/ppt	2_RED 32001.pptx/ppt
3_NAVY 33001.pptx/ppt	4_GRAY 34001.pptx/ppt

1_BLUE 31002.pptx/ppt	2_RED 32002.pptx/ppt
3_NAVY 33002.pptx/ppt	4_GRAY 34002.pptx/ppt

1_BLUE 31003.pptx/ppt	2_RED 32003.pptx/ppt
3_NAVY 33003.pptx/ppt	4_GRAY 34003.pptx/ppt

1_BLUE 31004.pptx/ppt	2_RED 32004.pptx/ppt
3_NAVY 33004.pptx/ppt	4_GRAY 34004.pptx/ppt

1_BLUE 31005.pptx/ppt	2_RED 32005.pptx/ppt
3_NAVY 33005.pptx/ppt	4_GRAY 34005.pptx/ppt

1_BLUE 31006.pptx/ppt	2_RED 32006.pptx/ppt
3_NAVY 33006.pptx/ppt	4_GRAY 34006.pptx/ppt

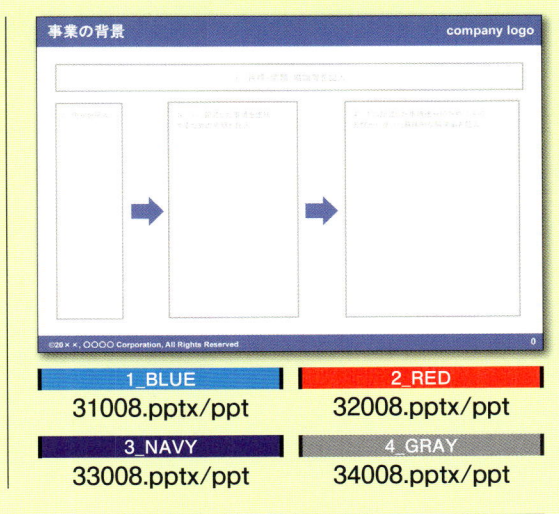

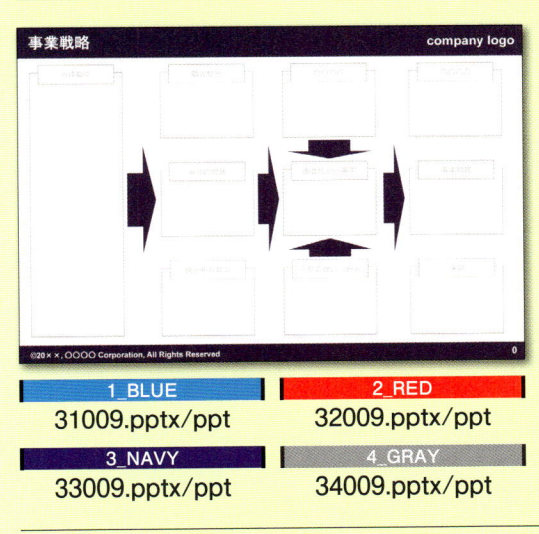

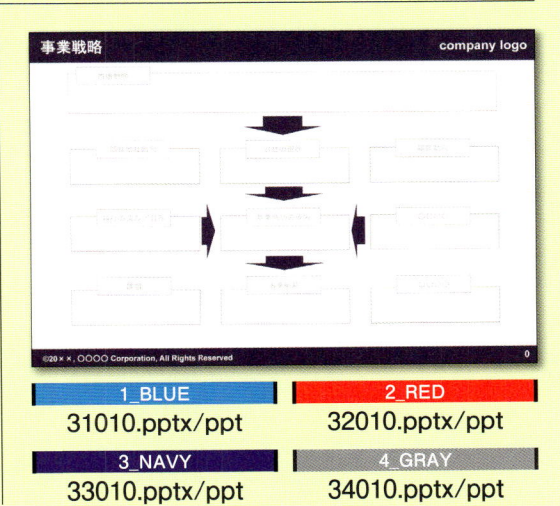

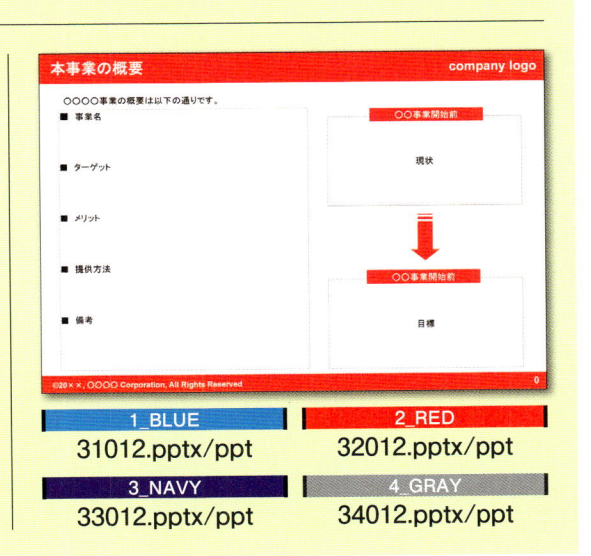

CD-ROM 収録場所 : 3_ZUKAI / 1_BLUE 2_RED 3_NAVY 4_GRAY

資料としてすぐに配れるように図解をフォーマットとして揃えました。カラーは4色の中からお好きなものをお選びください。色の設定や項目のアレンジ方法はP.147以降の操作解説を参照してください。

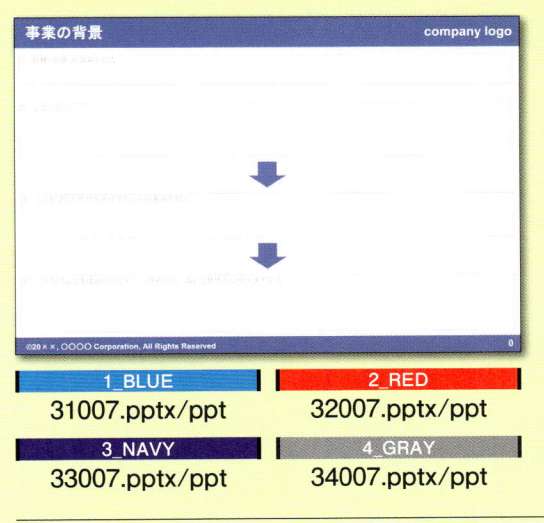

1_BLUE	2_RED	1_BLUE	2_RED
31007.pptx/ppt	32007.pptx/ppt	31008.pptx/ppt	32008.pptx/ppt
3_NAVY	4_GRAY	3_NAVY	4_GRAY
33007.pptx/ppt	34007.pptx/ppt	33008.pptx/ppt	34008.pptx/ppt
1_BLUE	2_RED	1_BLUE	2_RED
31009.pptx/ppt	32009.pptx/ppt	31010.pptx/ppt	32010.pptx/ppt
3_NAVY	4_GRAY	3_NAVY	4_GRAY
33009.pptx/ppt	34009.pptx/ppt	33010.pptx/ppt	34010.pptx/ppt
1_BLUE	2_RED	1_BLUE	2_RED
31011.pptx/ppt	32011.pptx/ppt	31012.pptx/ppt	32012.pptx/ppt
3_NAVY	4_GRAY	3_NAVY	4_GRAY
33011.pptx/ppt	34011.pptx/ppt	33012.pptx/ppt	34012.pptx/ppt

91

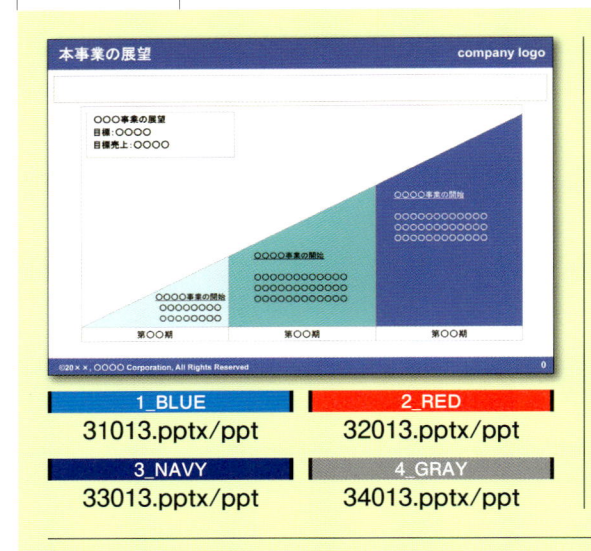

CD-ROM収録場所　3_ZUKAI　1_BLUE　2_RED　3_NAVY　4_GRAY

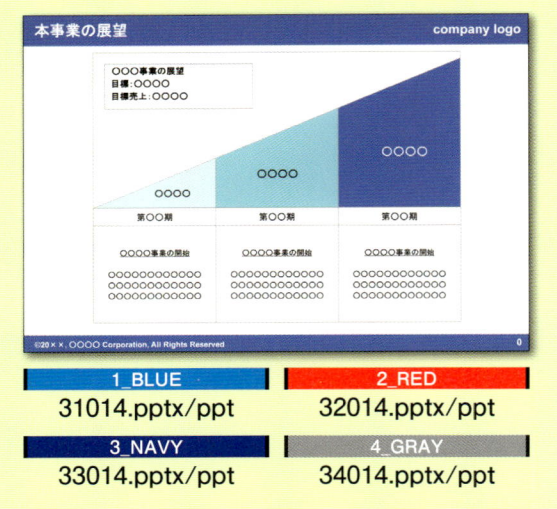

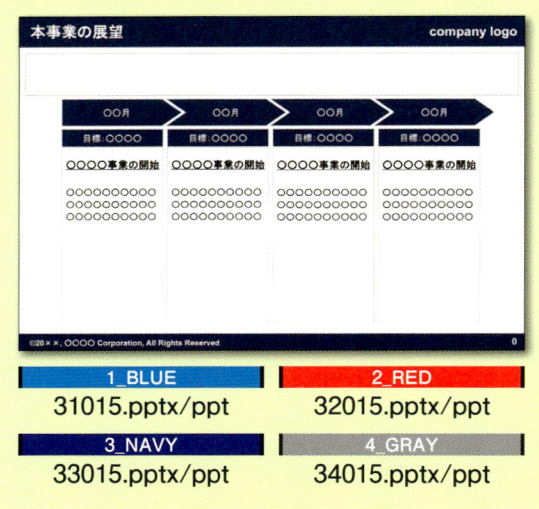

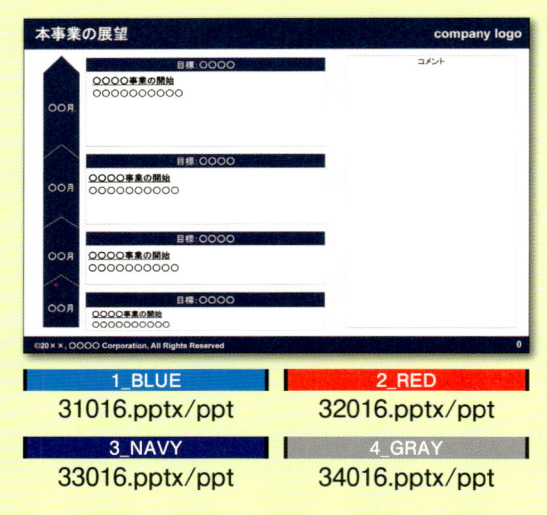

chapter3 図解の「ソツない」配布資料

1_BLUE	2_RED
31013.pptx/ppt	32013.pptx/ppt
3_NAVY	**4_GRAY**
33013.pptx/ppt	34013.pptx/ppt

1_BLUE	2_RED
31014.pptx/ppt	32014.pptx/ppt
3_NAVY	**4_GRAY**
33014.pptx/ppt	34014.pptx/ppt

1_BLUE	2_RED
31015.pptx/ppt	32015.pptx/ppt
3_NAVY	**4_GRAY**
33015.pptx/ppt	34015.pptx/ppt

1_BLUE	2_RED
31016.pptx/ppt	32016.pptx/ppt
3_NAVY	**4_GRAY**
33016.pptx/ppt	34016.pptx/ppt

1_BLUE	2_RED
31017.pptx/ppt	32017.pptx/ppt
3_NAVY	**4_GRAY**
33017.pptx/ppt	34017.pptx/ppt

1_BLUE	2_RED
31018.pptx/ppt	32018.pptx/ppt
3_NAVY	**4_GRAY**
33018.pptx/ppt	34018.pptx/ppt

パパッと作る！バッチリ通す！A4一枚企画書・報告書テンプレート2000

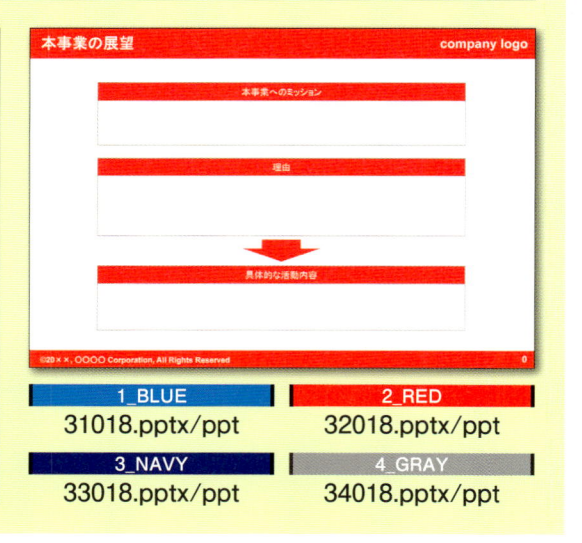

CD-ROM 収録場所 : 3_ZUKAI / 1_BLUE 2_RED 3_NAVY 4_GRAY

資料としてすぐに配れるように図解をフォーマットとして揃えました。カラーは4色の中からお好きなものをお選びください。色の設定や項目のアレンジ方法はP.147以降の操作解説を参照してください。

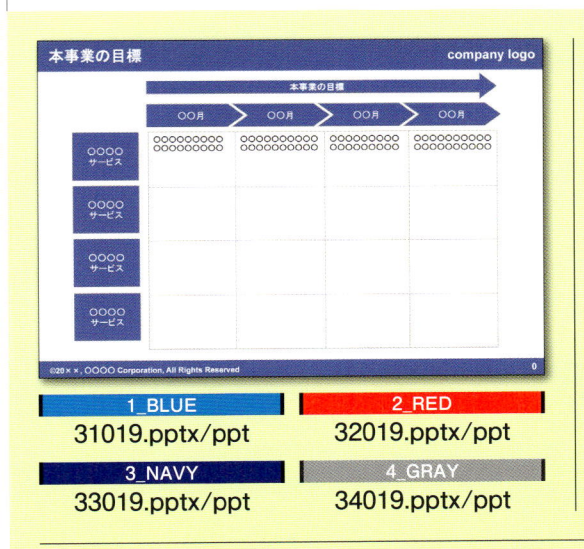

	1_BLUE	2_RED	3_NAVY	4_GRAY
本事業の目標(ガント図)	31019.pptx/ppt	32019.pptx/ppt	33019.pptx/ppt	34019.pptx/ppt
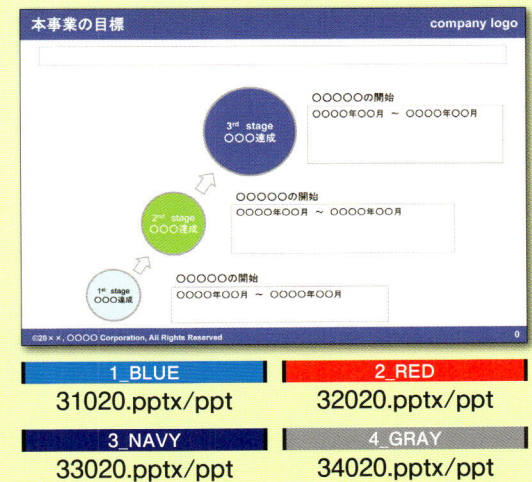 本事業の目標(ステージ図)	31020.pptx/ppt	32020.pptx/ppt	33020.pptx/ppt	34020.pptx/ppt
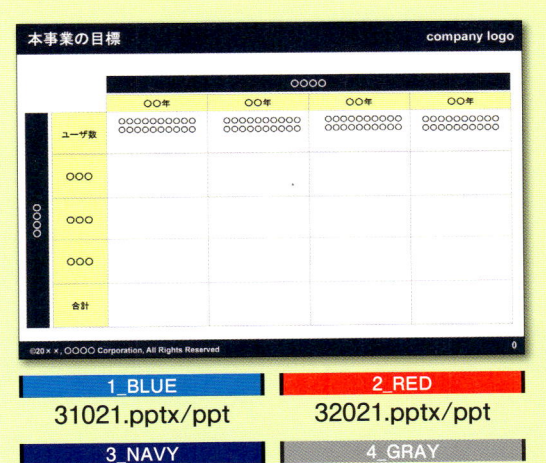 本事業の目標(表)	31021.pptx/ppt	32021.pptx/ppt	33021.pptx/ppt	34021.pptx/ppt
 本事業の目標(矢印)	31022.pptx/ppt	32022.pptx/ppt	33022.pptx/ppt	34022.pptx/ppt
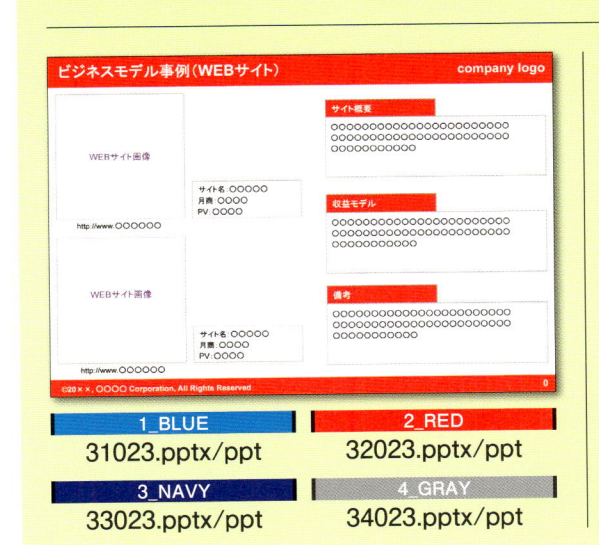 ビジネスモデル事例(WEBサイト)	31023.pptx/ppt	32023.pptx/ppt	33023.pptx/ppt	34023.pptx/ppt
 ビジネスモデル事例(WEBサイト)	31024.pptx/ppt	32024.pptx/ppt	33024.pptx/ppt	34024.pptx/ppt

chapter 01 「通す」A4一枚企画書
chapter 02 「関深な」A4一枚報告書
chapter 03 図解の「ソツない」配布資料
chapter 04 数字が「見える」グラフ
chapter 05 イメージを「あおる」イラスト

93

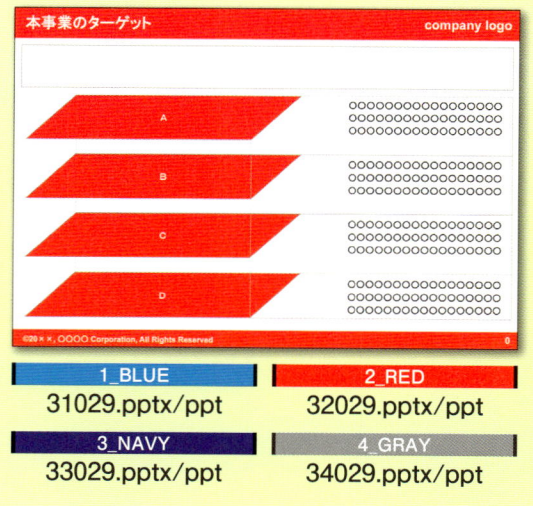

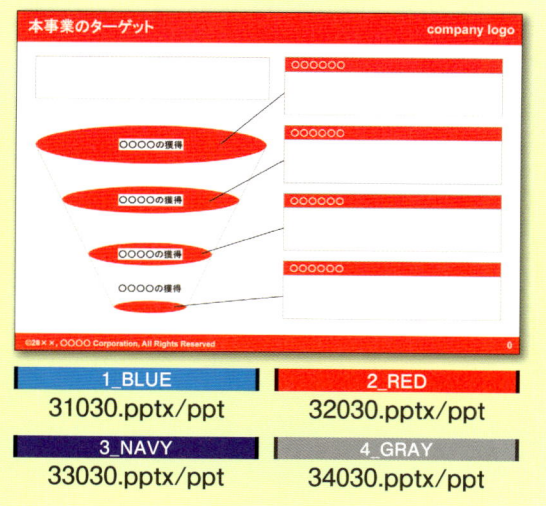

CD-ROM収録場所 → 3_ZUKAI → 1_BLUE 2_RED 3_NAVY 4_GRAY

chapter3 図解の「ソツない」配布資料

1_BLUE	2_RED
31025.pptx/ppt	32025.pptx/ppt
3_NAVY	4_GRAY
33025.pptx/ppt	34025.pptx/ppt

1_BLUE	2_RED
31026.pptx/ppt	32026.pptx/ppt
3_NAVY	4_GRAY
33026.pptx/ppt	34026.pptx/ppt

1_BLUE	2_RED
31027.pptx/ppt	32027.pptx/ppt
3_NAVY	4_GRAY
33027.pptx/ppt	34027.pptx/ppt

1_BLUE	2_RED
31028.pptx/ppt	32028.pptx/ppt
3_NAVY	4_GRAY
33028.pptx/ppt	34028.pptx/ppt

1_BLUE	2_RED
31029.pptx/ppt	32029.pptx/ppt
3_NAVY	4_GRAY
33029.pptx/ppt	34029.pptx/ppt

1_BLUE	2_RED
31030.pptx/ppt	32030.pptx/ppt
3_NAVY	4_GRAY
33030.pptx/ppt	34030.pptx/ppt

パパッと作る!バッチリ通す!A4一枚企画書・報告書テンプレート2000

CD-ROM収録場所 > 3_ZUKAI > 1_BLUE 2_RED 3_NAVY 4_GRAY

資料としてすぐに配れるように図解をフォーマットとして揃えました。カラーは4色の中からお好きなものをお選びください。色の設定や項目のアレンジ方法はP.147以降の操作解説を参照してください。

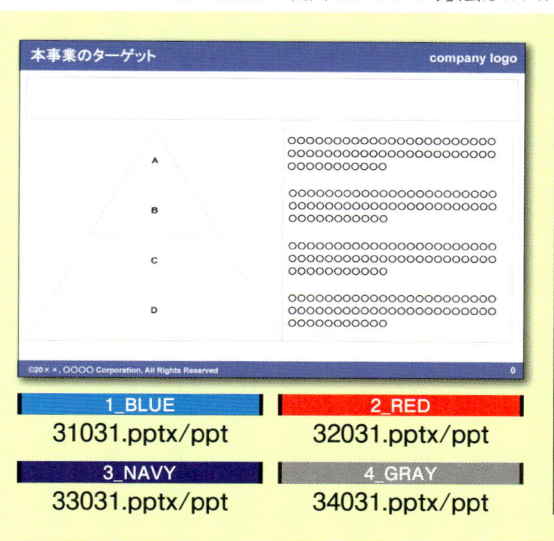

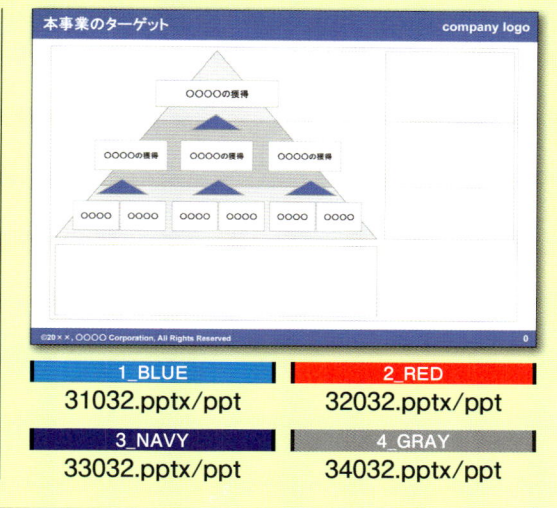

本事業のターゲット

1_BLUE	2_RED
31031.pptx/ppt	32031.pptx/ppt
3_NAVY	4_GRAY
33031.pptx/ppt	34031.pptx/ppt

1_BLUE	2_RED
31032.pptx/ppt	32032.pptx/ppt
3_NAVY	4_GRAY
33032.pptx/ppt	34032.pptx/ppt

実績実例

1_BLUE	2_RED
31033.pptx/ppt	32033.pptx/ppt
3_NAVY	4_GRAY
33033.pptx/ppt	34033.pptx/ppt

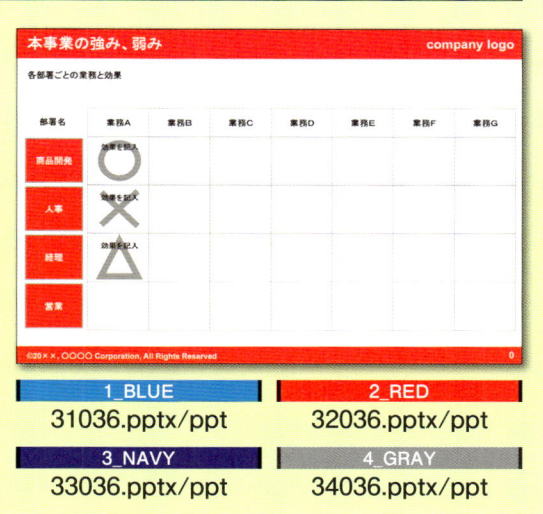

1_BLUE	2_RED
31034.pptx/ppt	32034.pptx/ppt
3_NAVY	4_GRAY
33034.pptx/ppt	34034.pptx/ppt

本事業の強み、弱み

1_BLUE	2_RED
31035.pptx/ppt	32035.pptx/ppt
3_NAVY	4_GRAY
33035.pptx/ppt	34035.pptx/ppt

1_BLUE	2_RED
31036.pptx/ppt	32036.pptx/ppt
3_NAVY	4_GRAY
33036.pptx/ppt	34036.pptx/ppt

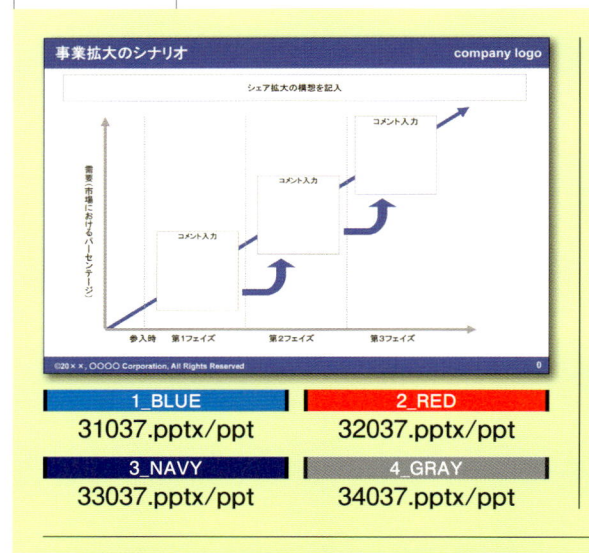

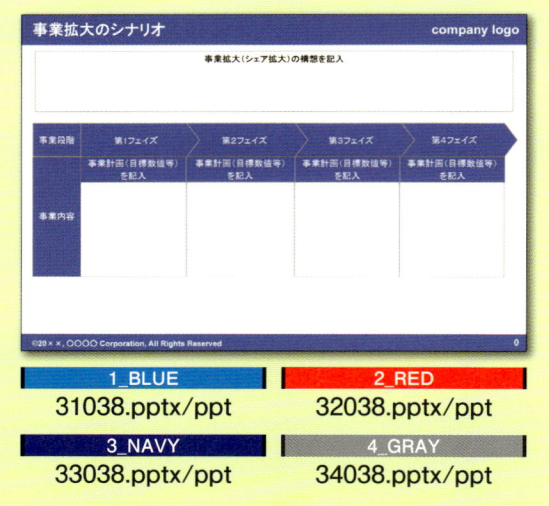

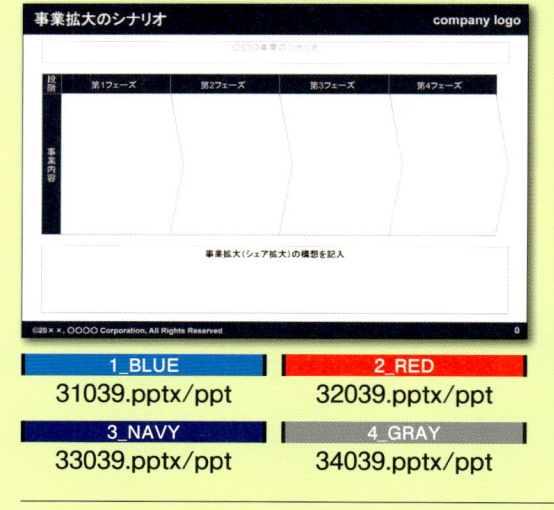

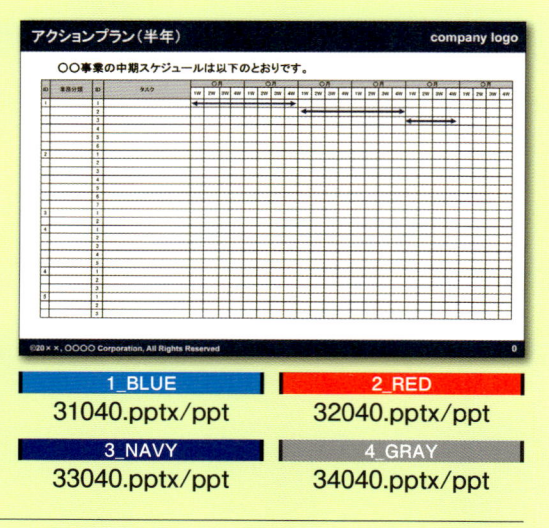

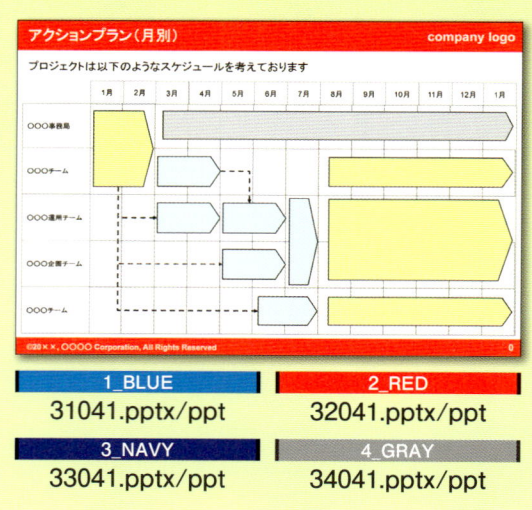

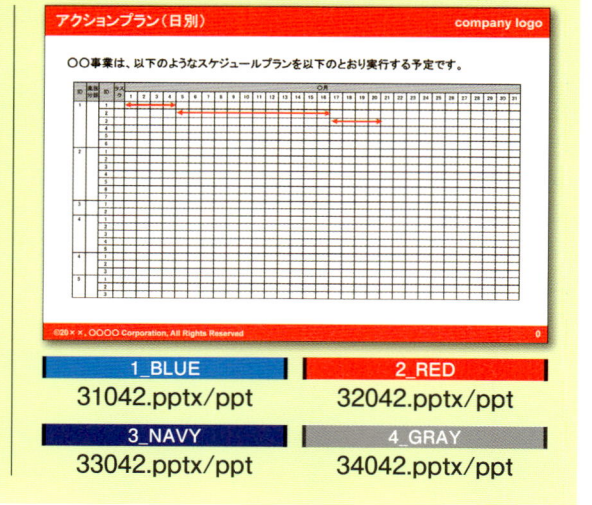

chapter3 図解の「ソツない」配布資料

CD-ROM 収録場所　3_ZUKAI　1_BLUE　2_RED　3_NAVY　4_GRAY

事業拡大のシナリオ

1_BLUE	2_RED
31037.pptx/ppt	32037.pptx/ppt
3_NAVY	4_GRAY
33037.pptx/ppt	34037.pptx/ppt

事業拡大のシナリオ

1_BLUE	2_RED
31038.pptx/ppt	32038.pptx/ppt
3_NAVY	4_GRAY
33038.pptx/ppt	34038.pptx/ppt

事業拡大のシナリオ

1_BLUE	2_RED
31039.pptx/ppt	32039.pptx/ppt
3_NAVY	4_GRAY
33039.pptx/ppt	34039.pptx/ppt

アクションプラン(半年)

1_BLUE	2_RED
31040.pptx/ppt	32040.pptx/ppt
3_NAVY	4_GRAY
33040.pptx/ppt	34040.pptx/ppt

アクションプラン(月別)

1_BLUE	2_RED
31041.pptx/ppt	32041.pptx/ppt
3_NAVY	4_GRAY
33041.pptx/ppt	34041.pptx/ppt

アクションプラン(日別)

1_BLUE	2_RED
31042.pptx/ppt	32042.pptx/ppt
3_NAVY	4_GRAY
33042.pptx/ppt	34042.pptx/ppt

パパッと作る!バッチリ通す!A4一枚企画書・報告書テンプレート2000

CD-ROM 収録場所 → 3_ZUKAI → 1_BLUE 2_RED 3_NAVY 4_GRAY

資料としてすぐに配れるように図解をフォーマットとして揃えました。カラーは4色の中からお好きなものをお選びください。色の設定や項目のアレンジ方法はP.147以降の操作解説を参照してください。

アクションプラン（日報形式）
- 1_BLUE: 31043.pptx/ppt
- 2_RED: 32043.pptx/ppt
- 3_NAVY: 33043.pptx/ppt
- 4_GRAY: 34043.pptx/ppt

組織図（横）
- 1_BLUE: 31044.pptx/ppt
- 2_RED: 32044.pptx/ppt
- 3_NAVY: 33044.pptx/ppt
- 4_GRAY: 34044.pptx/ppt

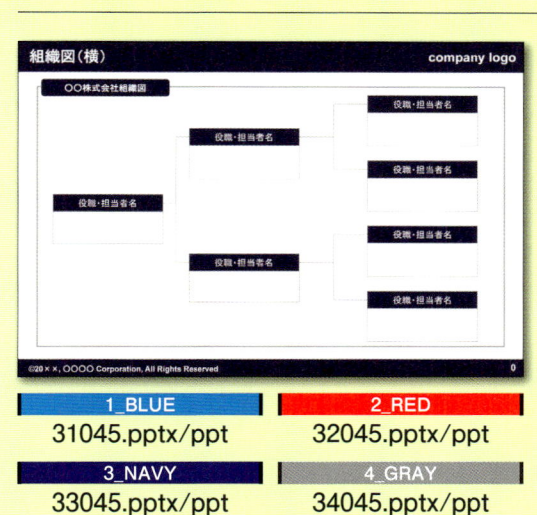

組織図（横）
- 1_BLUE: 31045.pptx/ppt
- 2_RED: 32045.pptx/ppt
- 3_NAVY: 33045.pptx/ppt
- 4_GRAY: 34045.pptx/ppt

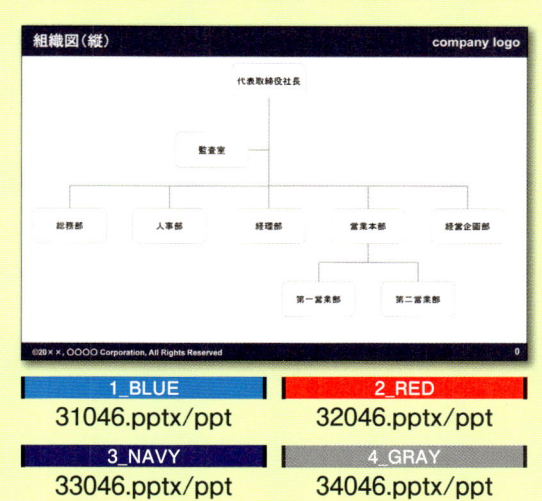

組織図（縦）
- 1_BLUE: 31046.pptx/ppt
- 2_RED: 32046.pptx/ppt
- 3_NAVY: 33046.pptx/ppt
- 4_GRAY: 34046.pptx/ppt

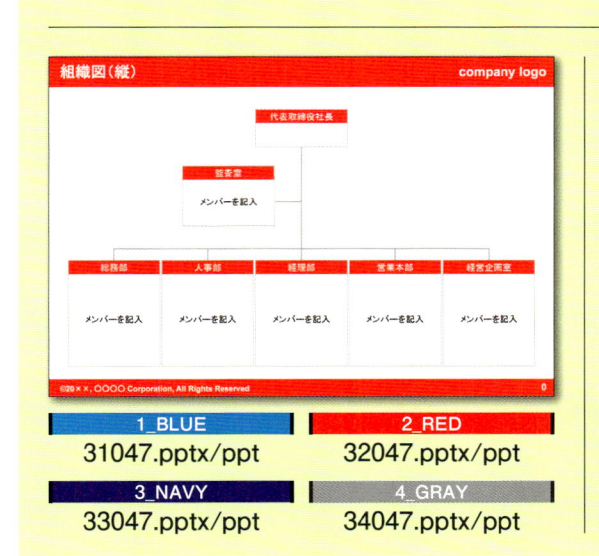

組織図（縦）
- 1_BLUE: 31047.pptx/ppt
- 2_RED: 32047.pptx/ppt
- 3_NAVY: 33047.pptx/ppt
- 4_GRAY: 34047.pptx/ppt

プロジェクトメンバー表
- 1_BLUE: 31048.pptx/ppt
- 2_RED: 32048.pptx/ppt
- 3_NAVY: 33048.pptx/ppt
- 4_GRAY: 34048.pptx/ppt

97

CD-ROM 収録場所 ▶ 3_ZUKAI ▶ 1_BLUE 2_RED 3_NAVY 4_GRAY

chapter3 | 図解の「ソツない」配布資料

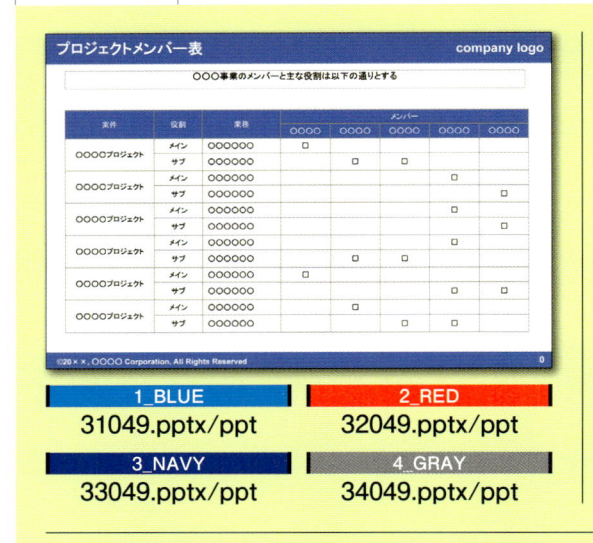

プロジェクトメンバー表
- 1_BLUE: 31049.pptx/ppt
- 2_RED: 32049.pptx/ppt
- 3_NAVY: 33049.pptx/ppt
- 4_GRAY: 34049.pptx/ppt

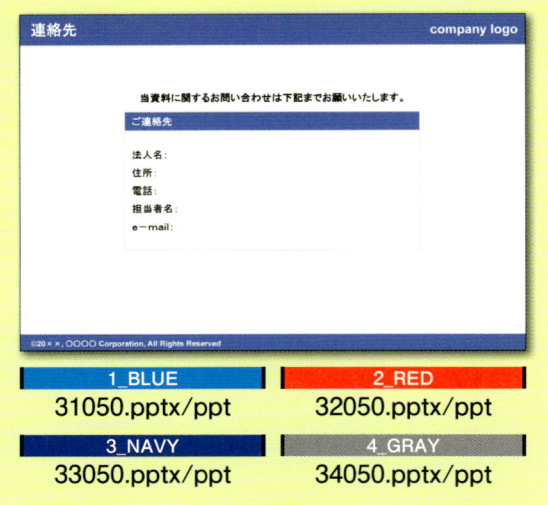

連絡先
- 1_BLUE: 31050.pptx/ppt
- 2_RED: 32050.pptx/ppt
- 3_NAVY: 33050.pptx/ppt
- 4_GRAY: 34050.pptx/ppt

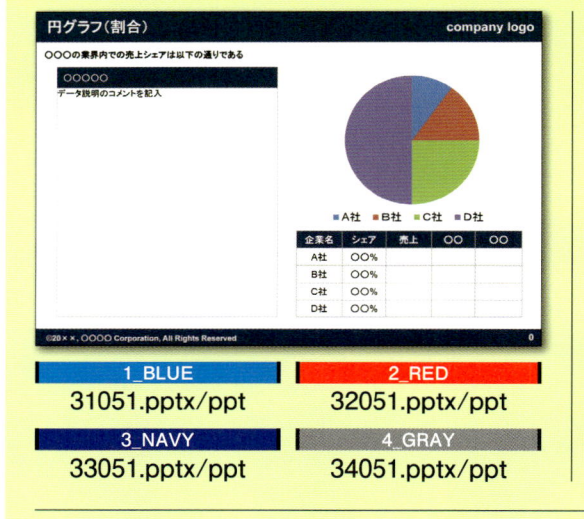

円グラフ（割合）
- 1_BLUE: 31051.pptx/ppt
- 2_RED: 32051.pptx/ppt
- 3_NAVY: 33051.pptx/ppt
- 4_GRAY: 34051.pptx/ppt

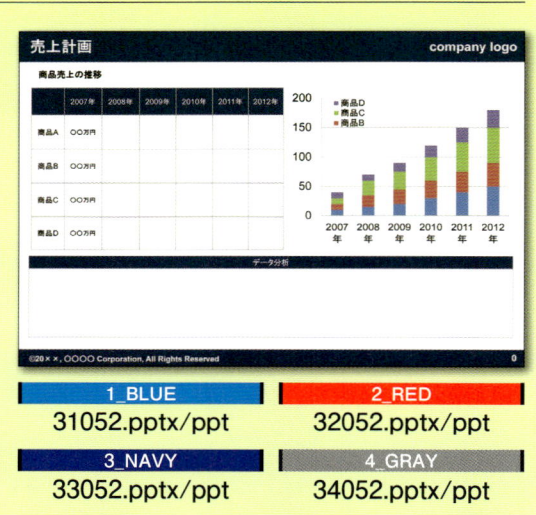

売上計画
- 1_BLUE: 31052.pptx/ppt
- 2_RED: 32052.pptx/ppt
- 3_NAVY: 33052.pptx/ppt
- 4_GRAY: 34052.pptx/ppt

収支計画（単年キャッシュフロー）
- 1_BLUE: 31053.pptx/ppt
- 2_RED: 32053.pptx/ppt
- 3_NAVY: 33053.pptx/ppt
- 4_GRAY: 34053.pptx/ppt

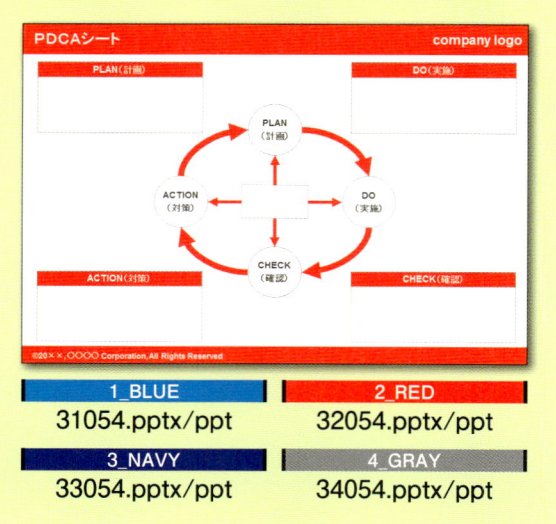

PDCAシート
- 1_BLUE: 31054.pptx/ppt
- 2_RED: 32054.pptx/ppt
- 3_NAVY: 33054.pptx/ppt
- 4_GRAY: 34054.pptx/ppt

CD-ROM 収録場所 　3_ZUKAI 　1_BLUE　2_RED　3_NAVY　4_GRAY

資料としてすぐに配れるように図解をフォーマットとして揃えました。カラーは4色の中からお好きなものをお選びください。色の設定や項目のアレンジ方法はP.147以降の操作解説を参照してください。

現状調査（ユーザープロファイル）

1_BLUE	2_RED
31055.pptx/ppt	32055.pptx/ppt
3_NAVY	4_GRAY
33055.pptx/ppt	34055.pptx/ppt

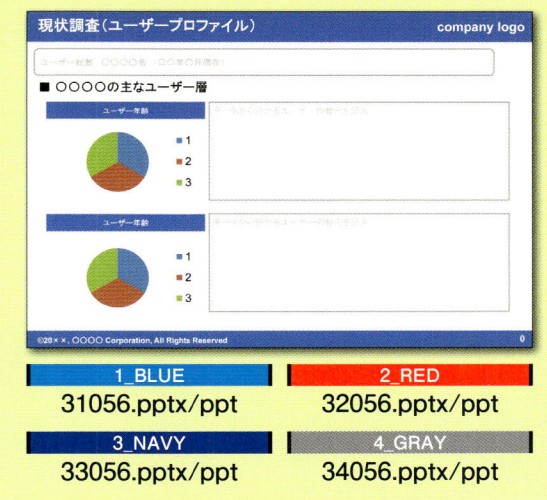

1_BLUE	2_RED
31056.pptx/ppt	32056.pptx/ppt
3_NAVY	4_GRAY
33056.pptx/ppt	34056.pptx/ppt

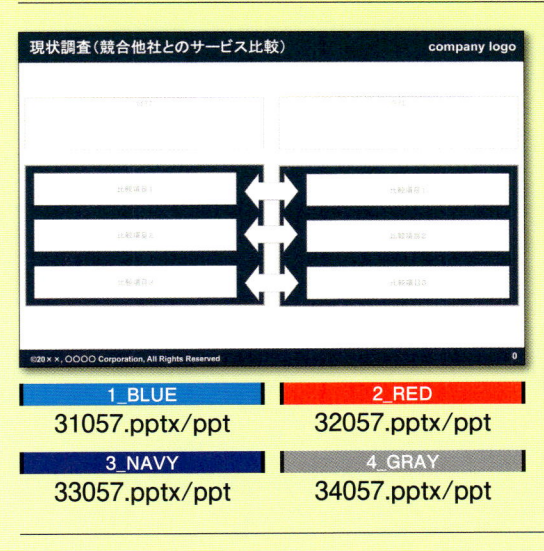

現状調査（競合他社とのサービス比較）

1_BLUE	2_RED
31057.pptx/ppt	32057.pptx/ppt
3_NAVY	4_GRAY
33057.pptx/ppt	34057.pptx/ppt

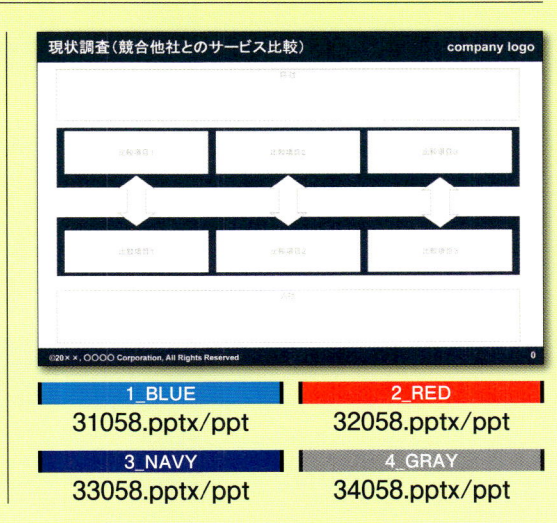

1_BLUE	2_RED
31058.pptx/ppt	32058.pptx/ppt
3_NAVY	4_GRAY
33058.pptx/ppt	34058.pptx/ppt

現状調査（ユーザーの声）

1_BLUE	2_RED
31059.pptx/ppt	32059.pptx/ppt
3_NAVY	4_GRAY
33059.pptx/ppt	34059.pptx/ppt

1_BLUE	2_RED
31060.pptx/ppt	32060.pptx/ppt
3_NAVY	4_GRAY
33060.pptx/ppt	34060.pptx/ppt

CD-ROM 収録場所 / 3_ZUKAI / 1_BLUE 2_RED 3_NAVY 4_GRAY

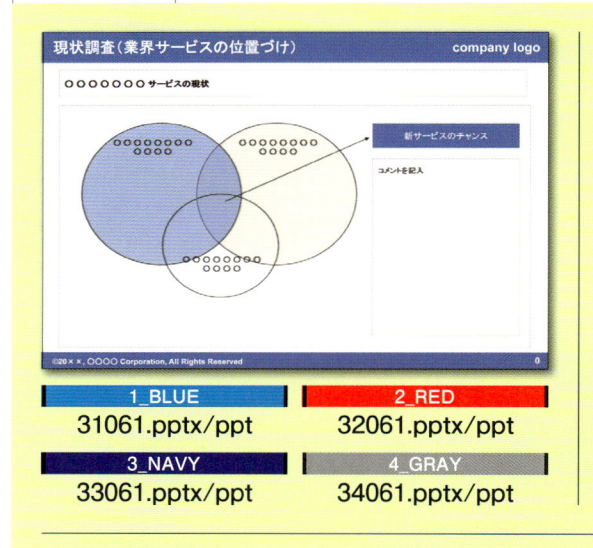

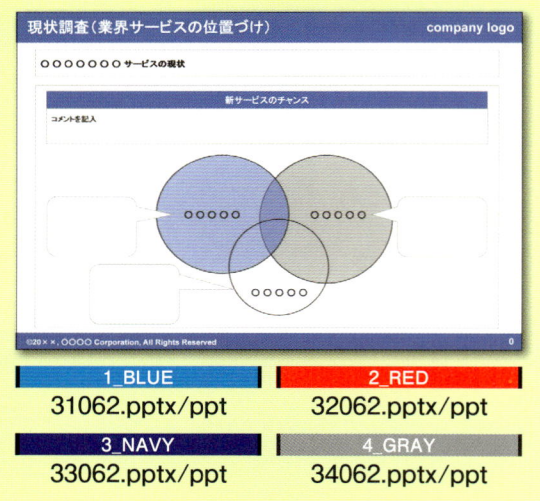

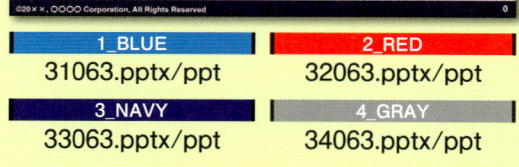

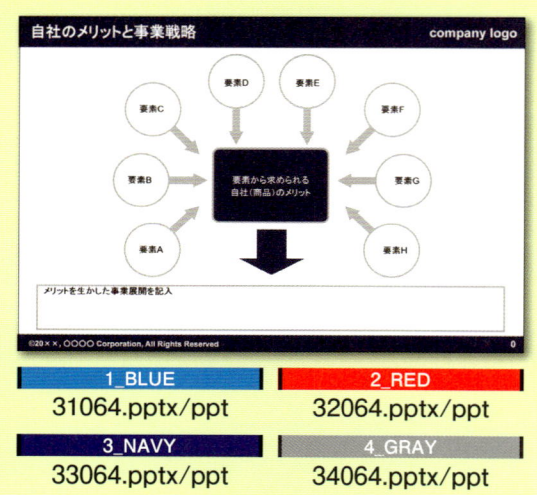

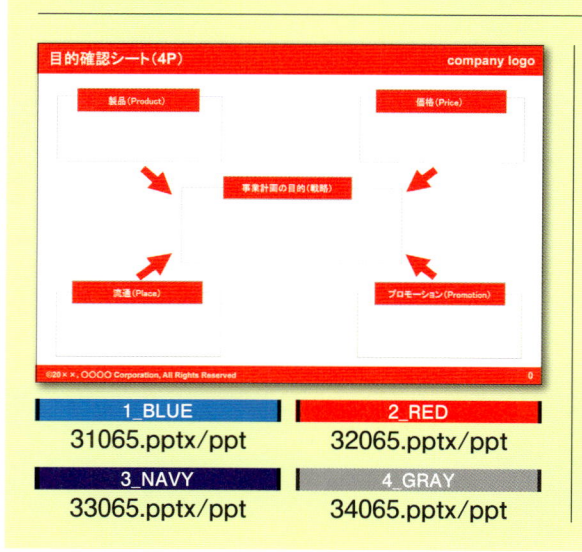

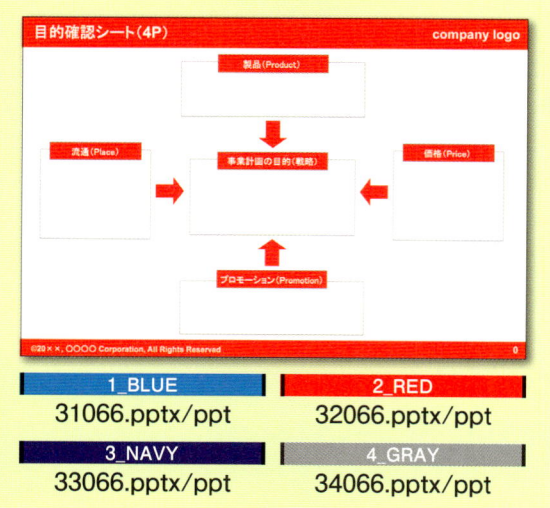

chapter3　図解の「ソツない」配布資料

現状調査（業界サービスの位置づけ）
- 1_BLUE　31061.pptx/ppt
- 2_RED　32061.pptx/ppt
- 3_NAVY　33061.pptx/ppt
- 4_GRAY　34061.pptx/ppt

現状調査（業界サービスの位置づけ）
- 1_BLUE　31062.pptx/ppt
- 2_RED　32062.pptx/ppt
- 3_NAVY　33062.pptx/ppt
- 4_GRAY　34062.pptx/ppt

現状調査（業界における当社の位置づけ）
- 1_BLUE　31063.pptx/ppt
- 2_RED　32063.pptx/ppt
- 3_NAVY　33063.pptx/ppt
- 4_GRAY　34063.pptx/ppt

自社のメリットと事業戦略
- 1_BLUE　31064.pptx/ppt
- 2_RED　32064.pptx/ppt
- 3_NAVY　33064.pptx/ppt
- 4_GRAY　34064.pptx/ppt

目的確認シート（4P）
- 1_BLUE　31065.pptx/ppt
- 2_RED　32065.pptx/ppt
- 3_NAVY　33065.pptx/ppt
- 4_GRAY　34065.pptx/ppt

目的確認シート（4P）
- 1_BLUE　31066.pptx/ppt
- 2_RED　32066.pptx/ppt
- 3_NAVY　33066.pptx/ppt
- 4_GRAY　34066.pptx/ppt

CD-ROM 収録場所 / 3_ZUKAI / 1_BLUE 2_RED / 3_NAVY 4_GRAY

資料としてすぐに配れるように図解をフォーマットとして揃えました。カラーは4色の中からお好きなものをお選びください。色の設定や項目のアレンジ方法はP.147以降の操作解説を参照してください。

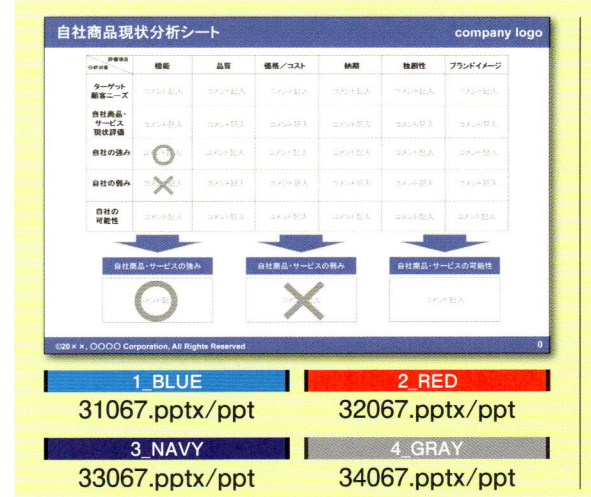

自社商品現状分析シート

1_BLUE	2_RED
31067.pptx/ppt	32067.pptx/ppt
3_NAVY	4_GRAY
33067.pptx/ppt	34067.pptx/ppt

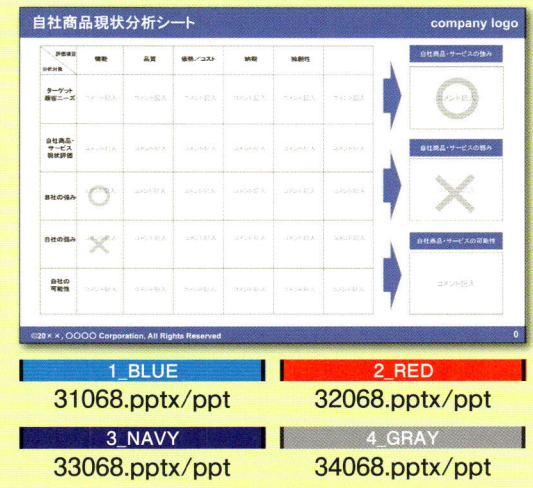

1_BLUE	2_RED
31068.pptx/ppt	32068.pptx/ppt
3_NAVY	4_GRAY
33068.pptx/ppt	34068.pptx/ppt

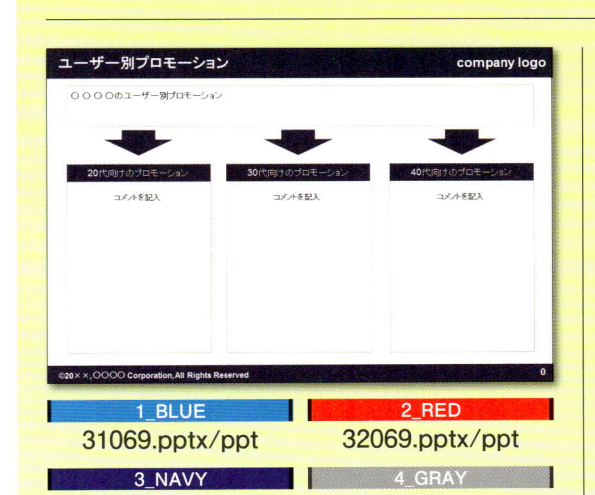

ユーザー別プロモーション

1_BLUE	2_RED
31069.pptx/ppt	32069.pptx/ppt
3_NAVY	4_GRAY
33069.pptx/ppt	34069.pptx/ppt

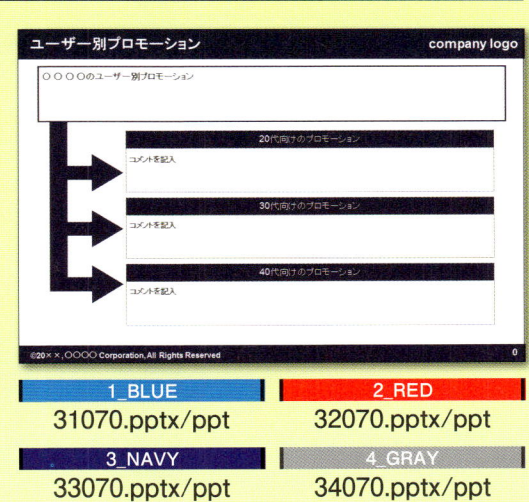

1_BLUE	2_RED
31070.pptx/ppt	32070.pptx/ppt
3_NAVY	4_GRAY
33070.pptx/ppt	34070.pptx/ppt

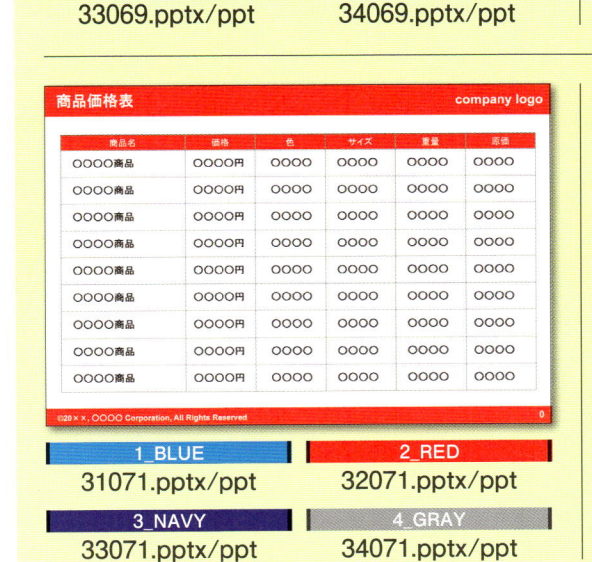

商品価格表

1_BLUE	2_RED
31071.pptx/ppt	32071.pptx/ppt
3_NAVY	4_GRAY
33071.pptx/ppt	34071.pptx/ppt

1_BLUE	2_RED
31072.pptx/ppt	32072.pptx/ppt
3_NAVY	4_GRAY
33072.pptx/ppt	34072.pptx/ppt

chapter 01 「通す」A4一枚企画書
chapter 02 「簡潔な」A4一枚報告書
chapter 03 図解の「ソツない」配布資料
chapter 04 「数字が見える」グラフ
chapter 05 イメージを「あおる」イラスト

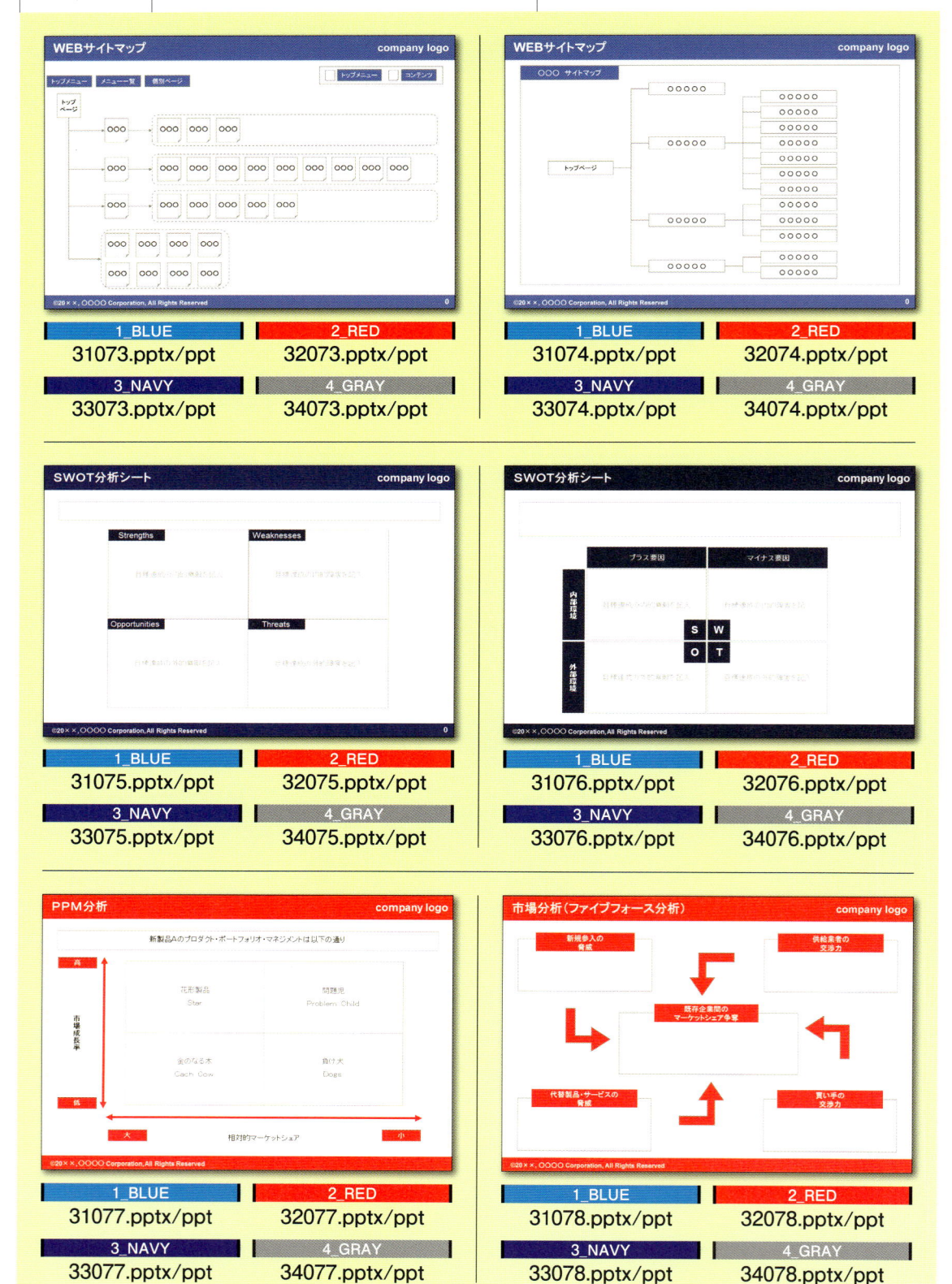

CD-ROM収録場所　3_ZUKAI　1_BLUE　2_RED　3_NAVY　4_GRAY

chapter3　図解の「ソツない」配布資料

WEBサイトマップ
1_BLUE	2_RED
31073.pptx/ppt	32073.pptx/ppt
3_NAVY	**4_GRAY**
33073.pptx/ppt	34073.pptx/ppt

WEBサイトマップ
1_BLUE	2_RED
31074.pptx/ppt	32074.pptx/ppt
3_NAVY	**4_GRAY**
33074.pptx/ppt	34074.pptx/ppt

SWOT分析シート
1_BLUE	2_RED
31075.pptx/ppt	32075.pptx/ppt
3_NAVY	**4_GRAY**
33075.pptx/ppt	34075.pptx/ppt

SWOT分析シート
1_BLUE	2_RED
31076.pptx/ppt	32076.pptx/ppt
3_NAVY	**4_GRAY**
33076.pptx/ppt	34076.pptx/ppt

PPM分析
1_BLUE	2_RED
31077.pptx/ppt	32077.pptx/ppt
3_NAVY	**4_GRAY**
33077.pptx/ppt	34077.pptx/ppt

市場分析（ファイブフォース分析）
1_BLUE	2_RED
31078.pptx/ppt	32078.pptx/ppt
3_NAVY	**4_GRAY**
33078.pptx/ppt	34078.pptx/ppt

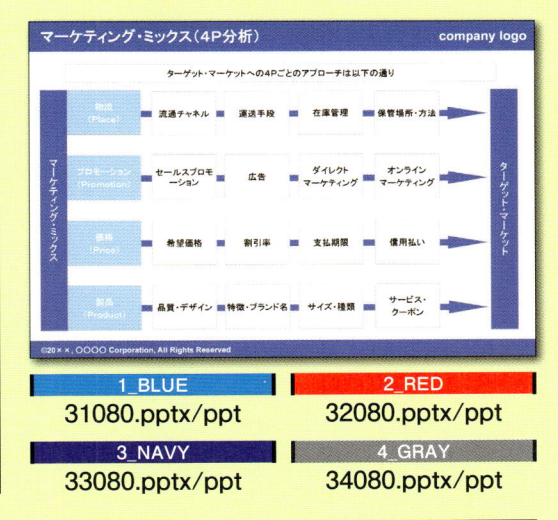

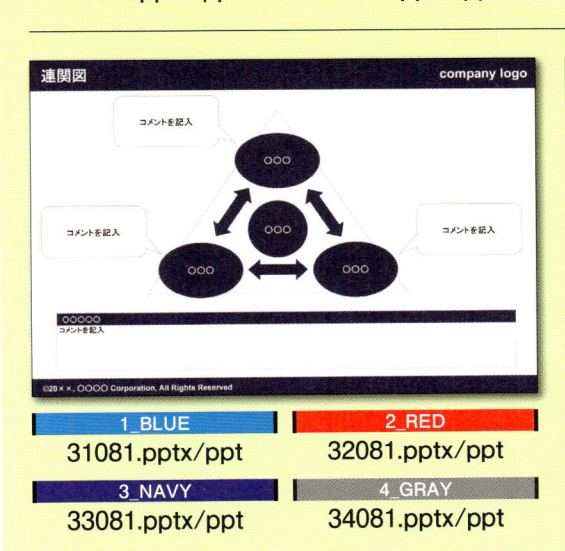

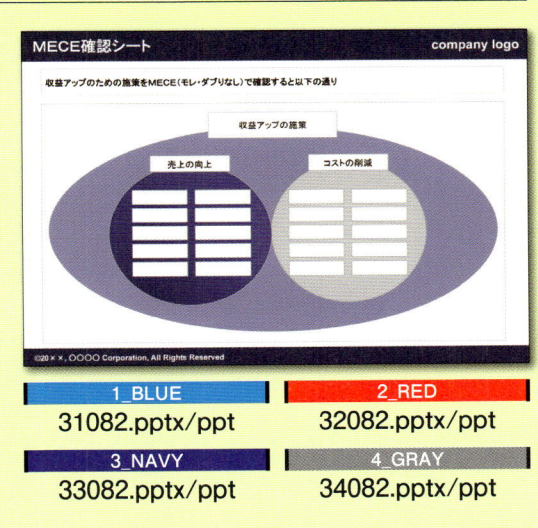

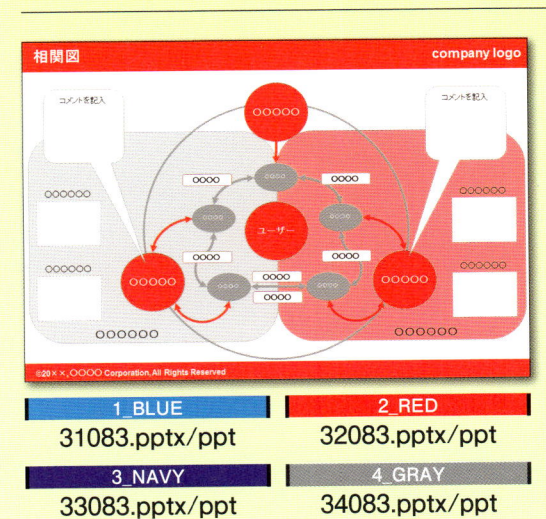

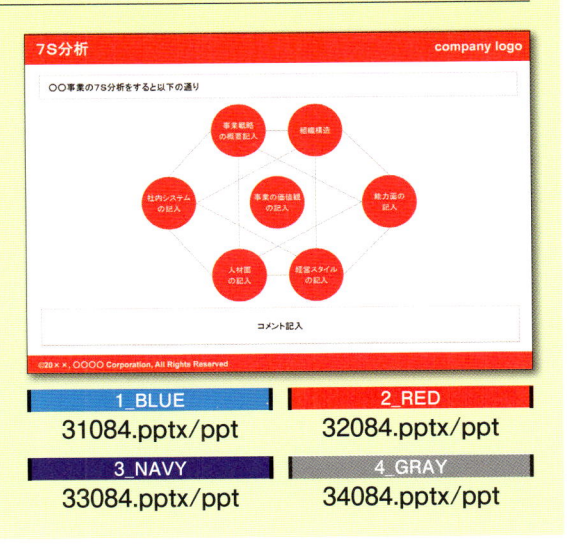

CD-ROM 収録場所　3_ZUKAI　1_BLUE　2_RED　3_NAVY　4_GRAY

資料としてすぐに配れるように図解をフォーマットとして揃えました。カラーは4色の中からお好きなものをお選びください。色の設定や項目のアレンジ方法はP.147以降の操作解説を参照してください。

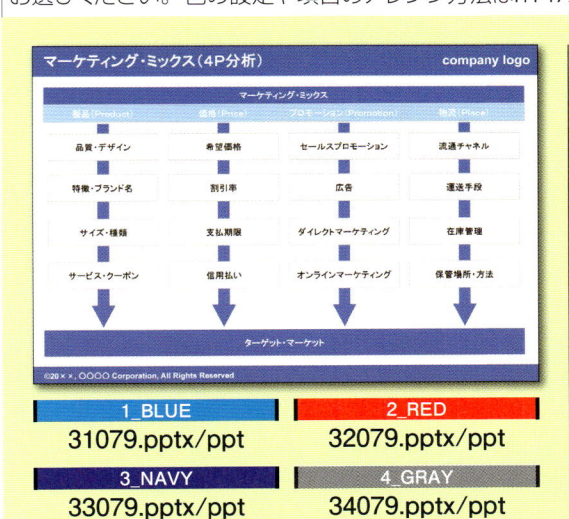

マーケティング・ミックス（4P分析）

1_BLUE	2_RED
31079.pptx/ppt	32079.pptx/ppt
3_NAVY	4_GRAY
33079.pptx/ppt	34079.pptx/ppt

マーケティング・ミックス（4P分析）

1_BLUE	2_RED
31080.pptx/ppt	32080.pptx/ppt
3_NAVY	4_GRAY
33080.pptx/ppt	34080.pptx/ppt

連関図

1_BLUE	2_RED
31081.pptx/ppt	32081.pptx/ppt
3_NAVY	4_GRAY
33081.pptx/ppt	34081.pptx/ppt

MECE確認シート

1_BLUE	2_RED
31082.pptx/ppt	32082.pptx/ppt
3_NAVY	4_GRAY
33082.pptx/ppt	34082.pptx/ppt

相関図

1_BLUE	2_RED
31083.pptx/ppt	32083.pptx/ppt
3_NAVY	4_GRAY
33083.pptx/ppt	34083.pptx/ppt

7S分析

1_BLUE	2_RED
31084.pptx/ppt	32084.pptx/ppt
3_NAVY	4_GRAY
33084.pptx/ppt	34084.pptx/ppt

chapter 01 「通す」A4一枚企画書
chapter 02 「簡潔な」A4一枚報告書
chapter 03 図解の「ソツない」配布資料
chapter 04 数字が「見える」グラフ
chapter 05 イメージを「あおる」イラスト

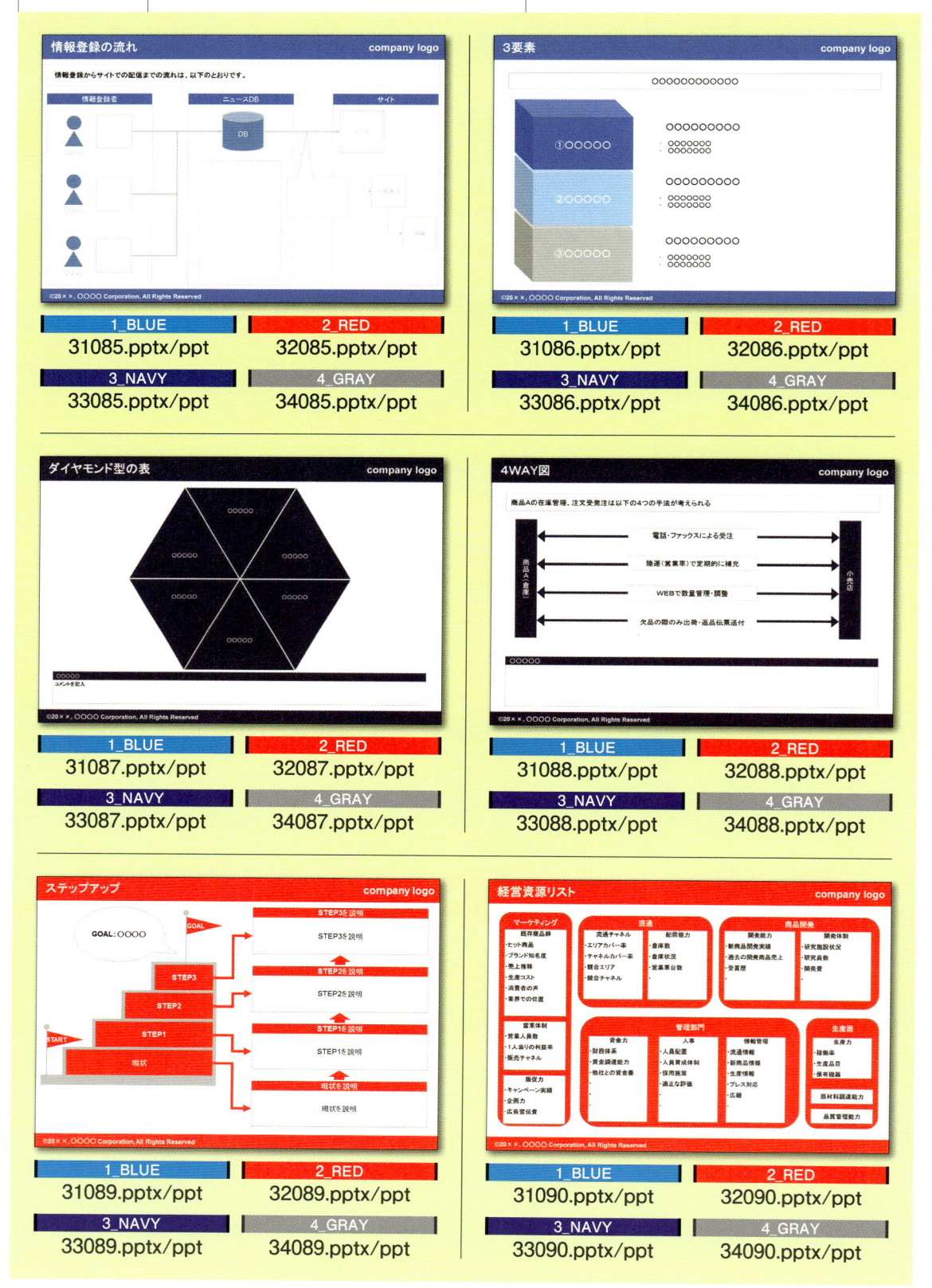

chapter3 図解の「ソツない」配布資料

情報登録の流れ
- 1_BLUE 31085.pptx/ppt
- 2_RED 32085.pptx/ppt
- 3_NAVY 33085.pptx/ppt
- 4_GRAY 34085.pptx/ppt

3要素
- 1_BLUE 31086.pptx/ppt
- 2_RED 32086.pptx/ppt
- 3_NAVY 33086.pptx/ppt
- 4_GRAY 34086.pptx/ppt

ダイヤモンド型の表
- 1_BLUE 31087.pptx/ppt
- 2_RED 32087.pptx/ppt
- 3_NAVY 33087.pptx/ppt
- 4_GRAY 34087.pptx/ppt

4WAY図
- 1_BLUE 31088.pptx/ppt
- 2_RED 32088.pptx/ppt
- 3_NAVY 33088.pptx/ppt
- 4_GRAY 34088.pptx/ppt

ステップアップ
- 1_BLUE 31089.pptx/ppt
- 2_RED 32089.pptx/ppt
- 3_NAVY 33089.pptx/ppt
- 4_GRAY 34089.pptx/ppt

経営資源リスト
- 1_BLUE 31090.pptx/ppt
- 2_RED 32090.pptx/ppt
- 3_NAVY 33090.pptx/ppt
- 4_GRAY 34090.pptx/ppt

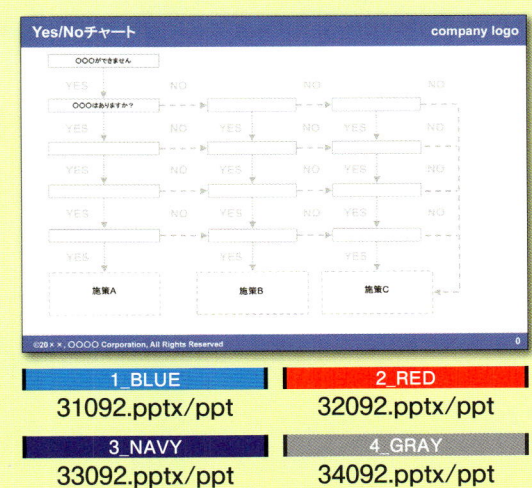

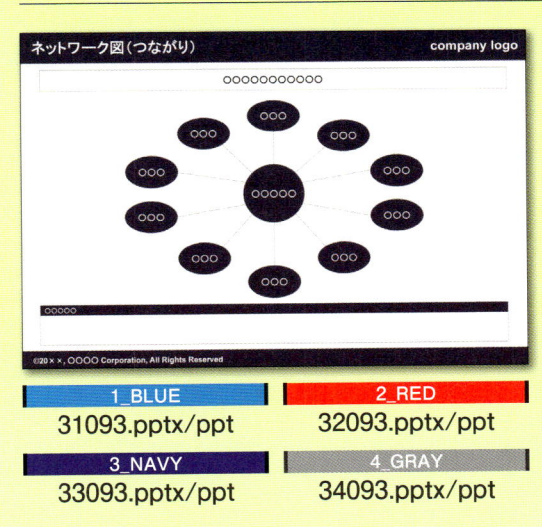

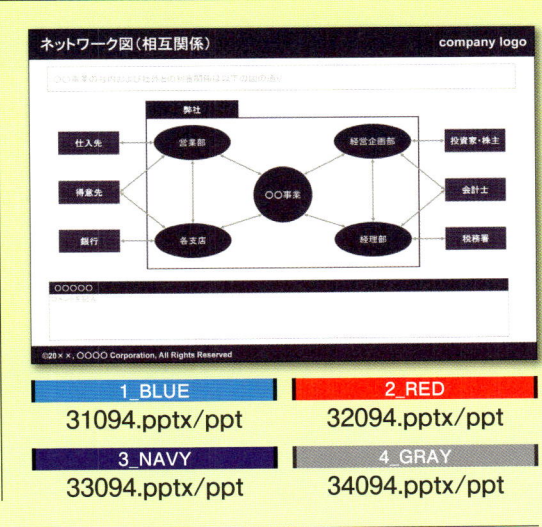

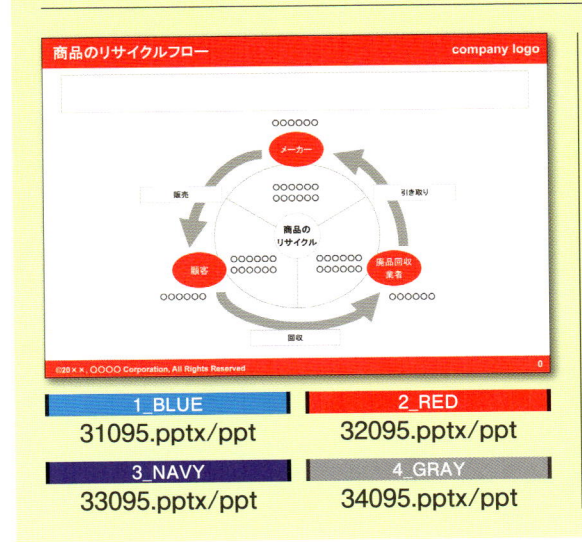

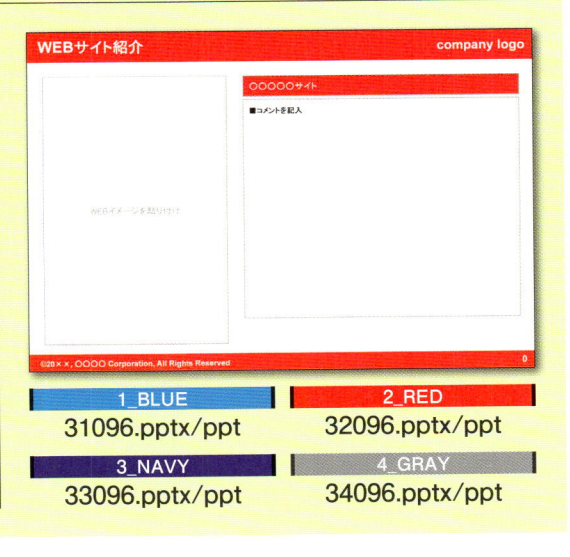

資料としてすぐに配れるように図解をフォーマットとして揃えました。カラーは4色の中からお好きなものをお選びください。色の設定や項目のアレンジ方法はP.147以降の操作解説を参照してください。

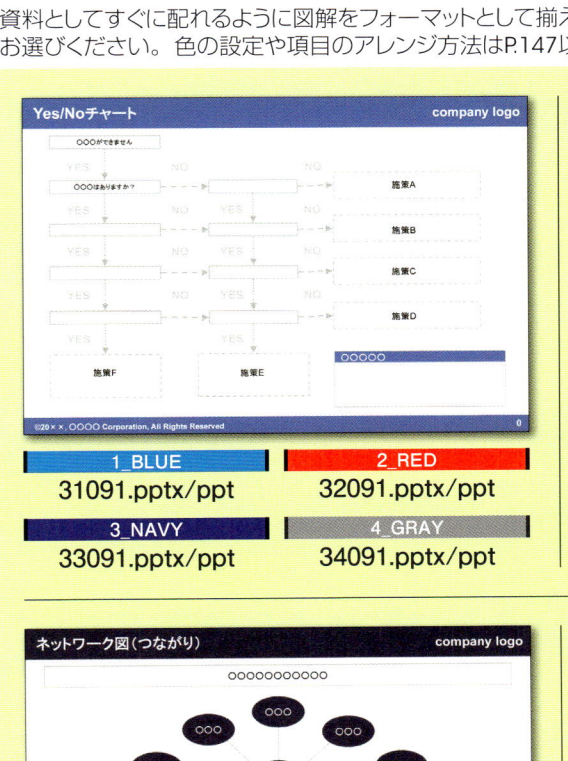

Yes/Noチャート

1_BLUE	2_RED
31091.pptx/ppt	32091.pptx/ppt
3_NAVY	4_GRAY
33091.pptx/ppt	34091.pptx/ppt

Yes/Noチャート

1_BLUE	2_RED
31092.pptx/ppt	32092.pptx/ppt
3_NAVY	4_GRAY
33092.pptx/ppt	34092.pptx/ppt

ネットワーク図（つながり）

1_BLUE	2_RED
31093.pptx/ppt	32093.pptx/ppt
3_NAVY	4_GRAY
33093.pptx/ppt	34093.pptx/ppt

ネットワーク図（相互関係）

1_BLUE	2_RED
31094.pptx/ppt	32094.pptx/ppt
3_NAVY	4_GRAY
33094.pptx/ppt	34094.pptx/ppt

商品のリサイクルフロー

1_BLUE	2_RED
31095.pptx/ppt	32095.pptx/ppt
3_NAVY	4_GRAY
33095.pptx/ppt	34095.pptx/ppt

WEBサイト紹介

1_BLUE	2_RED
31096.pptx/ppt	32096.pptx/ppt
3_NAVY	4_GRAY
33096.pptx/ppt	34096.pptx/ppt

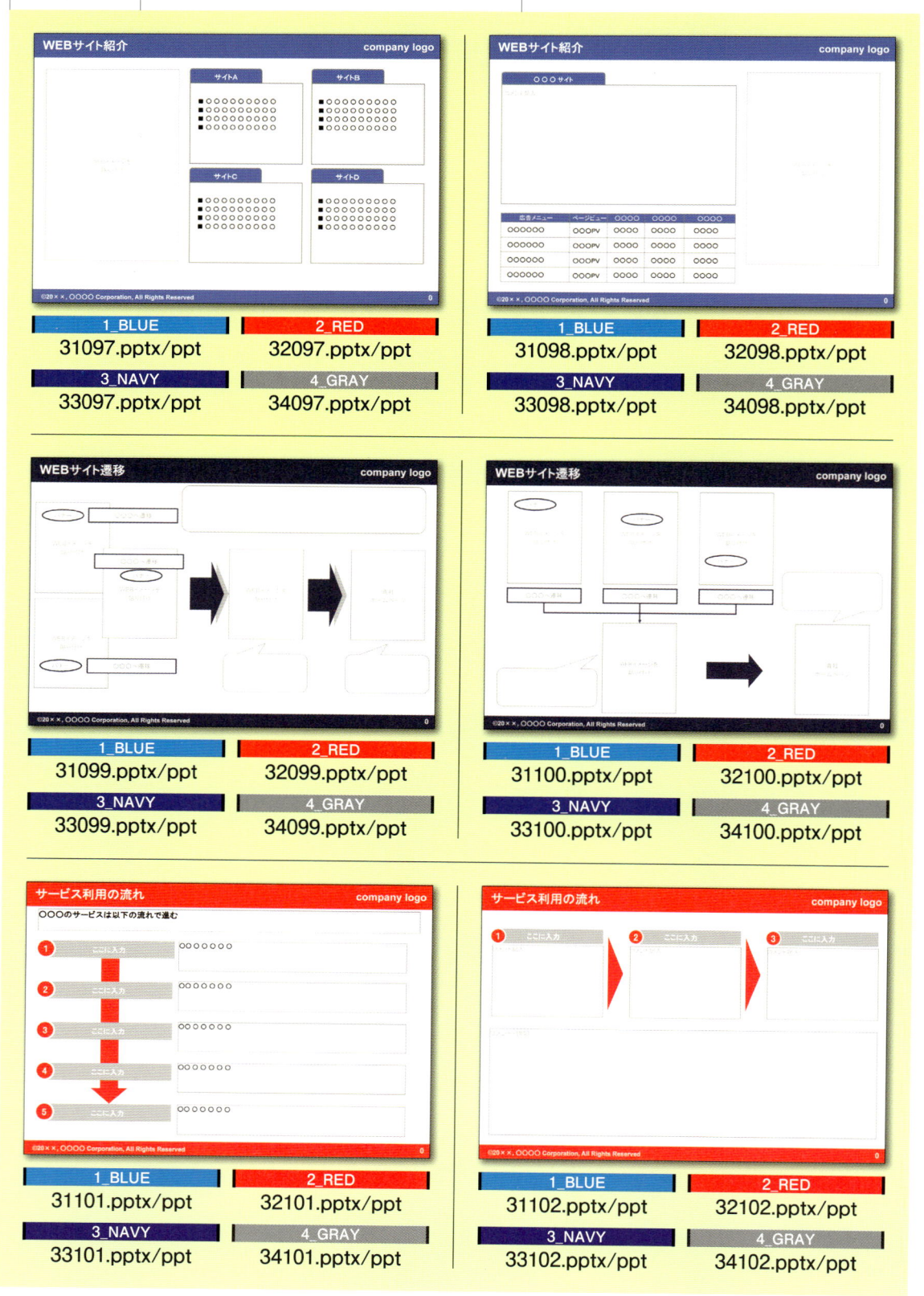

CD-ROM 収録場所 / 3_ZUKAI / 1_BLUE 2_RED 3_NAVY 4_GRAY

chapter3 図解の「ソツない」配布資料

WEBサイト紹介
- 1_BLUE　31097.pptx/ppt
- 2_RED　32097.pptx/ppt
- 3_NAVY　33097.pptx/ppt
- 4_GRAY　34097.pptx/ppt

- 1_BLUE　31098.pptx/ppt
- 2_RED　32098.pptx/ppt
- 3_NAVY　33098.pptx/ppt
- 4_GRAY　34098.pptx/ppt

WEBサイト遷移
- 1_BLUE　31099.pptx/ppt
- 2_RED　32099.pptx/ppt
- 3_NAVY　33099.pptx/ppt
- 4_GRAY　34099.pptx/ppt

- 1_BLUE　31100.pptx/ppt
- 2_RED　32100.pptx/ppt
- 3_NAVY　33100.pptx/ppt
- 4_GRAY　34100.pptx/ppt

サービス利用の流れ
- 1_BLUE　31101.pptx/ppt
- 2_RED　32101.pptx/ppt
- 3_NAVY　33101.pptx/ppt
- 4_GRAY　34101.pptx/ppt

- 1_BLUE　31102.pptx/ppt
- 2_RED　32102.pptx/ppt
- 3_NAVY　33102.pptx/ppt
- 4_GRAY　34102.pptx/ppt

パパッと作る！バッチリ通す！A4一枚企画書・報告書テンプレート2000

chapter

04

数字が「見える」グラフ

基本の棒グラフから、Excelには用意されていない高度なグラフまで、
さまざまなグラフのテンプレートを用意しました。

CD-ROM 収録場所 / 4_GRAPH / 1_COLOR / 2_MONO

chapter4 数字が「見える」グラフ

比較 縦棒グラフ 1
売上実績

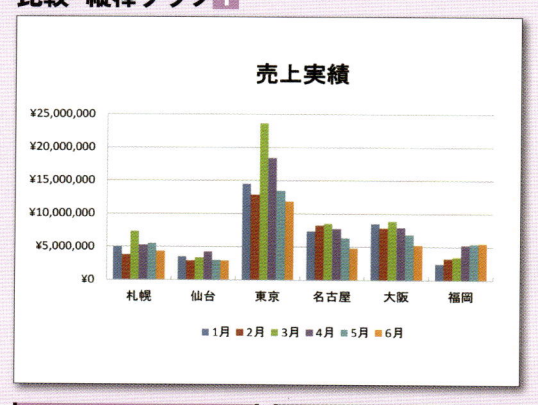

カラー	モノクロ
41001.xlsx/.xls	42001.xlsx/.xls

比較 縦棒グラフ 2
×月売上実績

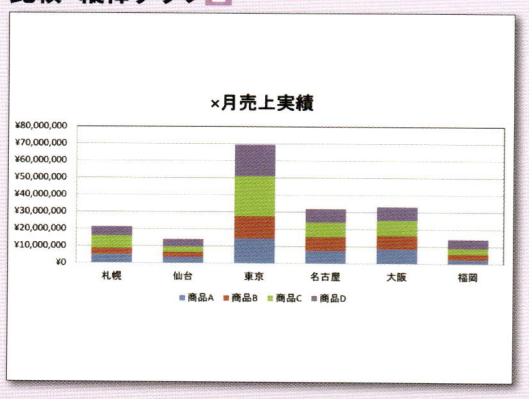

カラー	モノクロ
41002.xlsx/.xls	42002.xlsx/.xls

比較 縦棒グラフ 3
売上実績

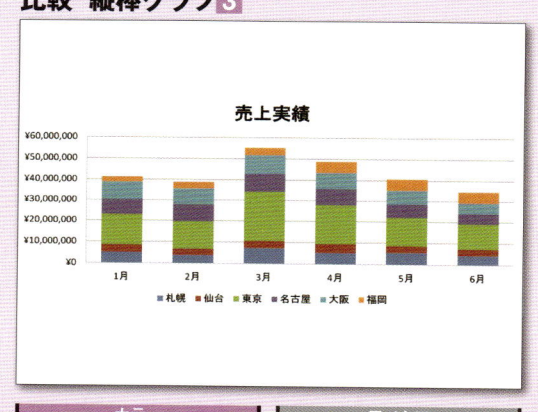

カラー	モノクロ
41003.xlsx/.xls	42003.xlsx/.xls

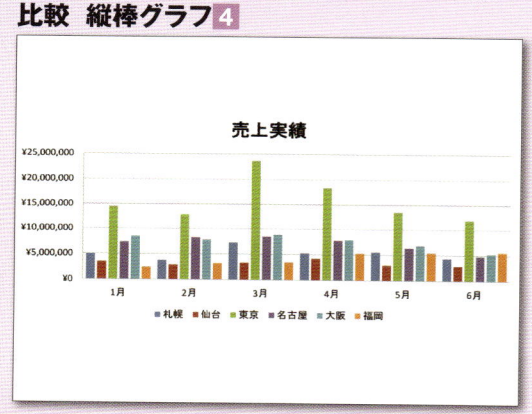

比較 縦棒グラフ 4
売上実績

カラー	モノクロ
41004.xlsx/.xls	42004.xlsx/.xls

比較 縦棒／折れ線グラフ 1
月別売上実績

カラー	モノクロ
41005.xlsx/.xls	42005.xlsx/.xls

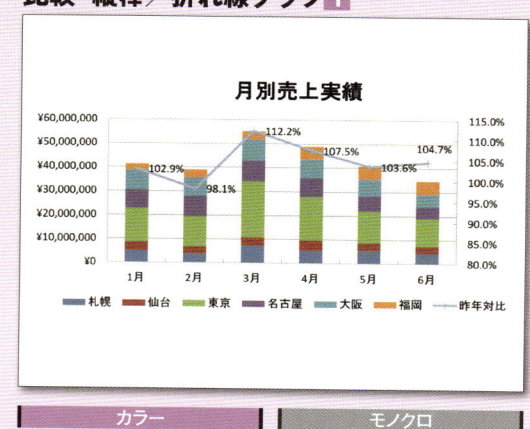

POINT
グラフ活用3つの注意

- 読み手の読解力に頼らない
- 適切でシンプルなグラフを用いる
- タイトルやラベル、単位を読みやすく

グラフからプレゼンターの主張を読み取らせることは可能です。しかし読み手の読解力に頼った作り方をすると、説得力は落ちてしまいがちです。何を意味するか、だから何なのかなどのメッセージは省くことなく企画書に記載しましょう。

108 パパッと作る！バッチリ通す！A4一枚企画書・報告書テンプレート2000

CD-ROM 収録場所: 4_GRAPH / 1_COLOR / 2_MONO

※手元の数値を入力するだけで立派に仕上がるExcelグラフです。テンプレートに関数を組み込んでいるので手間いらず。色の設定や項目のアレンジ方法はP.147以降の操作解説を参照してください。

比較 縦棒／折れ線グラフ 2

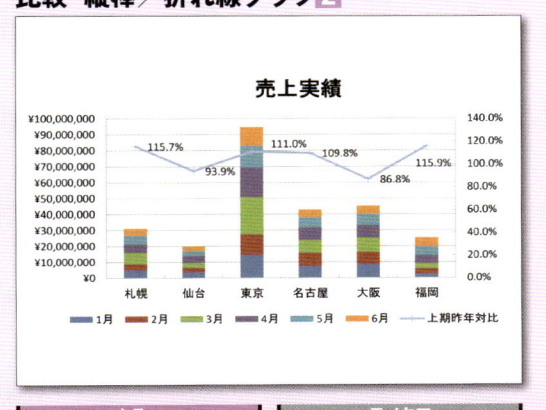

売上実績

カラー: 41006.xlsx/.xls
モノクロ: 42006.xlsx/.xls

比較 100%積上げ横棒グラフ

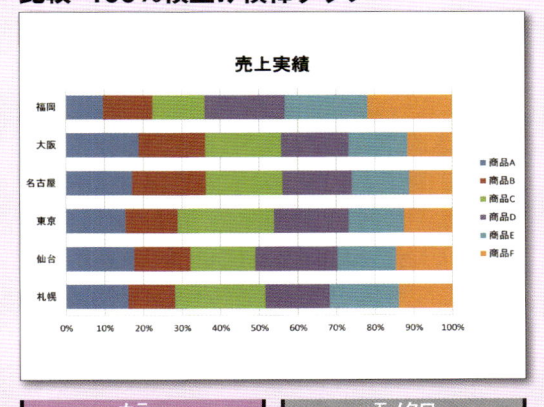

売上実績

カラー: 41007.xlsx/.xls
モノクロ: 42007.xlsx/.xls

比較 水平棒グラフ

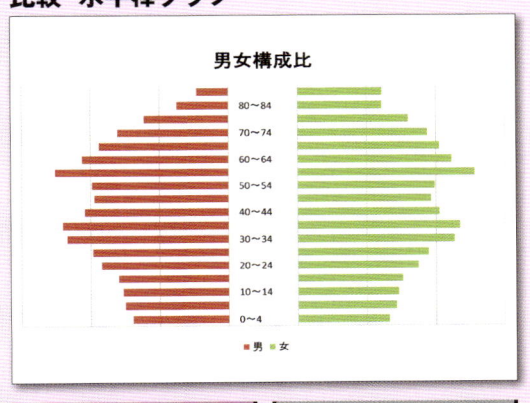

男女構成比

カラー: 41008.xlsx/.xls
モノクロ: 42008.xlsx/.xls

比較 XYグラフ

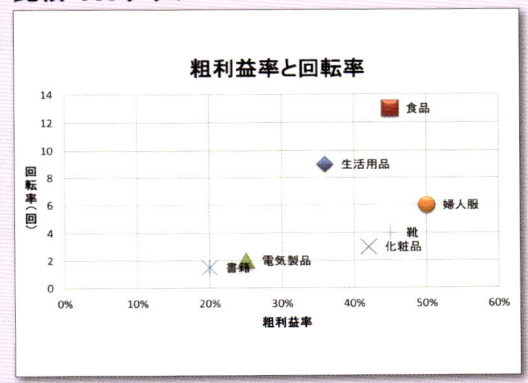

粗利益率と回転率

カラー: 41009.xlsx/.xls
モノクロ: 42009.xlsx/.xls

比較 高低グラフ 1

カラー: 41010.xlsx/.xls
モノクロ: 42010.xlsx/.xls

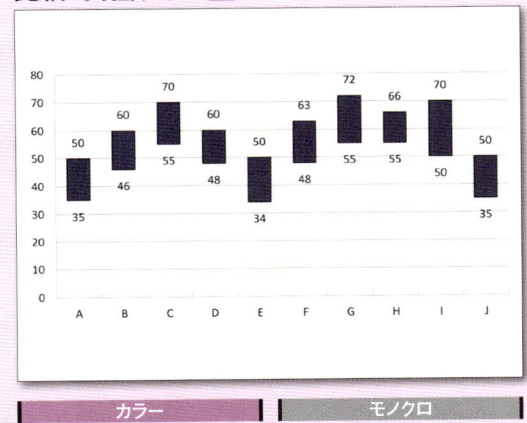

POINT

グラフの特技①

円グラフは構成比を、折れ線グラフは時間とともに変化する要素を、棒グラフは要素間の比較や要素の貢献度を見せる際に役立つグラフです。

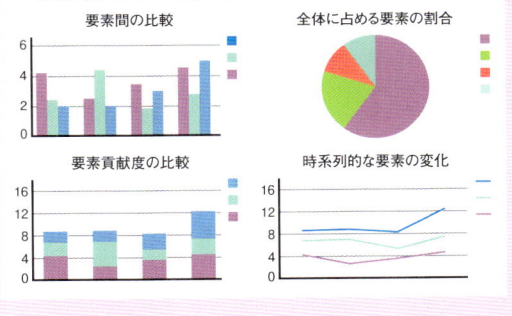

- 要素間の比較
- 全体に占める要素の割合
- 要素貢献度の比較
- 時系列的な要素の変化

chapter 01 「通す」A4一枚企画書
chapter 02 「簡潔な」A4一枚報告書
chapter 03 図解の「ソツない」配布資料
chapter 04 数字が「見える」グラフ
chapter 05 イメージを「あおる」イラスト

109

CD-ROM 収録場所 : 4_GRAPH / 1_COLOR / 2_MONO

chapter4 数字が「見える」グラフ

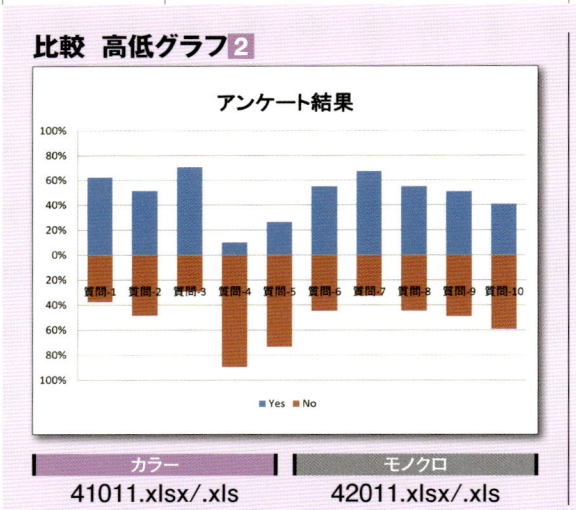

比較 高低グラフ 2

アンケート結果

	カラー	モノクロ
	41011.xlsx/.xls	42011.xlsx/.xls

比較 高低グラフ 3

損益

カラー	モノクロ
41012.xlsx/.xls	42012.xlsx/.xls

推移 Zグラフ

カラー	モノクロ
41013.xlsx/.xls	42013.xlsx/.xls

推移 ファンチャート

売上実績

カラー	モノクロ
41014.xlsx/.xls	42014.xlsx/.xls

推移 面グラフ

客単価

カラー	モノクロ
41015.xlsx/.xls	42015.xlsx/.xls

POINT

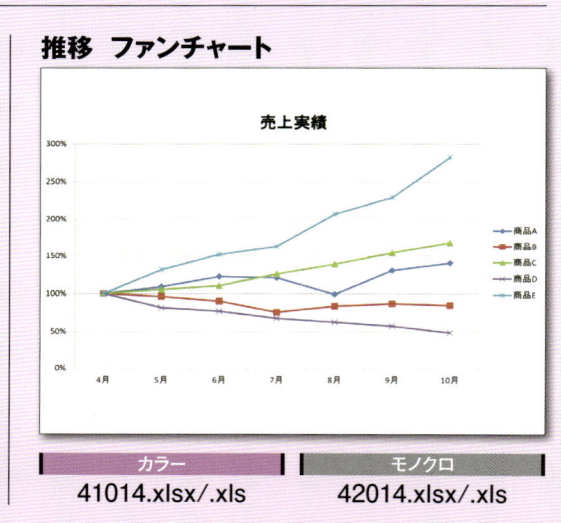

グラフの特技 ②

複数の要素にわたる構成比を表す縦横比率グラフ（面積図、Marimekko Chartとも）、工程を示す工程管理グラフ（Gantt chart）、変化の内訳を示すウォーターフォールチャート、ポートフォリオなどの内容を表すバブルチャートがあります。

縦横比率グラフ　工程管理グラフ
ウォーターフォールチャート　バブルチャート

CD-ROM 収録場所 → 4_GRAPH → 1_COLOR / 2_MONO

※手元の数値を入力するだけで立派に仕上がるExcelグラフです。テンプレートに関数を組み込んでいるので手間いらず。色の設定や項目のアレンジ方法はP.147以降の操作解説を参照してください。

分布　レーダーチャート

商品比較

カラー	モノクロ
41016.xlsx/.xls	42016.xlsx/.xls

分布　相関グラフ

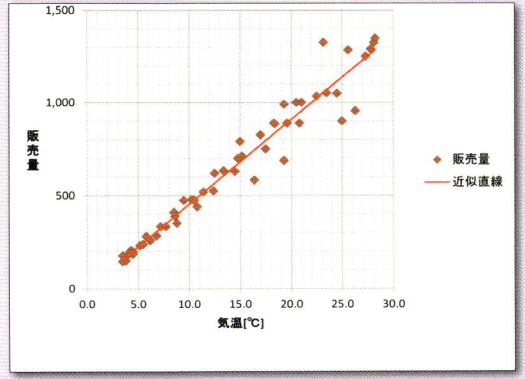

カラー	モノクロ
41017.xlsx/.xls	42017.xlsx/.xls

分布　バブルチャート

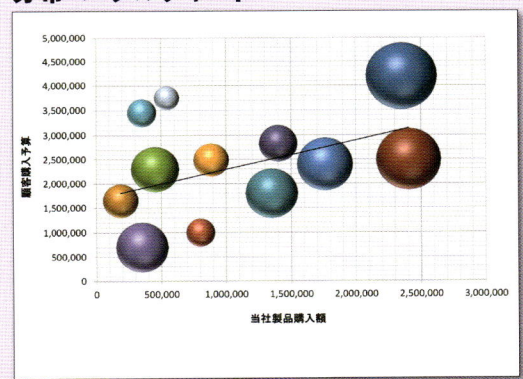

カラー	モノクロ
41018.xlsx/.xls	42018.xlsx/.xls

内訳　円縦棒グラフ

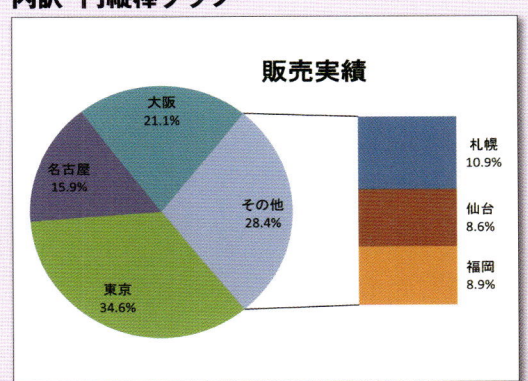

販売実績

カラー	モノクロ
41019.xlsx/.xls	42019.xlsx/.xls

内訳　円1つグラフ

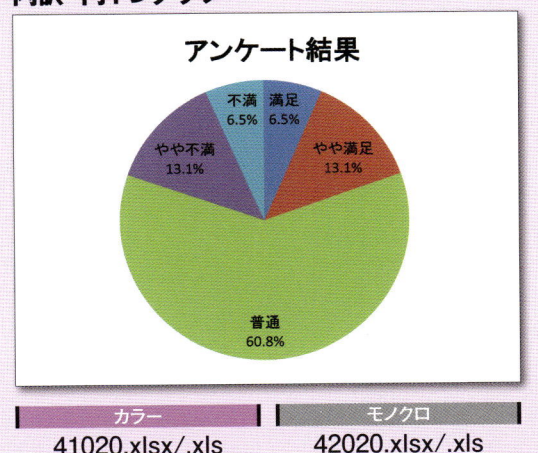

アンケート結果

カラー	モノクロ
41020.xlsx/.xls	42020.xlsx/.xls

POINT
「分かりやすさ」が重要！

図表やグラフを凝りすぎると、伝わりにくくなることがあります。3Dグラフや、凝ったチャートを使ったら、肝心の数値や違いがよく分からなくなったことはありませんか？　なるべく一目で分かるシンプルなデザインにしましょう。

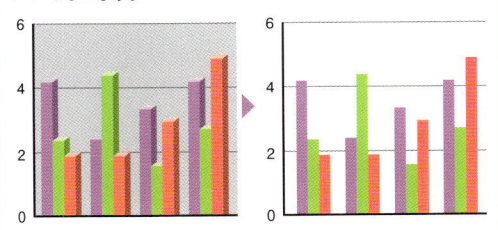

111

CD-ROM 収録場所　4_GRAPH　1_COLOR　2_MONO

chapter4　数字が「見える」グラフ

内訳　相対半円グラフ

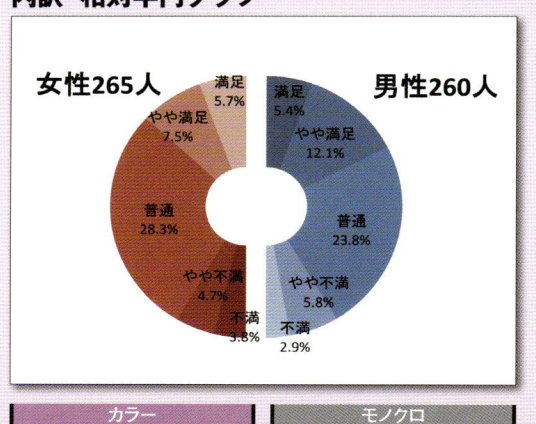

カラー　41021.xlsx/.xls　　モノクロ　42021.xlsx/.xls

内訳　2重円グラフ

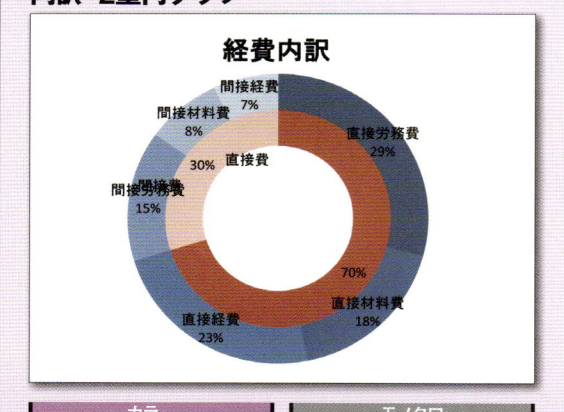

カラー　41022.xlsx/.xls　　モノクロ　42022.xlsx/.xls

内訳　縦棒同高グラフ

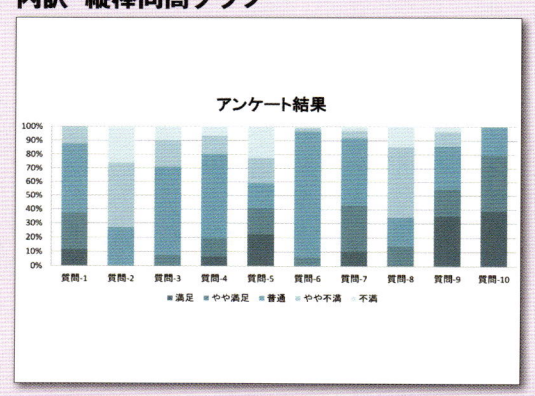

カラー　41023.xlsx/.xls　　モノクロ　42023.xlsx/.xls

内訳　パレートグラフ

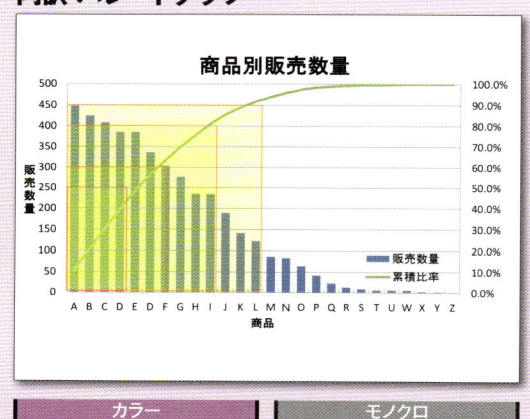

カラー　41024.xlsx/.xls　　モノクロ　42024.xlsx/.xls

内訳　ウォーターフォールチャート

カラー　41025.xlsx/.xls　　モノクロ　42025.xlsx/.xls

POINT

構成比は円グラフ

次の項目は分かりやすさだけでなく、信頼性を担保するものです。グラフや図表を使用する際は抜けがないか、必ずチェックしましょう。

- タイトル
- 縦軸/横軸ラベル
- 単位
- 情報源（引用をした場合など）

112　パパッと作る！バッチリ通す！A4一枚企画書・報告書テンプレート2000

CD-ROM収録場所　4_GRAPH　1_COLOR　2_MONO

※手元の数値を入力するだけで立派に仕上がるExcelグラフです。テンプレートに関数を組み込んでいるので手間いらず。色の設定や項目のアレンジ方法はP.147以降の操作解説を参照してください。

その他　マリメッコチャート

カラー	モノクロ
41026.xlsx/.xls	42026.xlsx/.xls

その他　折れ線面グラフ

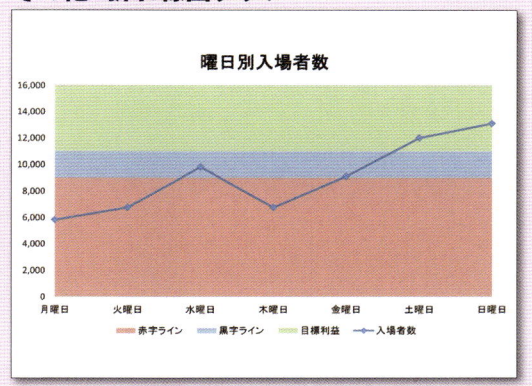

カラー	モノクロ
41027.xlsx/.xls	42027.xlsx/.xls

その他　スケジュール

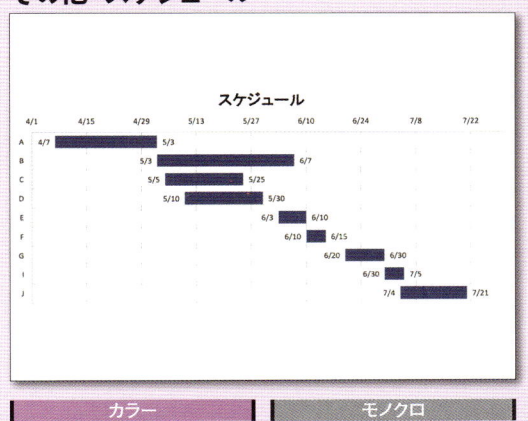

カラー	モノクロ
41028.xlsx/.xls	42028.xlsx/.xls

その他　損益分岐グラフ

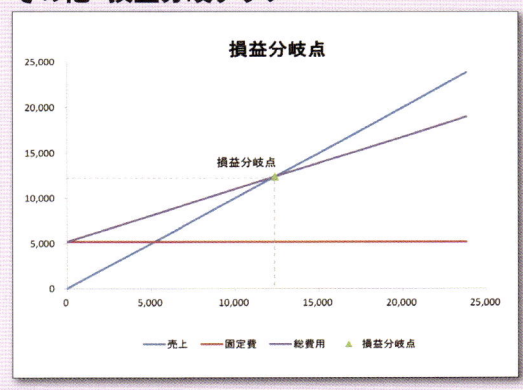

カラー	モノクロ
41029.xlsx/.xls	42029.xlsx/.xls

その他　株価グラフ

カラー	モノクロ
41030.xlsx/.xls	42030.xlsx/.xls

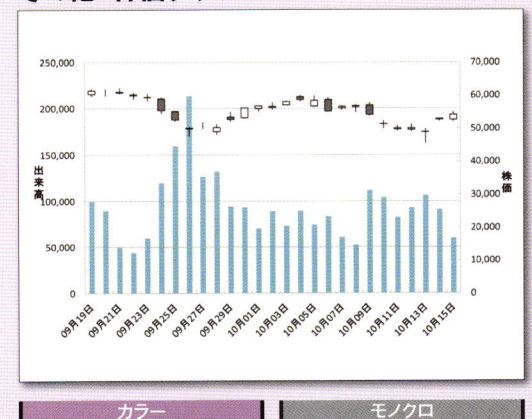

POINT
表を見やすくするには

罫線や行列の高さ・長さを工夫したり、行を一段ごとに違う色にしたりすると読みやすさがぐっと高まります。

No.	担当者No.	会社名	コード	前回訪問日	対応者
1	6	A社	1909	2013/12/25	A
2	23	B社	7285	2014/1/26	B
3	27	C社	5205	2013/3/27	C
4	33	D社	7577	2013/6/26	D
5	38	E社	1791	2013/9/25	E
6	88	F社	8176	2013/10/17	F
7	95	G社	2604	2014/3/26	G

No.	担当者No.	会社名	コード	前回訪問日	対応者
1	6	A社	1909	2013/12/25	A
2	23	B社	7285	2014/1/26	B
3	27	C社	5205	2013/3/27	C
4	33	D社	7577	2013/6/26	D
5	38	E社	1791	2013/9/25	E
6	88	F社	8176	2013/10/17	F
7	95	G社	2604	2014/3/26	G

chapter 01　「通す」A4一枚企画書
chapter 02　「簡潔な」A4一枚報告書
chapter 03　図解の「ソツない」配布資料
chapter 04　数字が「見える」グラフ
chapter 05　イメージを「あおる」イラスト

chapter 05

イメージを「あおる」イラスト・写真

企画書や報告書に活用できるイラストや写真です。提案内容に関連したイラストを挿入するなど、企画書のパワーアップにご利用ください。

001 ビジネス

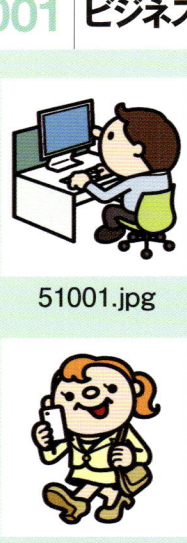

51001.jpg	 51002.jpg	 51003.jpg	 51004.jpg	 51005.jpg
 51006.jpg	 51007.jpg	 51008.jpg	 51009.jpg	 51010.jpg
 51011.jpg	 51012.jpg	 51013.jpg	 51014.jpg	 51015.jpg
 51016.jpg	 51017.jpg	 51018.jpg	 51019.jpg	 51020.jpg
 51021.jpg	 51022.jpg	51023.jpg	 51024.jpg	 51025.jpg
 51026.jpg	 51027.jpg	 51028.jpg	 51029.jpg	 51030.jpg

001 ビジネス

51031.jpg	 51032.jpg	 51033.jpg	 51034.jpg	 51035.jpg
 51036.jpg	 51037.jpg	 51038.jpg	 51039.jpg	 51040.jpg
 51041.jpg	 51042.jpg	 51043.jpg	 51044.jpg	 51045.jpg
 51046.jpg	  51047.jpg	51048.jpg	 51049.jpg	 51050.jpg
 51051.jpg	 51052.jpg	 51053.jpg	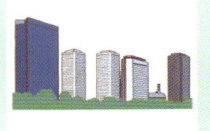 51054.jpg	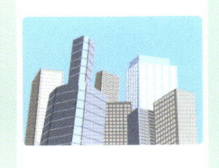 51055.jpg
 51056.jpg	  51057.jpg	 51058.jpg	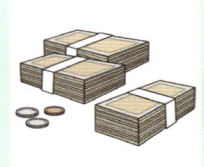 51059.jpg	 51060.jpg

CD-ROM 収録場所 ▸ 5_IMAGE ◂ 1_BUSINESS

- chapter 01 「通す」A4一枚企画書
- chapter 02 「簡潔な」A4一枚報告書
- chapter 03 図解の「ソツない」配布資料
- chapter 04 数字が「見える」グラフ
- chapter 05 イメージを「あおる」イラスト

001 ビジネス

51061.jpg	51062.jpg	51063.jpg	51064.jpg	51065.jpg
51066.jpg	51067.jpg	51068.jpg	51069.jpg	51070.jpg
51071.jpg	51072.jpg	51073.jpg	51074.jpg	51075.jpg
51076.jpg	51077.jpg	51078.jpg	51079.jpg	51080.jpg
51081.jpg	51082.jpg	51083.jpg	51084.jpg	51085.jpg
51086.jpg	51087.jpg	51088.jpg	51089.jpg	51090.jpg

5_IMAGE　1_BUSINESS

001 | ビジネス

51091.jpg	 51092.jpg	 51093.jpg	 51094.jpg	51095.jpg
 51096.jpg	 51097.jpg	 51098.jpg	 51099.jpg	 51100.jpg
 51101.jpg	 51102.jpg	  51103.jpg	 51104.jpg	  51105.jpg
 51106.jpg	 51107.jpg	 51108.jpg	 51109.jpg	 51110.jpg
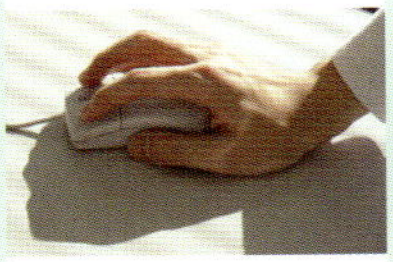 51111.jpg	 51112.jpg	 51113.jpg	 51114.jpg	 51115.jpg
 51116.jpg	 51117.jpg	 51118.jpg	51119.jpg	 51120.jpg

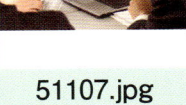

chapter 01 「通す」A4一枚企画書

chapter 02 「簡潔な」A4一枚報告書

chapter 03 図解の「ソツない」配布資料

chapter 04 数字が「見える」グラフ

chapter 05 イメージを「あおる」イラスト

002 キャラクター

52001.jpg	52002.jpg	52003.jpg	52004.jpg	52005.jpg
52006.jpg	52007.jpg	52008.jpg	52009.jpg	52010.jpg
52011.jpg	52012.jpg	52013.jpg	52014.jpg	52015.jpg
52016.jpg	52017.jpg	52018.jpg	52019.jpg	52020.jpg
52021.jpg	52022.jpg	52023.jpg	52024.jpg	52025.jpg
52026.jpg	52027.jpg	52028.jpg	52029.jpg	52030.jpg

	5_IMAGE	2_CHARACTER

002 キャラクター

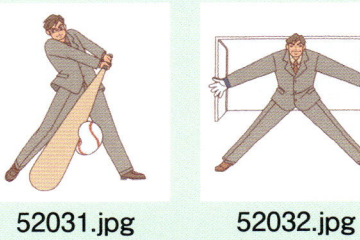

52031.jpg	52032.jpg	 52033.jpg	 52034.jpg	 52035.jpg
 52036.jpg	 52037.jpg	 52038.jpg	 52039.jpg	 52040.jpg
 52041.jpg	 52042.jpg	 52043.jpg	 52044.jpg	 52045.jpg
 52046.jpg	  52047.jpg	 52048.jpg	 52049.jpg	 52050.jpg
 52051.jpg	 52052.jpg	 52053.jpg	 52054.jpg	 52055.jpg
 52056.jpg	 52057.jpg	 52058.jpg	 52059.jpg	 52060.jpg

121

002 | キャラクター

52061.jpg	52062.jpg	52063.jpg	52064.jpg	52065.jpg
52066.jpg	52067.jpg	52068.jpg	52069.jpg	52070.jpg
52071.jpg	52072.jpg	52073.jpg	52074.jpg	52075.jpg
52076.jpg	52077.jpg	52078.jpg	52079.jpg	52080.jpg
52081.jpg	52082.jpg	52083.jpg	52084.jpg	52085.jpg
52086.jpg	52087.jpg	52088.jpg	52089.jpg	52090.jpg

5_IMAGE 2_CHARACTER

002 | キャラクター

52091.jpg	 52092.jpg	 52093.jpg	 52094.jpg	 52095.jpg
 52096.jpg	 52097.jpg	 52098.jpg	 52099.jpg	 52100.jpg
 52101.jpg	 52102.jpg	 52103.jpg	 52104.jpg	 52105.jpg
 52106.jpg	 52107.jpg	 52108.jpg	 52109.jpg	 52110.jpg
 52111.jpg	 52112.jpg	 52113.jpg	 52114.jpg	 52115.jpg
 52116.jpg	 52117.jpg	 52118.jpg	 52119.jpg	 52120.jpg

chapter 01 「通す」A4一枚企画書

chapter 02 「簡潔な」A4一枚報告書

chapter 03 図解の「ソツない」配布資料

chapter 04 数字が「映える」グラフ

chapter 05 イメージを「あおる」イラスト

002 キャラクター

52121.jpg	52122.jpg	52123.jpg	52124.jpg	52125.jpg
52126.jpg	52127.jpg	52128.jpg	52129.jpg	52130.jpg
52131.jpg	52132.jpg	52133.jpg	52134.jpg	52135.jpg
52136.jpg	52137.jpg	52138.jpg	52139.jpg	52140.jpg
52141.jpg	52142.jpg	52143.jpg	52144.jpg	52145.jpg
52146.jpg	52147.jpg	52148.jpg	52149.jpg	52150.jpg

003 シンボルマーク

53001.jpg	53002.jpg	53003.jpg	53004.jpg	53005.jpg
53006.jpg	53007.jpg	53008.jpg	53009.jpg	53010.jpg
53011.jpg	53012.jpg	53013.jpg	53014.jpg	53015.jpg
53016.jpg	53017.jpg	53018.jpg	53019.jpg	53020.jpg
53021.jpg	53022.jpg	53023.jpg	53024.jpg	53025.jpg
53026.jpg	53027.jpg	53028.jpg	53029.jpg	53030.jpg

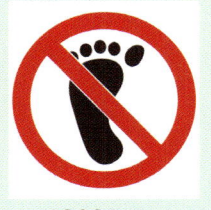

004 | テクスチャー

54001.jpg	54002.jpg	54003.jpg	54004.jpg	54005.jpg
54006.jpg	54007.jpg	54008.jpg	54009.jpg	54010.jpg
54011.jpg	54012.jpg	54013.jpg	54014.jpg	54015.jpg
54016.jpg	54017.jpg	54018.jpg	54019.jpg	54020.jpg
54021.jpg	54022.jpg	54023.jpg	54024.jpg	54025.jpg
54026.jpg	54027.jpg	54028.jpg	54029.jpg	54030.jpg

5_IMAGE　4_TEXTURE

004 テクスチャー

54031.jpg	 54032.jpg	 54033.jpg	 54034.jpg	 54035.jpg
 54036.jpg	 54037.jpg	  54038.jpg	 54039.jpg	  54040.jpg
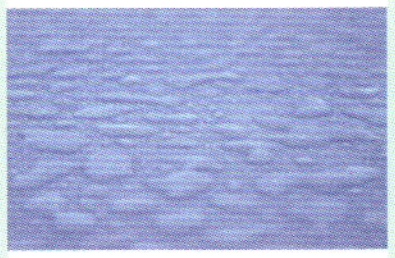 54041.jpg	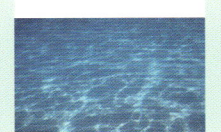 54042.jpg	54043.jpg	 54044.jpg	 54045.jpg
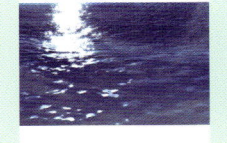 54046.jpg	 54047.jpg	 54048.jpg	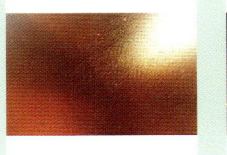 54049.jpg	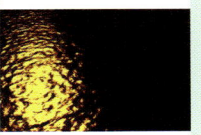 54050.jpg
54051.jpg	 54052.jpg	 54053.jpg	 54054.jpg	 54055.jpg
 54056.jpg	 54057.jpg	 54058.jpg	 54059.jpg	 54060.jpg

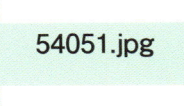

005 ファミリー

55001.jpg	55002.jpg	55003.jpg	55004.jpg	55005.jpg
55006.jpg	55007.jpg	55008.jpg	55009.jpg	55010.jpg
55011.jpg	55012.jpg	55013.jpg	55014.jpg	55015.jpg
55016.jpg	55017.jpg	55018.jpg	55019.jpg	55020.jpg
55021.jpg	55022.jpg	55023.jpg	55024.jpg	55025.jpg
55026.jpg	55027.jpg	55028.jpg	55029.jpg	55030.jpg

CD-ROM収録場所　5_IMAGE　5_FAMILY

005 | ファミリー

55031.jpg	 55032.jpg	 55033.jpg	 55034.jpg	 55035.jpg
 55036.jpg	 55037.jpg	 55038.jpg	 55039.jpg	 55040.jpg
 55041.jpg	 55042.jpg	 55043.jpg	 55044.jpg	 55045.jpg
 55046.jpg	 55047.jpg	 55048.jpg	 55049.jpg	 55050.jpg
 55051.jpg	 55052.jpg	 55053.jpg	 55054.jpg	 55055.jpg
 55056.jpg	 55057.jpg	 55058.jpg	 55059.jpg	 55060.jpg

chapter 01 「通す」A4一枚企画書

chapter 02 「簡潔な」A4一枚報告書

chapter 03 図解の「ソツない」配布資料

chapter 04 数字が「見える」グラフ

chapter 05 イメージを「あおる」イラスト

005 ファミリー

5_IMAGE / 5_FAMILY

55061.jpg	 55062.jpg	 55063.jpg	  55064.jpg	 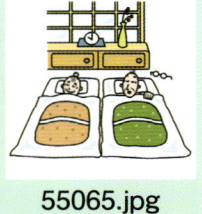 55065.jpg
 55066.jpg	 55067.jpg	 55068.jpg	 55069.jpg	 55070.jpg
55071.jpg	 55072.jpg	 55073.jpg	 55074.jpg	 55075.jpg
 55076.jpg	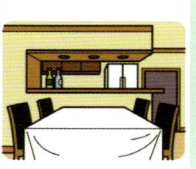  55077.jpg	  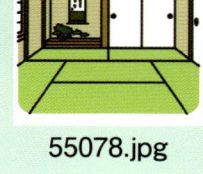 55078.jpg	 55079.jpg	  55080.jpg
  55081.jpg	 55082.jpg	 55083.jpg	  55084.jpg	 55085.jpg
 55086.jpg	 55087.jpg	 55088.jpg	 55089.jpg	 55090.jpg

006 | プレゼンパーツ

56001.jpg	56002.jpg	 56003.jpg	56004.jpg	 56005.jpg
  56006.jpg	56007.jpg	 56008.jpg	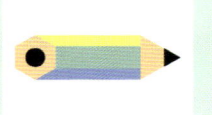 56009.jpg	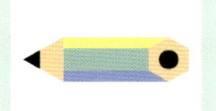 56010.jpg
 56011.jpg	 56012.jpg	 56013.jpg	 56014.jpg	 56015.jpg
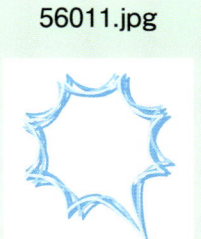 56016.jpg	 56017.jpg	 56018.jpg	 56019.jpg	 56020.jpg
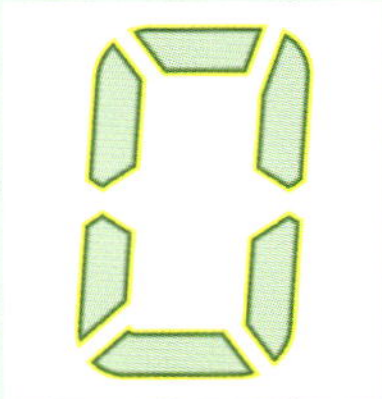 56021.jpg	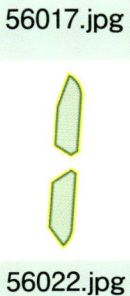 56022.jpg	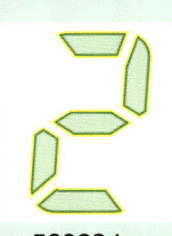 56023.jpg	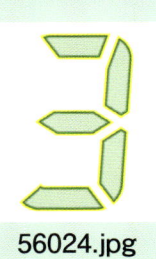 56024.jpg	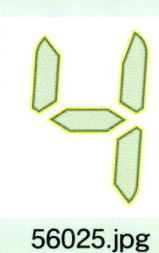 56025.jpg
 56026.jpg	 56027.jpg	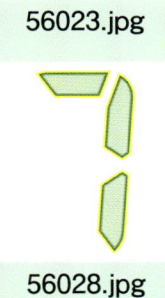 56028.jpg	 56029.jpg	 56030.jpg

006 | プレゼンパーツ

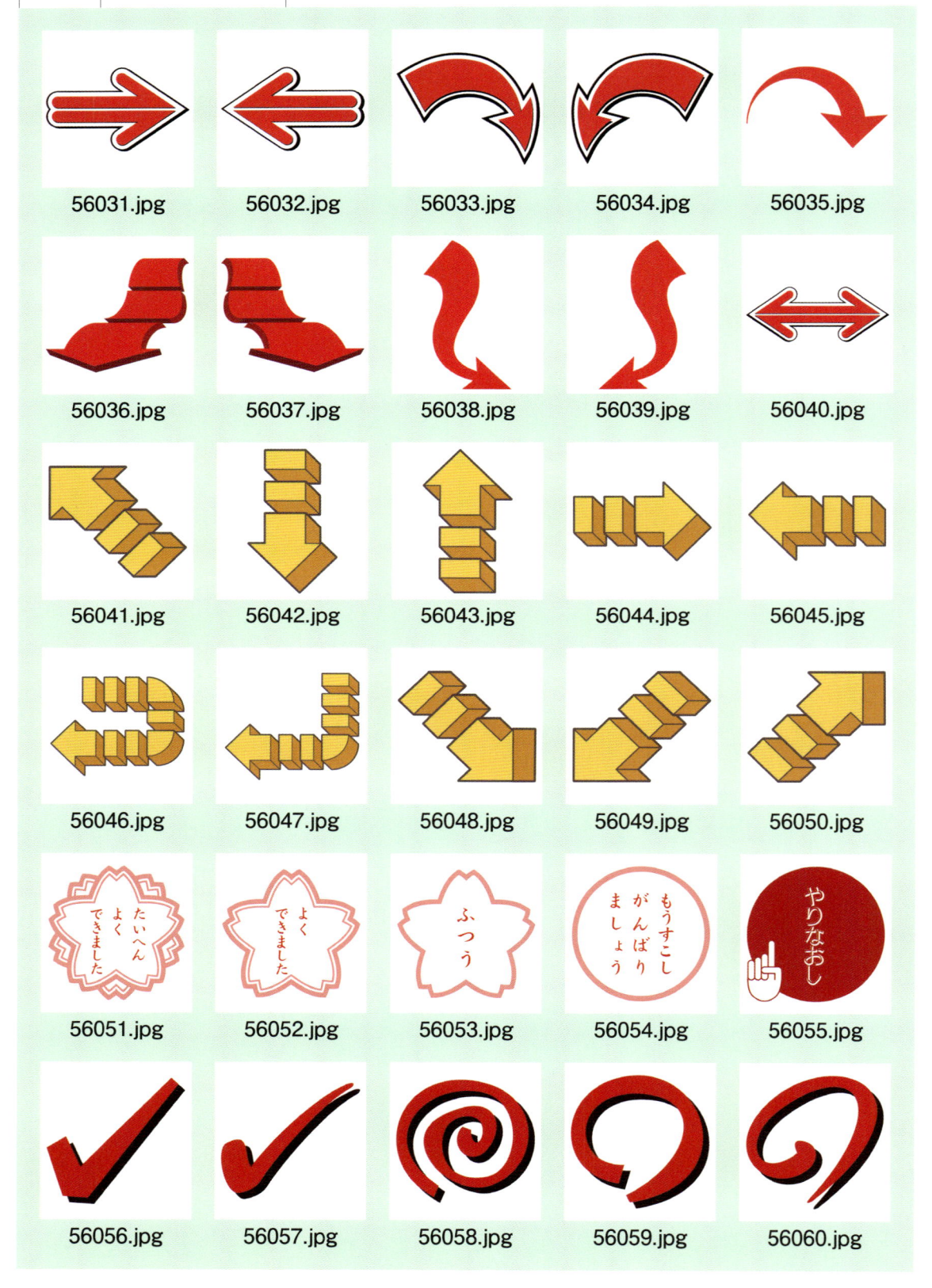

56031.jpg	56032.jpg	56033.jpg	56034.jpg	56035.jpg
56036.jpg	56037.jpg	56038.jpg	56039.jpg	56040.jpg
56041.jpg	56042.jpg	56043.jpg	56044.jpg	56045.jpg
56046.jpg	56047.jpg	56048.jpg	56049.jpg	56050.jpg
56051.jpg	56052.jpg	56053.jpg	56054.jpg	56055.jpg
56056.jpg	56057.jpg	56058.jpg	56059.jpg	56060.jpg

5_IMAGE 6_PARTS

006 | プレゼンパーツ

56061.jpg	56062.jpg	56063.jpg	56064.jpg	56065.jpg
56066.jpg	56067.jpg	56068.jpg	56069.jpg	56070.jpg
56071.jpg	56072.jpg	56073.jpg	56074.jpg	56075.jpg
56076.jpg	56077.jpg	56078.jpg	56079.jpg	56080.jpg
56081.jpg	56082.jpg	56083.jpg	56084.jpg	56085.jpg
56086.jpg	56087.jpg	56088.jpg	56089.jpg	56090.jpg

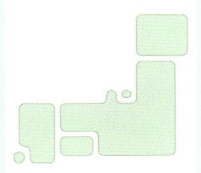

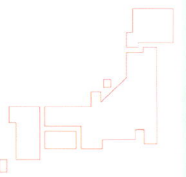

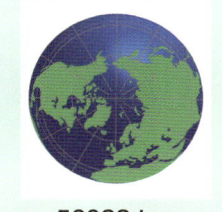

006 プレゼンパーツ

No.1	ご注目!	キャンペーン	ご案内	大好評
56091.jpg	56092.jpg	56093.jpg	56094.jpg	56095.jpg
ちょっと待って!	ご注意	危険!	知ってますか?	お役立ち情報
56096.jpg	56097.jpg	56098.jpg	56099.jpg	56100.jpg
コストダウン	スピードアップ	ダウンサイジング	ソリューション	パワーアップ
56101.jpg	56102.jpg	56103.jpg	56104.jpg	56105.jpg
ワンポイント	キーワード	サポート	アドバイス	最新情報
56106.jpg	56107.jpg	56108.jpg	56109.jpg	56110.jpg
増税	景気低迷	景気回復	円安	円高
56111.jpg	56112.jpg	56113.jpg	56114.jpg	56115.jpg
介護保険制度	国民負担	契約社員	少子化高齢化	雇用の流動化
56116.jpg	56117.jpg	56118.jpg	56119.jpg	56120.jpg

| | 5_IMAGE | 7_EVENT |

007 | 年間行事

57001.jpg	 57002.jpg	 57003.jpg	 57004.jpg	 57005.jpg
 57006.jpg	57007.jpg	 57008.jpg	 57009.jpg	 57010.jpg
 57011.jpg	 57012.jpg	57013.jpg	 57014.jpg	 57015.jpg
 57016.jpg	57017.jpg	 57018.jpg	 57019.jpg	 57020.jpg
 57021.jpg	57022.jpg	 57023.jpg	 57024.jpg	57025.jpg
 57026.jpg	 57027.jpg	 57028.jpg	 57029.jpg	 57030.jpg

007 年間行事

57031.jpg	57032.jpg	57033.jpg	57034.jpg	57035.jpg
57036.jpg	57037.jpg	57038.jpg	57039.jpg	57040.jpg
57041.jpg	57042.jpg	57043.jpg	57044.jpg	57045.jpg
57046.jpg	57047.jpg	57048.jpg	57049.jpg	57050.jpg
57051.jpg	57052.jpg	57053.jpg	57054.jpg	57055.jpg
57056.jpg	57057.jpg	57058.jpg	57059.jpg	57060.jpg

| 007 | 年間行事 |

57061.jpg	 57062.jpg	 57063.jpg	 57064.jpg	 57065.jpg
 57066.jpg	 57067.jpg	 57068.jpg	 57069.jpg	 57070.jpg
 57071.jpg	 57072.jpg	 57073.jpg	 57074.jpg	 57075.jpg
 57076.jpg	 57077.jpg	 57078.jpg	  57079.jpg	 57080.jpg
 57081.jpg	 57082.jpg	 57083.jpg	 57084.jpg	 57085.jpg
 57086.jpg	 57087.jpg	57088.jpg	 57089.jpg	 57090.jpg

CD-ROM 収録場所　　5_IMAGE　7_EVENT

007 | 年間行事

57091.jpg	57092.jpg	57093.jpg	57094.jpg	57095.jpg
57096.jpg	57097.jpg	57098.jpg	57099.jpg	57100.jpg
57101.jpg	57102.jpg	57103.jpg	57104.jpg	57105.jpg
57106.jpg	57107.jpg	57108.jpg	57109.jpg	57110.jpg
57111.jpg	57112.jpg	57113.jpg	57114.jpg	57115.jpg
57116.jpg	57117.jpg	57118.jpg	57119.jpg	57120.jpg

5_IMAGE　7_EVENT

007 | 年間行事

57121.jpg	 57122.jpg	 57123.jpg	 57124.jpg	 57125.jpg
 57126.jpg	 57127.jpg	 57128.jpg	 57129.jpg	 57130.jpg
 57131.jpg	 57132.jpg	 57133.jpg	 57134.jpg	 57135.jpg
 57136.jpg	 57137.jpg	 57138.jpg	 57139.jpg	 57140.jpg
 57141.jpg	 57142.jpg	 57143.jpg	 57144.jpg	 57145.jpg
 57146.jpg	 57147.jpg	 57148.jpg	 57149.jpg	 57150.jpg

chapter 01　「通す」A4一枚企画書
chapter 02　「簡潔な」A4一枚報告書
chapter 03　図解の「ソツない」配布資料
chapter 04　数字が「見える」グラフ
chapter 05　イメージを「あおる」イラスト

5_IMAGE / 7_EVENT

007 年間行事

57151.jpg	57152.jpg	57153.jpg	57154.jpg	57155.jpg
57156.jpg	57157.jpg	57158.jpg	57159.jpg	57160.jpg
57161.jpg	57162.jpg	57163.jpg	57164.jpg	57165.jpg
57166.jpg	57167.jpg	57168.jpg	57169.jpg	57170.jpg
57171.jpg	57172.jpg	57173.jpg	57174.jpg	57175.jpg
57176.jpg	57177.jpg	57178.jpg	57179.jpg	57180.jpg

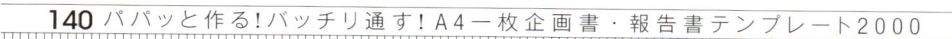

008 四季折々

5_IMAGE > 8_SEASONS

58001.jpg	58002.jpg	58003.jpg	58004.jpg	58005.jpg
58006.jpg	58007.jpg	58008.jpg	58009.jpg	58010.jpg
58011.jpg	58012.jpg	58013.jpg	58014.jpg	58015.jpg
58016.jpg	58017.jpg	58018.jpg	58019.jpg	58020.jpg
58021.jpg	58022.jpg	58023.jpg	58024.jpg	58025.jpg
58026.jpg	58027.jpg	58028.jpg	58029.jpg	58030.jpg

5_IMAGE / 8_SEASONS

008 四季折々

58031.jpg	58032.jpg	58033.jpg	58034.jpg	58035.jpg
58036.jpg	58037.jpg	58038.jpg	58039.jpg	58040.jpg
58041.jpg	58042.jpg	58043.jpg	58044.jpg	58045.jpg
58046.jpg	58047.jpg	58048.jpg	58049.jpg	58050.jpg
58051.jpg	58052.jpg	58053.jpg	58054.jpg	58055.jpg
58056.jpg	58057.jpg	58058.jpg	58059.jpg	58060.jpg

009 地域の特産・観光

59001.jpg	59002.jpg	59003.jpg	59004.jpg	59005.jpg
59006.jpg	59007.jpg	59008.jpg	59009.jpg	59010.jpg
59011.jpg	59012.jpg	59013.jpg	59014.jpg	59015.jpg
59016.jpg	59017.jpg	59018.jpg	59019.jpg	59020.jpg
59021.jpg	59022.jpg	59023.jpg	59024.jpg	59025.jpg
59026.jpg	59027.jpg	59028.jpg	59029.jpg	59030.jpg

009 地域の特産・観光

59031.jpg	 59032.jpg	 59033.jpg	 59034.jpg	 59035.jpg
 59036.jpg	59037.jpg	 59038.jpg	 59039.jpg	 59040.jpg
 59041.jpg	 59042.jpg	 59043.jpg	 59044.jpg	 59045.jpg
 59046.jpg	 59047.jpg	 59048.jpg	 59049.jpg	 59050.jpg
59051.jpg	 59052.jpg	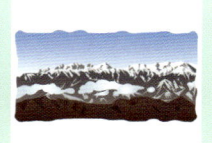 59053.jpg	59054.jpg	 59055.jpg
 59056.jpg	 59057.jpg	 59058.jpg	 59059.jpg	 59060.jpg

5_IMAGE　9_REGION

009 地域の特産・観光

59061.jpg	 59062.jpg	 59063.jpg	 59064.jpg	 59065.jpg
 59066.jpg	 59067.jpg	 59068.jpg	 59069.jpg	 59070.jpg
 59071.jpg	 59072.jpg	 59073.jpg	 59074.jpg	 59075.jpg
 59076.jpg	 59077.jpg	 59078.jpg	 59079.jpg	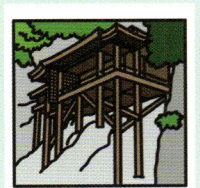 59080.jpg
 59081.jpg	 59082.jpg	 59083.jpg	 59084.jpg	 59085.jpg
 59086.jpg	 59087.jpg	 59088.jpg	 59089.jpg	 59090.jpg

chapter 01 「通す」A4一枚企画書
chapter 02 「簡潔な」A4一枚報告書
chapter 03 図解の「ソツない」配布資料
chapter 04 数字が「見える」グラフ
chapter 05 イメージを「あおる」イラスト

009 地域の特産・観光

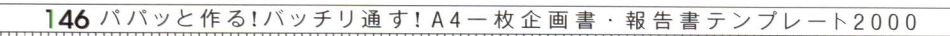

59091.jpg	59092.jpg	59093.jpg	59094.jpg	59095.jpg
59096.jpg	59097.jpg	59098.jpg	59099.jpg	59100.jpg
59101.jpg	59102.jpg	59103.jpg	59104.jpg	59105.jpg
59106.jpg	59107.jpg	59108.jpg	59109.jpg	59110.jpg
59111.jpg	59112.jpg	59113.jpg	59114.jpg	59115.jpg
59116.jpg	59117.jpg	59118.jpg	59119.jpg	59120.jpg

|c|o|l|u|m|n|

巻末コラム

Officeの基本操作

基本的な使い方から、知っていると便利な小ワザまで、
Microsoft Officeの操作方法を解説します。

ファイルの操作と保存

ファイルを開く

1 付属のCD-ROMを
パソコンにセットします。

2 [コンピューター]を
ダブルクリックします。

3 [A4TEMPLATE]をダブルクリックします。

※お使いパソコンによっては自動的にCD-ROMのフォルダが開く場合があります。

4 使用したいテンプレートの入ったフォルダを選択してダブルクリックします。

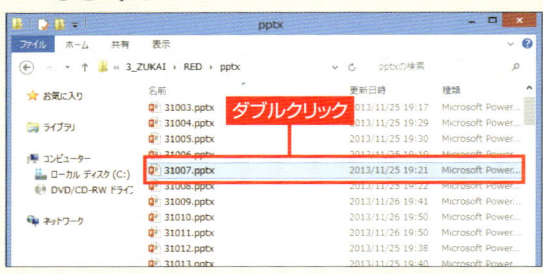

5 すると、ファイルが開きます。

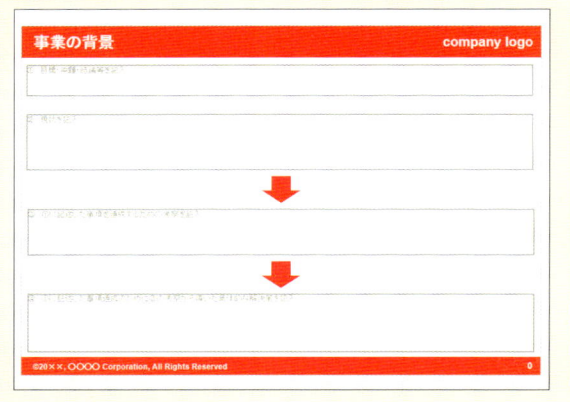

ファイルを保存する

1 [ファイル]タブをクリックします。

2 [名前を付けて保存]をクリックします。

3 [コンピューター]を
ダブルクリックします。

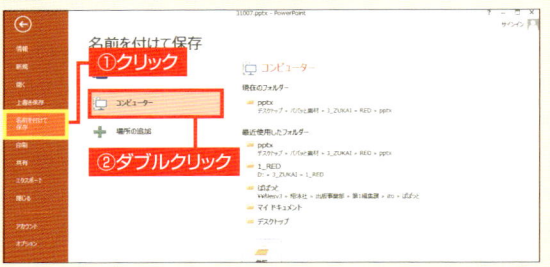

4 保存場所と名前を設定して、[保存]ボタンをクリックします。

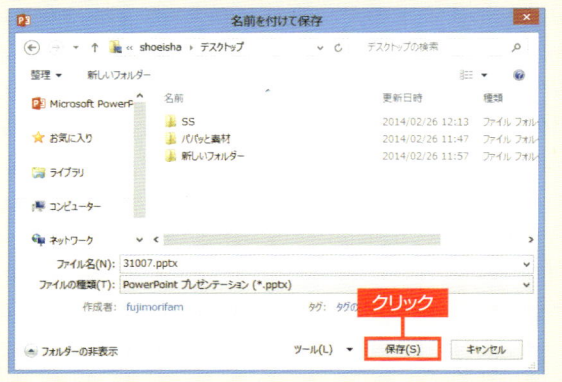

2007の場合
[Office]ボタン→[名前を付けて保存]をクリックし、表示されたダイアログでファイル名を入力して保存します。

2003の場合
[ファイル]メニューの[名前を付けて保存]をクリックし、表示されたダイアログでファイル名を入力して保存します。

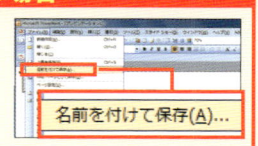

文字や文章の編集

文字を書き換える

1 書き換えたい文字を選択します。

2 文字を入力します。

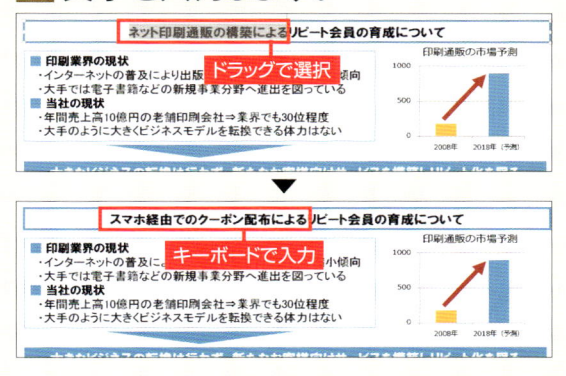

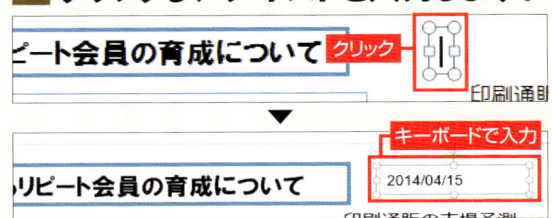

書式を変更する

1 テキストを選択して、[フォント]メニューからフォントを変更します。

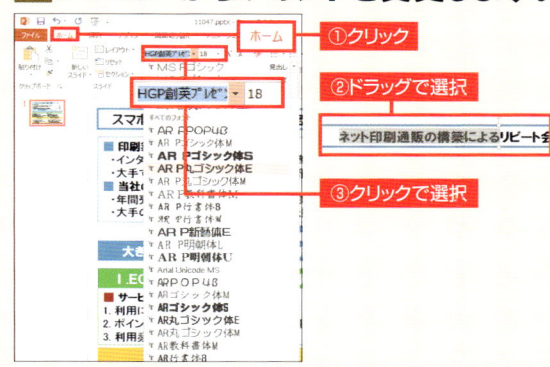

2 フォントサイズを変更します。

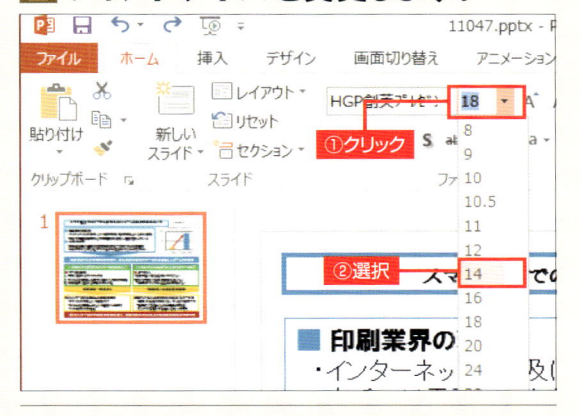

3 [フォントの色]で色を変更します。

テキストボックスを追加する

1 [挿入]タブの[テキスト]メニューから[テキストボックス]を選択します。

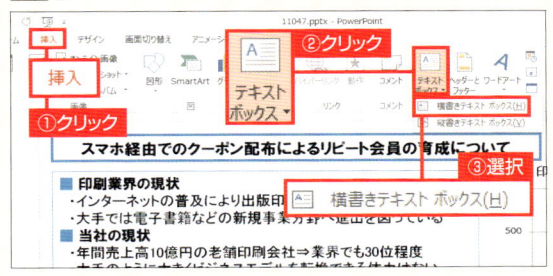

2003の場合
[挿入]→[テキストボックス]を選択します。

2 テキストを挿入したい場所をクリックし、テキストを入力します。

巻末コラム Officeの操作

表の挿入とアレンジ

行・列を挿入する

1 挿入したい位置の列または行をドラッグして選択します。

2 右クリックして[挿入]を選択し、希望のメニューを選びます。

ここからでもOK
選択

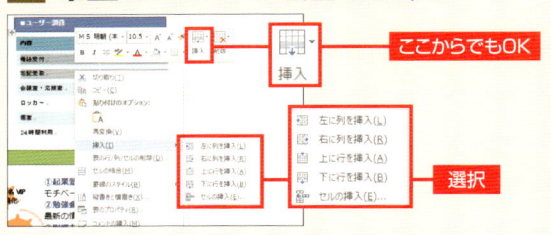

3 行・列が挿入されます。

2007の場合
[挿入]から希望のメニューを選択します。

2003の場合
[列の挿入]または[行の挿入]を選択します。

行・列を削除する

1 削除したい列または行をドラッグして選択します。

選択

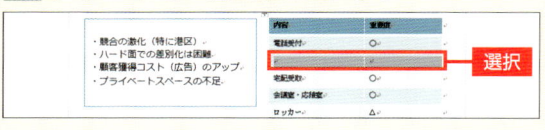

2 右クリックして[表の行/列/セルの削除]を選択し、希望のメニューを選びます。

選択してクリック

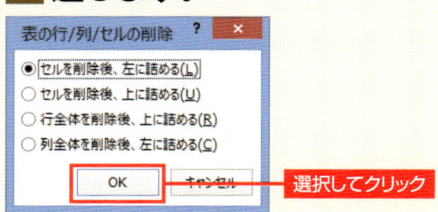

2003/2007の場合
[列(行)の削除]を選択します。

表を挿入する

1 [挿入]タブから[表]をクリックします。

2003の場合
[標準]ツールバーから[行の挿入]を選択します。

2 表示されたマス内を作成したい行・列の分だけドラッグして、クリックします。

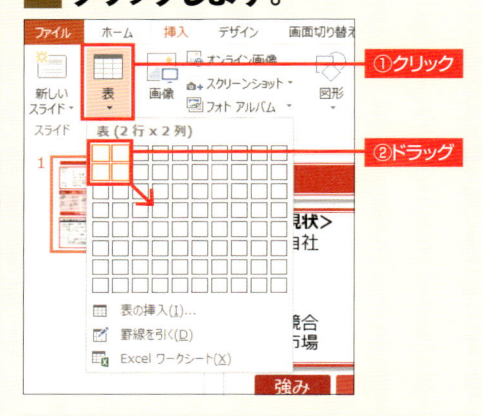

①クリック
②ドラッグ

3 表示された表の隅をドラッグしてサイズと位置を調整します。

Ponit 2010以降は[表ツール]のデザインから色を簡単に変更できます。

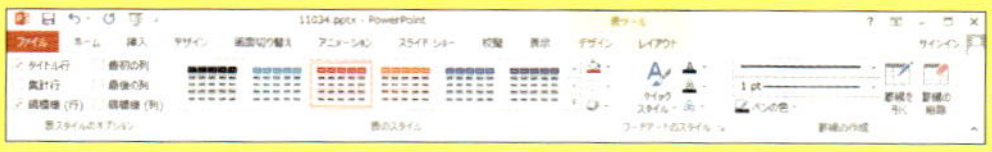

グラフの挿入とアレンジ

データの範囲変更

グラフ素材のアレンジ方法です。

1 画面をスクロールして、グラフの元データの入った範囲を表示します。

2 グラフをクリックします。

3 表示された枠の隅にある■をドラッグして範囲を調整します。

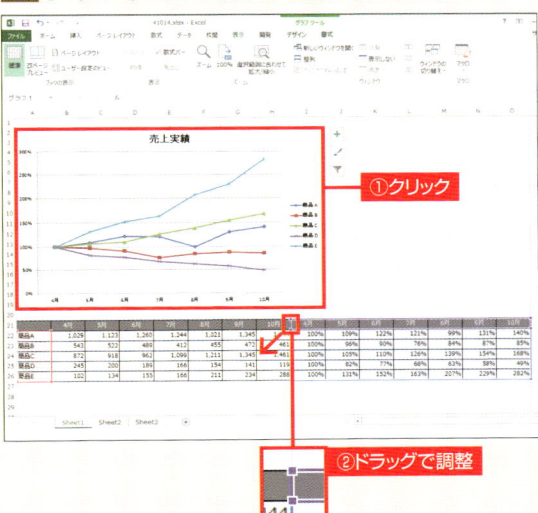

4 データ範囲の変更に伴い、グラフの表示が変更されます。

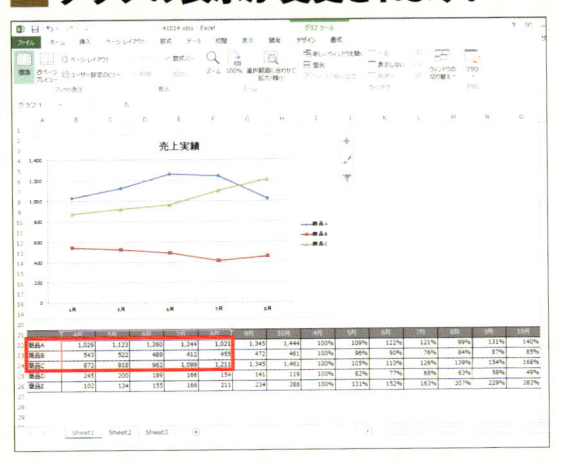

グラフデータの変更

1 変更したいデータの入ったセルを選択します。

2 文字や数字を入力して、Enterキーを押します。

3 変更がグラフに反映されます。

Ponit 不要になった行・列を削除するには

1 データの入った範囲から削除したい行・列を選択します。
2 右クリックして表示されるメニューから[削除]を選択します。

Memo 変更できない場合

グラフによっては、この方法ではデータ範囲を変更できないことがあります。その場合は、グラフを右クリックし、表示されたメニューから[元データ]を選択し、表示されたダイアログボックスで設定します。

巻末コラム Officeの操作

グラフを挿入する

1 Excel上でグラフを右クリックして、[コピー]を選択します。

2 グラフを貼り付けたいファイルを開きます。

3 右クリックして、[貼り付け]を選択します。

4 グラフの隅をドラッグしてサイズと位置を調整します。

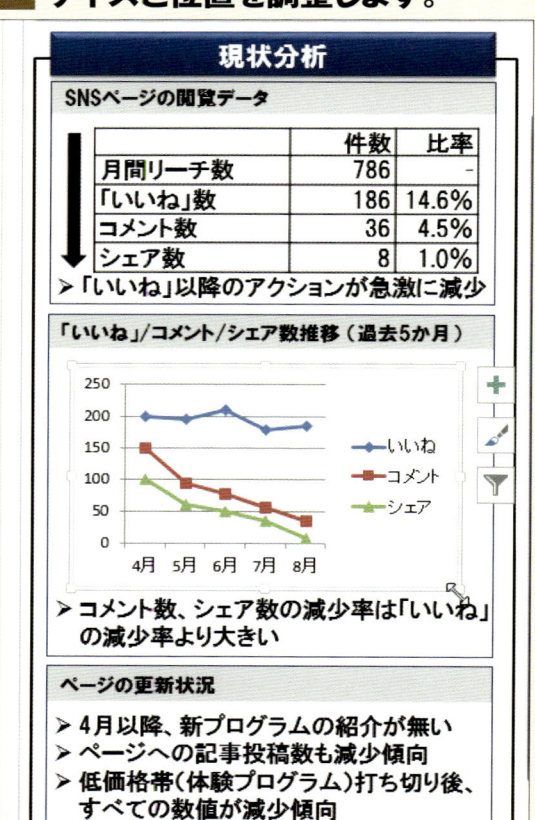

グラフをアレンジする

ここでは棒グラフに数値を表示します。

1 数値を表示したい棒グラフをクリックします。

2 [グラフツール]の[デザイン]で[グラフ要素を追加]をクリックします。

2010の場合

[グラフツール]の[レイアウト]→[データラベル]をクリックします。

3 [データラベル]からメニューを選択して、クリックすると値が表示されます。

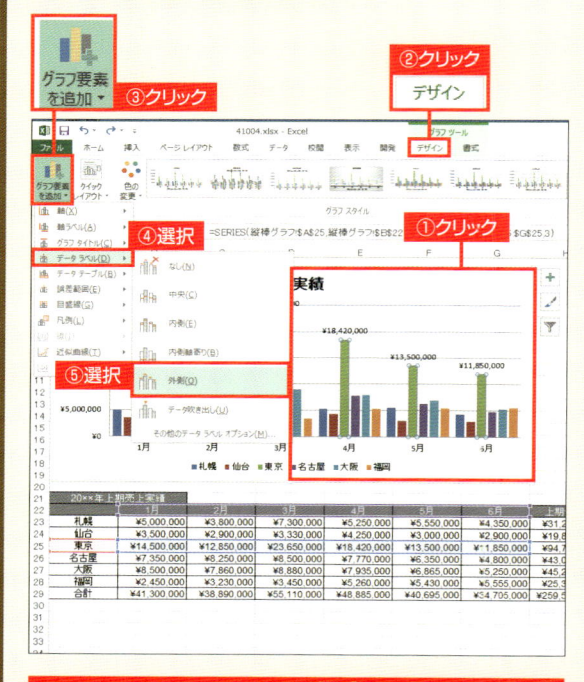

2007の場合

棒グラフを選択して右クリック→[データラベルの追加]を選択します。

2003の場合

1 棒グラフを選択して右クリック→[データ系列の書式設定]を選択します。

2 [データラベル]タブを開き、[値]のチェックボックスをオンにします。

画像の挿入とアレンジ

イラストを挿入する

1 [挿入]メニューから[画像]を選択します。

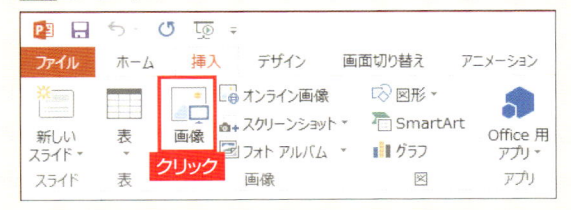

2010/2007の場合
[挿入]→[図]を選択します。

2003の場合
[挿入]→[図]→[ファイルから]を選択します。

2 挿入したい図を選択し、[挿入]ボタンをクリックします。

3 挿入された図をドラッグして、位置を調整します。

Ponit 画像が常に前面に来るように設定する。

通常はWordに画像を挿入すると文章面の「行内」に配置され、自由に移動することができません。

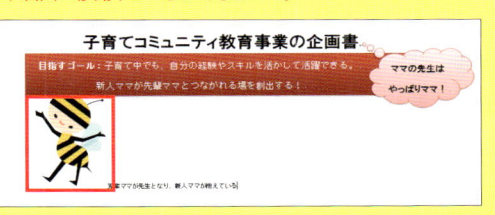

あらかじめ次の設定をすると、そのようなことがなくて便利です。

1 [ファイル]タブをクリックします。
2 「オプション」を選択します。
3 [詳細設定]を選択します。
4 [切り取り、コピー、貼り付け]メニューの[図を挿入/貼り付ける形式]で[前面]を選択します。
5 [OK]をクリックします。

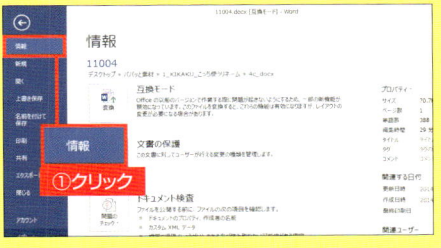

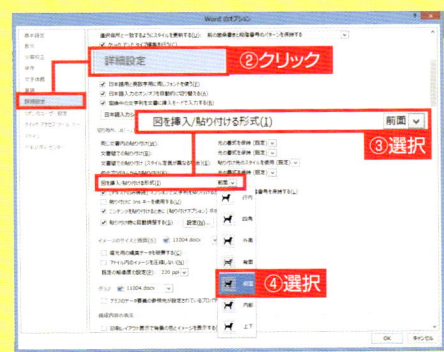

2003の場合
1 メニューバーの[ツール]から[オプション]を選択します。
2 [編集と日本語入力]タブをクリックします。
3 [図を挿入/貼り付ける形式]で[前面]を選択します。
4 [OK]をクリックします。

巻末コラム Officeの操作

153

画像を透明化する

1 透明化したい画像を選択します。

2 [図ツール]の[背景の削除]を選択します。

3 背景を削除したい範囲を選択したら、[変更を保持]をクリックします。

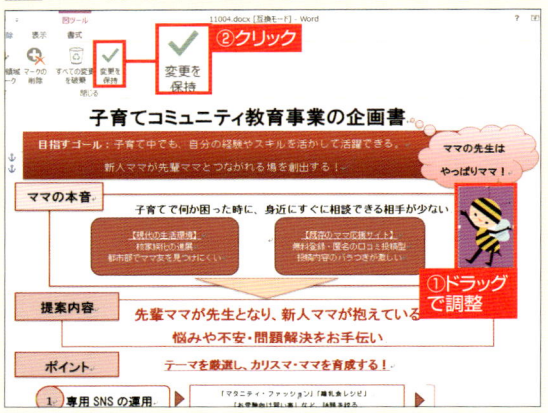

4 背景が透明になりました。

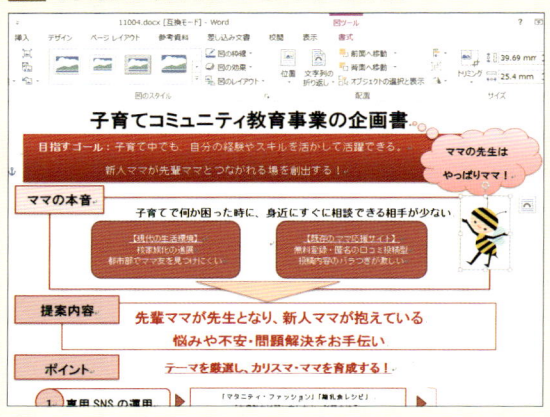

2003の場合

1 イラストを選択します。

2 右クリックで表示されるメニューで[図ツールバーの表示]をクリックします。

3 [図]ツールバーの[透明な色に設定]をクリックします。

4 背景の部分(透明にしたい部分)をクリックします。

色を変更する

1 色を変えたい画像を選択します。

2 [図ツール]の[書式]で[色]をクリックします。

3 変更したい色を選択します。

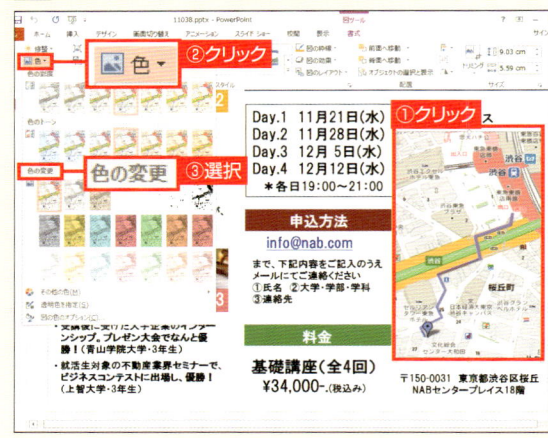

4 画像の色が変わりました。

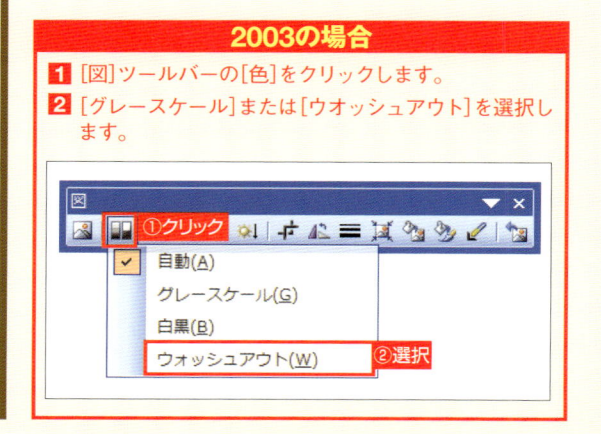

2003の場合

1 [図]ツールバーの[色]をクリックします。

2 [グレースケール]または[ウオッシュアウト]を選択します。

スライドとマスターの編集

スライドのインポート

1. Power Point上でインポートするスライドの入ったファイルを開きます。
2. スライドリストから、インポートするスライドを右クリックします。
3. 表示されたメニューから[コピー]を選択します。 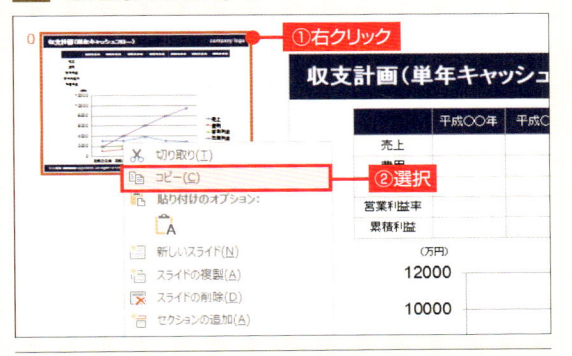
4. インポート先のファイルを開きます。
5. スライドリスト上でインポート先を右クリックします。
6. 表示されたメニューから[元の書式を保持]を選択します。

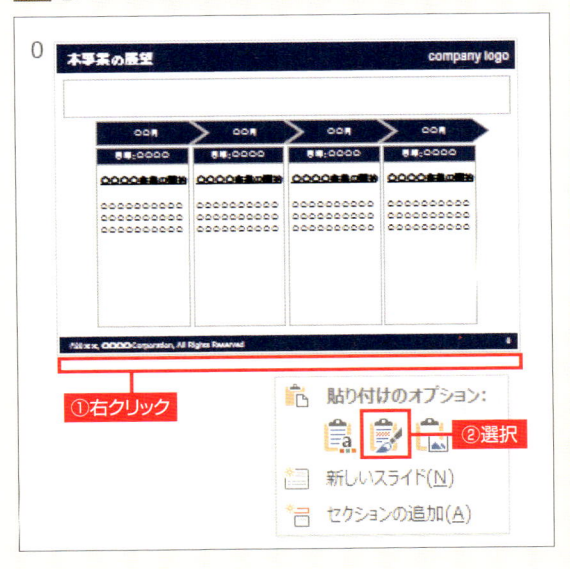

新規スライドの挿入

1. スライドリスト上で、挿入したい位置にカーソルを置きます。 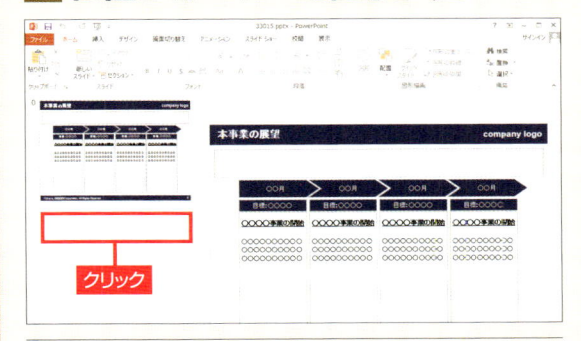
2. [ホーム]メニューから[新しいスライド]を選択します。
3. 表示されたレイアウト一覧から目的のレイアウトを選択します。

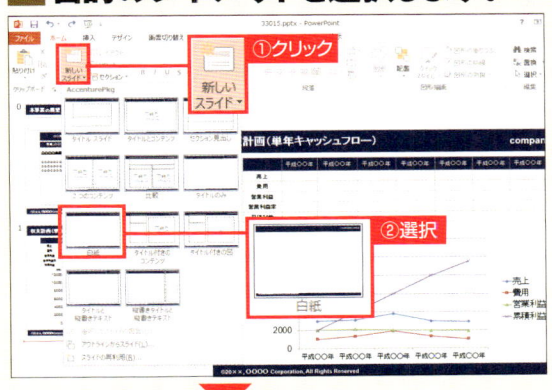

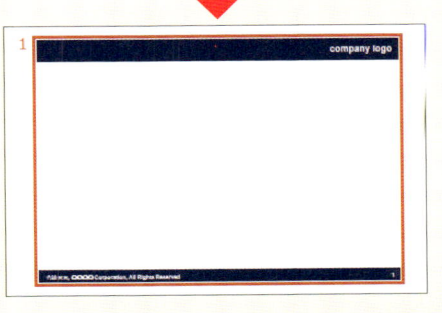

2003/2007の場合
表示された[スライドのレイアウト]作業ウィンドウから目的のレイアウトを選択します。

巻末コラム Officeの操作

スライド番号の挿入

1 ［挿入］メニューの［スライド番号］を選択します。

2 ［スライド番号］のチェックボックスをオンにします。

3 ［すべてに適用］ボタンをクリックします。

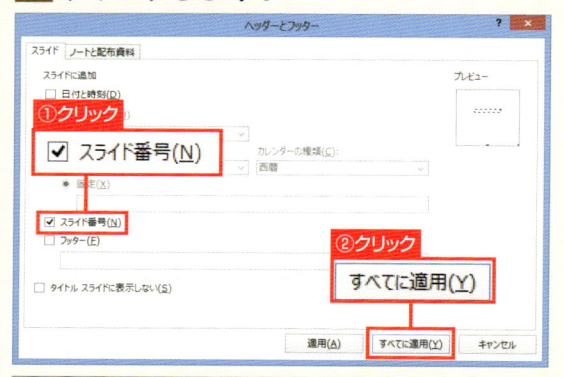

4 すべてのスライドに通しの番号が挿入されました。

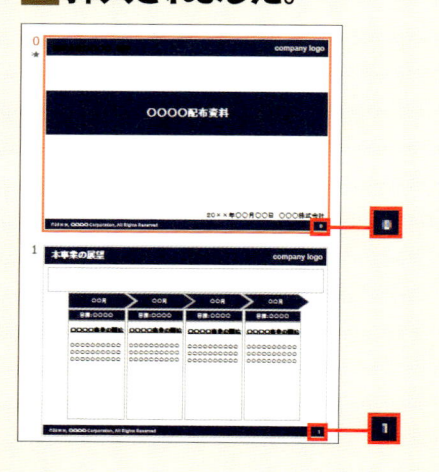

スライド番号の調整

ここでは、表紙ページをスライド番号「1」とする方法を例示します。

1 ［デザイン］メニューの［スライドのサイズ］から［ユーザー設定のスライドのサイズ］を選択します。

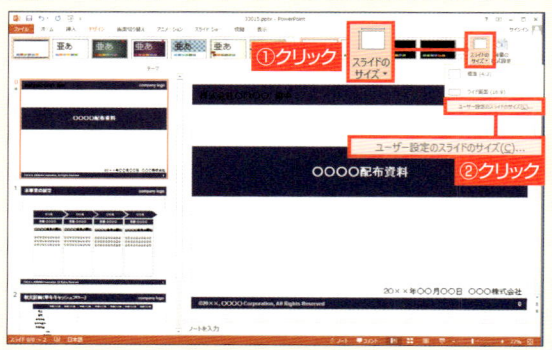

2010の場合

［デザイン］メニューの［ページ設定］を選択します。

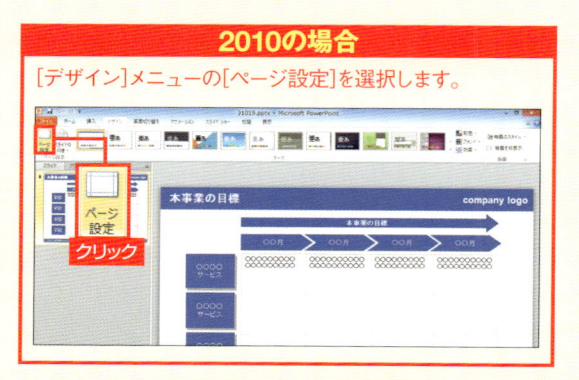

2003の場合

［ファイル］メニューの［ページ設定］を選択します。

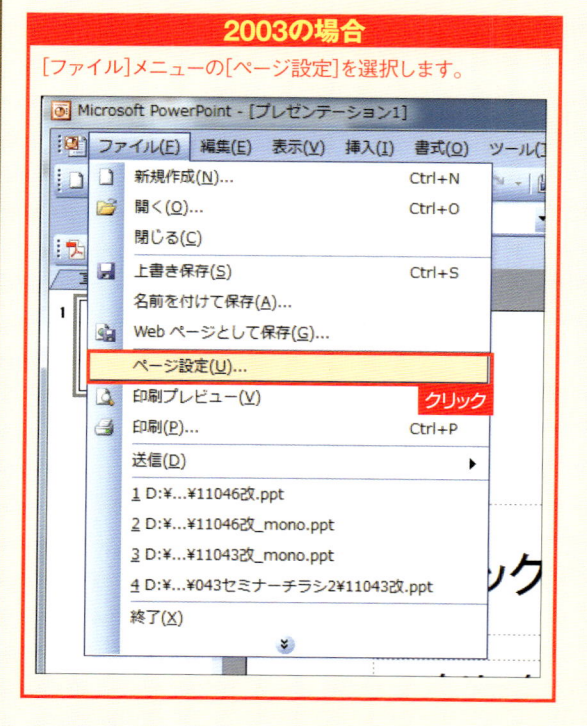

2 [スライド開始番号]を1にし、[OK]をクリックします。

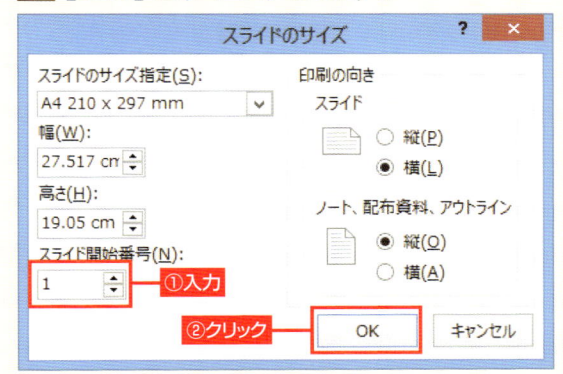

①入力
②クリック

3 表紙のスライドが、「1」と表示されるようになりました。

Ponit 番号を削除したい場合

1. 番号が不要なスライドを選択します。
2. [挿入]メニューの[スライド番号]を選択します。
3. [スライド番号]チェックボックスをオフにし、[適用]ボタンをクリックします。

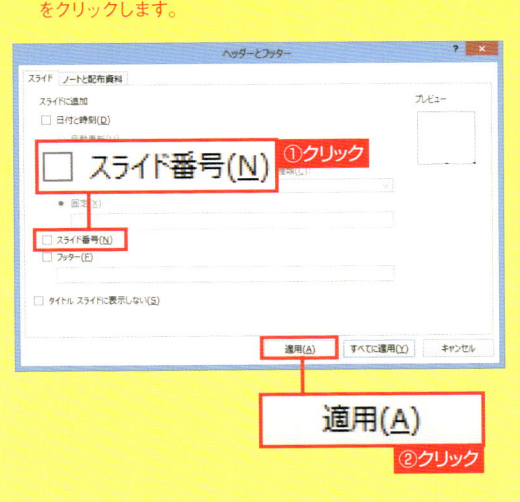

①クリック
②クリック

マスターの編集

スライドマスターとは全ページに共通で表示される背景部分のことです。ここでは、会社のロゴを挿入する方法を例示します。

1 [表示]メニューの[マスター表示]→[スライドマスター]を選択します。

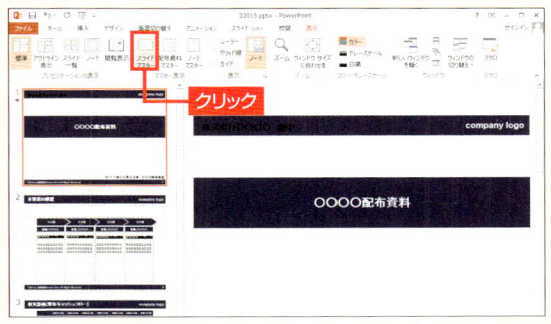

クリック

2 スライドマスター編集モードになります。

3 「イラストの挿入(P153)」の手順でロゴ画像を挿入します。

4 ロゴの位置、大きさを調整し、不要なテキストボックスを削除します。

5 [マスター表示を閉じる]をクリックします。

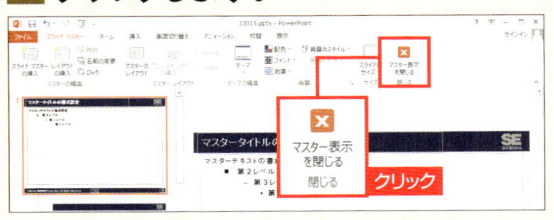

クリック

2007の場合
[表示]メニューの[スライドマスタ]を選択します。

2003の場合
[表示]メニューの[標準]を選択します。

6 もとの標準編集モードになり、全スライドにロゴが表示されるようになります。

巻末コラム Officeの操作

書類の印刷

印刷をする

1. ［ファイル］タブをクリックします。
2. ［印刷］をクリックします。

3. ［プリンター］をクリックして印刷したいプリンターを選択します。
4. 印刷プレビューで文字や図表がきちんと表示されているか確認します。
5. 印刷したい部数を入力します。
6. 設定がすべてできたら［印刷］をクリックします。

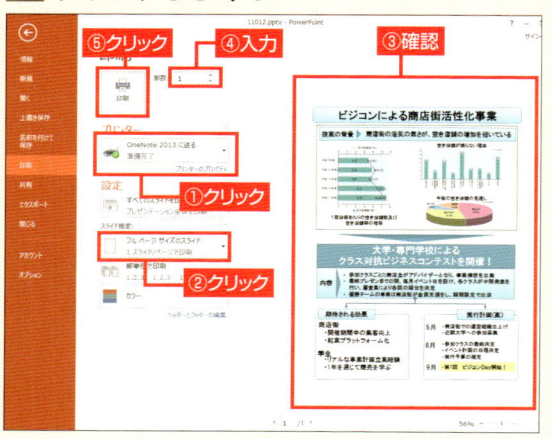

2007の場合

［Office］ボタンをクリックして、［印刷］を選択します。表示されたダイアログで設定と印刷を行います。

2003の場合

［ファイル］メニューの［印刷プレビュー］で印刷物の確認ができます。印刷と設定は［印刷］をクリックします。

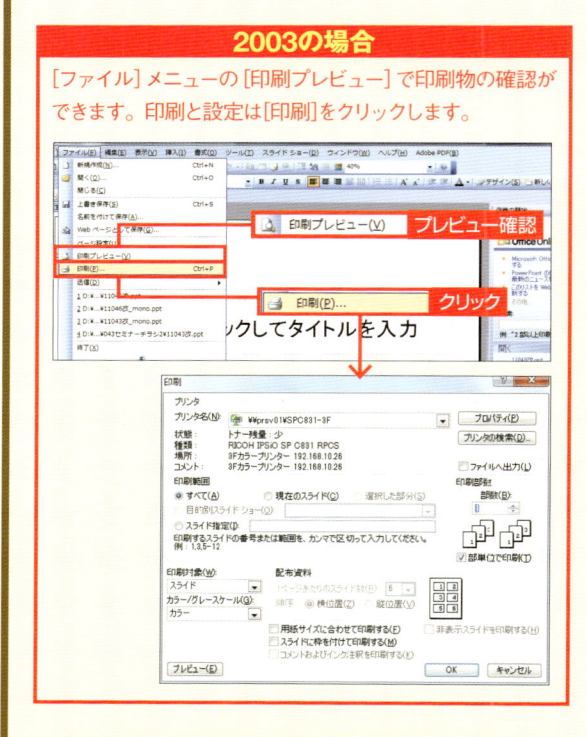

Ponit **Word文書で背景が印刷されない場合**

背景色が設定されているテンプレートがありますが、Wordの設定によっては印刷がされません。次の設定をしてください。

2010/2013
1. ［ファイル］メニューの［オプション］をクリックします。
2. ［表示］メニューの［印刷オプション］で［背景の色とイメージを印刷する］のチェックボックスをオンにします。
3. ［OK］をクリックします。

2007
1. ［Office］ボタンをクリックし、［Wordのオプション］をクリックします。
2. ［表示］メニューの［印刷オプション］で［背景の色とイメージを印刷する］のチェックボックスをオンにします。
3. ［OK］をクリックします。

2003
1. ［ツール］メニューの［オプション］をクリックし、［印刷］タブをクリックします。
2. ［背景の色とイメージ］のチェックボックスをオンにして、［OK］をクリックします。

[本書付属CD-ROMおよび収録ファイルについて]

- 本書に収録しているすべてのファイル、テンプレートの著作権は作者に帰属します。
- 収録している素材は、本書の購入者個人に限り、自由にご利用いただけます。
- イラスト・写真素材は本書に収録している企画書・報告書・配布資料テンプレートに載せる目的でのみご利用いただけます。収録テンプレート内のご利用であっても、特定企業のロゴマークや企業理念を表現したキャラクターとして利用すること、特定企業の商品またはサービスを象徴するイメージとして利用することを禁止します。また、公序良俗に反する目的で利用することを禁止します。
- 本書付属のCD-ROMのデータそのものを販売することは一切できません。また、有償無償にかかわらず、データの転載、再配布、譲渡は禁じられています。
- 文面による許可なく無断で、雑誌、カタログや書籍等への本テンプレート、画像を転載することを禁止します。
- 図書館でのCD-ROM貸し出しは不可とさせていただきます。

[本書のお問い合わせについて]

本書に関するご質問、正誤表については、下記のWebサイトをご参照ください。
正誤表 http://www.shoeisha.co.jp/book/errata/
刊行物Q&A http://www.shoeisha.co.jp/book/qa/
インターネットをご利用でない場合は、FAX または郵便で、下記にお問い合わせください。
〒160-0006　東京都新宿区舟町5
(株)翔泳社 愛読者サービスセンター
FAX番号：03-5362-3818
電話でのご質問は、お受けしておりません。

※本書の対象に関する詳細は2ページをご参照ください。
※本書の出版にあたっては正確な記述につとめましたが、著者や出版社などのいずれも、本書の内容に対してなんらかの保証をするものではなく、内容やサンプルに基づくいかなる運用結果に関してもいっさいの責任を負いません。
※本書に掲載されている画面イメージなどは、特定の設定に基づいた環境にて再現される一例です。

[著者紹介]

松田 千恵子
首都大学東京大学院　社会科学研究科経営学専攻教授。日本長期信用銀行にて国際審査等を担当。ムーディーズジャパンの格付アナリストを経て、国内系および外資系経営戦略のコンサルティングファームのパートナーを務める。2011年より現職。

佐々木 直人
NAB就業教育研究所代表。1998年三菱商事入社。国内外・業界を問わず様々な新規事業を担当。また、全社IT戦略の立案や中途採用スキーム構築、採用官を務める。その後、経営企画部を経て2011年独立。

NAB就業教育研究所
変化の激しい経済環境でも自らキャリアを切り拓いて行ける「飯を食える大人」を育成すべく、独自のプログラムを開発。「ロジカルプレゼン演習」など、大学でのキャリア教育の実践や企業研修を行っている。
URL http://www.nab-company.com/

LLC東京アカデミー・サポーターズ
ビジネスパーソンの知的活動サポートを目的に設立された組織。教える意欲と能力がある人に対して場を提供し「知識」と「経験」の共有を行っている。代表者：齋藤 由紀夫、㈱つながりバンク代表兼務。
URL http://www.venture-business.jp/

bizocean（ビズオーシャン）
120万人を超える会員が登録する、ビジネス情報サイト。日本最大級のビジネステンプレート集「書式の王様」や、企業情報データベース「ソーシャル企業情報」、専門家によるコラムなど、充実したコンテンツを提供中。運営：(株)ミロク情報サービス
URL http://www.bizocean.jp/

STAFF

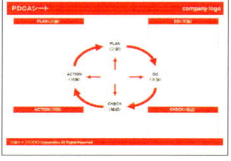

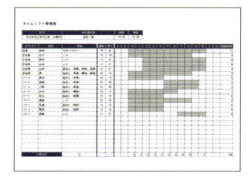

| 装丁 |
工藤雅也（primary inc.,）

| 本文フォーマット／DTP |
primary inc.,
工藤雅也／吉田竜也／山口勉／桂田和昭

| 画像提供 |
デザインエクスチェンジ株式会社

| 制作協力 |
東京アカデミー・サポーターズ
齋藤由紀夫／青野正道／石崎輝一／池田紀子／亀田征也／兼吉ともこ／齋藤園佳／左近司賢尚／長友佑樹／新原崇之／水谷亮太／三根良介

NAB就業教育研究所
飯田脩子／大高知子／太田愛美／小山田舞衣／佐々木香璃／水本彩乃／元木正裕

bizocean事務局
堀貢一／同免木誠／安田史朋子

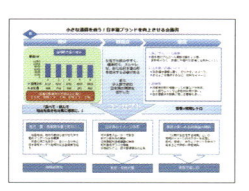

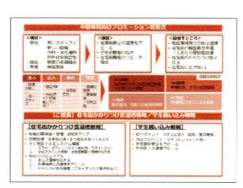

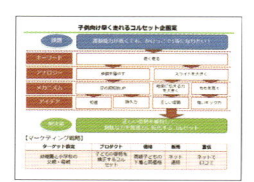

パパッと作る！バッチリ通す！
A4一枚企画書・報告書
テンプレート2000

2014年 5月16日　初版第1刷発行

著者　松田千恵子／佐々木直人／東京アカデミー・サポーターズ／bizocean
発行人　佐々木幹夫
発行所　株式会社翔泳社（http://www.shoeisha.co.jp）
印刷・製本　日経印刷株式会社

©2014 Chieko Matsuda,Naoto Sasaki,Tokyo Academy supporters,bizocean

＊本書は著作権法上の保護を受けています。本書の一部または全部について
（ソフトウェアおよびプログラムを含む）、株式会社翔泳社から文書による許諾を得ずに、
いかなる方法においても無断で複写、複製することは禁じられています。
＊本書へのお問い合わせについては、159ページに記載の内容をお読みください。
＊落丁・乱丁はお取り替えいたします。03-5362-3705までご連絡ください。

ISBN978-4-7981-3515-1
Printed in Japan